高等院校"十四五"应用型经管类专业精品教材
国家级一流专业配套教材/省级一流课程配套教材

金融学案例分析

主 编 杨茜云 杨可名
副主编 向 娟 马晓宇
　　　　黄 懿 郑梦莎

东南大学出版社
·南京·

图书在版编目(CIP)数据

金融学案例分析 / 杨茜云，杨可名主编. --南京：东南大学出版社，2025.3. -- ISBN 978-7-5766-1798-6

I. F830

中国国家版本馆 CIP 数据核字第 2024TM6039 号

策划编辑：邹 垒　　责任编辑：周 娟　　责任校对：韩小亮
封面设计：顾晓阳　　责任印制：周荣虎

金融学案例分析

主　　编：杨茜云　杨可名
出版发行：东南大学出版社
出 版 人：白云飞
社　　址：南京市四牌楼 2 号(210096)　邮编：210096　电话：025-83793330
网　　址：http://www.seupress.com
经　　销：全国各地新华书店
排　　版：南京布克文化发展有限公司
印　　刷：广东虎彩云印刷有限公司
开　　本：787 mm×1 092 mm　1/16
印　　张：13
字　　数：290 千
版 印 次：2025 年 3 月第 1 版第 1 次印刷
书　　号：ISBN 978-7-5766-1798-6
定　　价：49.00 元

本社图书如有印装质量问题，请直接与营销部联系(电话：02583791830)

《金融学案例分析》
编委会名单

主　　编：杨茜云　杨可名

副 主 编：（按姓氏字母排序）

黄　懿　马晓宇　向　娟　郑梦莎

参编人员：（按姓氏字母排序）

褚王安　邓惠中　何　萍　胡殿萍　胡耀元

黄　晴　李　莎　李水平　刘显文　刘亚平

谭艳萍　王安琪　向　琳　肖久灵　熊　沙

杨　娜　易　萍　尹仲胜　张汉擎　张威娜

张伟化　郑尔璇　钟雪玲　周庭芳

序言

湖南省证券业协会常务副会长兼秘书长　刘丹岳

各位读者：

在深化金融供给侧结构性改革、走中国特色金融发展之路的大背景下，我国证券行业正经历着前所未有的变革与创新。值此《金融学案例分析》教材付梓之际，我谨代表湖南省证券业协会，向财信证券与湖南涉外经济学院此次校企合作的丰硕成果表示热烈祝贺！这本凝聚着金融实务界智慧与高等教育理念的教材，不仅是湖南辖区校企合作、产教融合的典范之作，更是新时代将投资者教育纳入国民教育体系建设的创新实践。

一、将投资者教育纳入国民教育体系的时代价值

当前，我国资本市场个人投资者已突破2.2亿，其中"90后"新生代投资者占比超过38%。投资者结构年轻化的发展趋势，使得我们的投资者教育必须从源头抓起，把基础筑牢。《国务院办公厅关于进一步加强资本市场中小投资者合法权益保护工作的意见》明确提出，要将投资者教育逐步纳入国民教育体系。这不仅是维护金融安全的战略选择，更是实现共同富裕的必由之路。

在基础教育阶段植入金融素养培育，相当于为全民经济生活安装"防护网"；在高等教育阶段深化专业教育，则是为资本市场培养"专业哨兵"。湖南作为中部金融改革试验区，持续推动投资者教育进校园、进教材、进课堂，正是践行"教育先行、风险防控"理念的具体行动。这种系统化的金融知识普及教育与传播，能够有效帮助年轻群体建立正确的投资观、财富观、风险观和法治观。

二、学分制改革赋予投资者教育新动能

将投资者教育课程纳入高校学分制课程体系，标志着金融素质教育从选修课走向必修课、从知识传授转向能力培养的重大跨越。湖南涉外经济学院作为省内应用型高校的标杆，此次将《金融学案例分析》纳入学分课程体系，创造了两个层面的示范效应：其一，构建了"理论教学＋案例实践"的课程框架，使抽象概念转化为可操作的实践能力；其二，建立了"双师型"教学团队，证券行业专家与高校教授共同开发教材内容，确保教学内容紧贴市场脉搏，理论与实践并重。

这种突破有效弥补了传统教育中"重理论轻实践""重知识轻素养"等不足之处。教育部相关调研显示，接受系统投资者教育的学生群体，在金融诈骗识别能力上提升42%，在投资决策理性程度上提高35%。这充分证明，学分制改革不仅是教学形式的创新，更是培育现代公民金融素养的制度保障。

三、校企协同编写教材的范式创新

财信证券与湖南涉外经济学院的此次合作，开创了湖南辖区"金融企业＋高等院校"教材开发的新模式。这本《金融学案例分析》的独特价值体现在两个维度：内容上，精选的真实案例覆盖IPO定价、债券违约处置、量化交易策略等前沿领域，其中80%的案例源自湖南本土资本市场实践；方法上，案例由高校教师和证券公司专业人员共同编写，采用"情景还原—问题诊断—方案设计"的递进式教学法，每个案例配备专业分析解读。

这种深度融合的教材编写模式打通了金融实践与理论教学的"最后一公里"，将行业最新动态转化为教学资源。这种产教融合的深度实践，为应用型金融人才的培养提供了可复制的"湖南样本"。

四、对未来发展的期许与展望

站在注册制全面实施的历史节点，《金融学案例分析》的出版恰逢其时。期待这本教材能发挥三方面的引领作用：第一，成为区域金融教育的标准范式，推动更多金融机构与高校建立战略合作；第二，打造投资者教育的示范样本，通过公开课、云平台等方式辐射更广的群体；第三，构建产学研协同创新平台，在教材基础上孵化研究课题、培育创新项目。

衷心希望财信证券与湖南涉外经济学院持续深化合作，在课程建设、师资培养、实践基地等方面打造更多标志性成果。也期待更多市场主体加入投资者教育事业，共同构建"监管部门引导、行业协会推动、市场主体参与、教育机构实施"的协同育人体系。让我们携手培育具有理性投资理念、专业金融素养、强烈社会责任感的新时代金融人才，为湖南"三高四新"战略的实施注入金融动能，为中国资本市场的健康发展筑牢人才根基。

是为序。

2025年2月19日

前言

随着全球经济的迅猛发展和金融市场的日新月异,金融行业在推动经济增长、提升民众生活质量等方面所扮演的角色愈发重要。然而,金融行业的进步总是伴随着挑战与机遇,金融市场、工具和政策法规的不断变革要求我们必须保持敏锐的洞察力和前瞻性的思考。在这个背景下,案例分析作为一种重要的学习和实践方法,在金融领域的应用愈发广泛。通过对具体实例的探讨和分析,我们可以更深入地理解金融问题,为从业人员、学生和研究者提供实践经验和行业发展的参考。本书《金融学案例分析》正是基于这样的目的而精心编写的。

湖南涉外经济学院作为一所地方应用型本科院校,一直致力于培养高水平应用型人才。本校金融学专业作为国家级一流专业建设点,为了更好地实现"应用性""实践性""高阶性"和"面向地方金融人才培养特色"的目标,特与湖南财信证券股份有限公司和财信证券韶山投资者教育基地共同编写了本书,作为校企合作的成果。参与本书编写的人员包括湖南涉外经济学院金融系一批具有丰富实践经验的教师,以及湖南财信证券股份有限公司的多位专家。

本书精选了多个金融学领域的典型案例,涵盖金融政策、公司融资、金融市场、金融机构以及国际金融等方面。每个案例都以真实事件为背景,通过翔实的数据和情境描述,引导读者深入思考和分析其中的问题和挑战。同时,每个案例后都附有专业人士的评价和建议,帮助读者加深对金融问题的理解和认识。

在案例的选择上,本书注重本土性,重点关注国内尤其是湖南省及周边地区的金融实践案例。通过深入挖掘湖南及周边地区的特色金融业务、产学研结合的成功案例,我们总结了湖南及周边地区创新金融工作中的价值观、模式和方法,以期为读者提供更为贴近实际的参考。同时,我们也非常注重时效性。金融行业的快速变革要求我们时刻保持敏锐的市场洞察力。为此,我们不断搜集最新的金融案例和行业动态,确保本书内容的时效性和实用性。

本书的编写旨在培养读者的金融分析能力和决策思维。通过阅读和分析案例,读者可以学会运用金融理论和工具解决实际问题,提升自身在金融领域的竞争力。无论是对于金融从业人员还是金融学专业的学生,本书都将成为一个有价值的参考工具。值得一提的是,本书并非仅仅提供答案,而是鼓励读者通过案例分析培养自己的思考能力和解决问题的能力。每个人对于同一问题可能有不同的看法和解决方法,这正是我们希望读者能够探索和发现的。

在此,我们要感谢东南大学出版社的编辑为本书的出版付出的辛勤劳动,同时也要感谢财信证券的大力合作,使得本书的案例更具现实性和实践性。此外,我们还借鉴了许多专业人士的资料,在此一并向他们表示诚挚的谢意。

最后,我们希望读者能够通过本书对金融学案例分析有更深入的理解和把握。在现实金融环境中灵活运用金融知识和方法是成功的关键之一。愿本书能为读者在金融领域取得辉煌成就提供宝贵的帮助和指导。

目录

第一篇　金融市场

案例1　我国多层次资本市场结构构建 ··· 001
案例2　我国第三家证券交易所——北交所设立的背景和意义 ············· 011
案例3　兰考县"一平台四体系"数字普惠金融赋能乡村振兴 ··············· 018
案例4　上纬新材IPO超低价发行事件 ··· 022

第二篇　金融机构

案例1　大资管业务生态图谱分析 ·· 026
案例2　证券公司社会责任(含ESG内部审计) ·································· 033
案例3　消费金融公司发展——长银五八消费金融公司 ······················ 045
案例4　重庆市证银共建助力乡村振兴 ··· 054
案例5　长沙银行支持澧县高标准农田建设 ······································ 058

第三篇　风险与管理

案例1　河南、安徽6家村镇银行"存款失踪"事件 ····························· 061
案例2　408家房企破产　银行"涉房"违规贷款罚款过亿 ··················· 066
案例3　从瑞士信贷危机浅析国内外金融机构风险处置政策 ················ 071

第四篇　公司金融

案例1　绍兴百大高级管理人员持股案例 ··· 078
案例2　基于筹资决策的产融互动经营模式——以滴滴出行为例 ·········· 083
案例3　雅戈尔集团的过度金融化 ·· 090

第五篇　国际金融

案例1　斯里兰卡国家破产事件	096
案例2　2023年巴基斯坦外汇储备危机	103

第六篇　金融衍生品

案例1　青山集团镍期货事件	107
案例2　中金花呗资产证券化案例	112
案例3　我国基础设施REITs	115
案例4　中国银行"原油宝"风险事件案例	120

第七篇　保　险

案例1　2022年第三支柱养老保险改革	129
案例2　2022年长沙市职工医疗保险改革分析	135
案例3　湖南省湘潭市长期护理保险制度试点	141

第八篇　金融科技

案例1　湖南股交所：依托区块链促进多维数据应用，赋能多层次资本市场高质量发展	146
案例2　百融云创——数智化发展优质合作伙伴	150
案例3　马上消费金融公司数字化转型	158
案例4　抖音支付布局第三方支付领域案例	163
案例5　招商银行财富管理业务数字化转型历程	166

第九篇　金融政策

案例1　回顾历史，看美国货币政策演变	170
案例2　中国特色金融发展之路	177
案例3　深化资本市场改革，全面实行股票发行注册制	183
案例4　投资者权益保护之证券纠纷多元化解机制	189

第一篇 金融市场

案例1 我国多层次资本市场结构构建

1.1 案例概述

1.1.1 引言

我国资本市场起步于20世纪90年代初,由单一板块逐步向多层次市场体系拓展,经历30多年发展,形成了错位发展、功能互补的多层次资本市场体系。

20世纪80年代,一些小型国有和集体企业开始股份制尝试。上海飞乐音响公司是国内第一家公开发行股票开始融资的公司。之后,为迎合股票交易需求,中国工商银行上海分行静安营业部开设了股票交易柜台。与此同时,深圳也有少数公司开始发行股票并在柜台交易。在政府支持下,沪深两地相继于1990年与1991年成立上海证券交易所(简称"上交所")与深圳证券交易所(简称"深交所",与上交所合称"沪深交易所")。这一时期,资本市场的形成主要是自上而下的政策推动。以1990年上海证券交易所成立为标志,我国资本市场正式形成。

2003年,国务院提出建立多层次资本市场体系,满足不同企业融资需求,从战略角度确立了多层次资本市场方向。2004年,为解决中小民营企业融资问题,深交所设立中小板。2009年,为契合民营企业融资发展的现实需求,深交所又设立创业板。创业板为私募股权投资(Private Equity, PE)/风险投资(Venture Capital, VC)机构提供了良好的退出渠道,带动了风投行业的发展。

2012年,中国证券监督管理委员会(简称"中国证监会")在中关村科技园试点全国中小企业股份转让系统(简称"全国股转系统",俗称"新三板"),新三板设立,同时试点新增天津滨海、上海张江以及武汉东湖三家高新技术园区,之后国务院决定推广至全国。2013年,全国中小企业股份转让系统成立,成为我国第一家公司制运营的证券交易场所,主要为创新型、创业型、成长型中小企业发展服务。

2018年11月,习近平总书记宣布将在上交所设立科创板并试点注册制,我国资本市场的注册制改革序幕由此拉开。2019年,科创板在上交所设立并试点注册制。

2020年8月24日,创业板改革并试点注册制平稳落地,中国资本市场全面深化改革进入"深水区"。2021年4月6日,深交所主板和中小板正式合并,板块定位更加清晰,多层次资本市场体系建设更趋优化。

2021年,北京证券交易所(简称"北交所")成立,统筹新三板各层级协调发展,发挥带头作用,做活做强基础层与创新层,加强与沪深交易所、区域性股权市场的互联互通,加快完善中小企业全链条制度体系。至此,我国形成了以主板、科创板、创业板、新三板以及区域性股权交易中心为构成的多层次资本市场体系。

2023年2月1日,全面实行股票发行注册制改革正式启动。在注册制改革下,从设立科创板、改革创业板,到合并深市主板与中小板,再到新三板设立精选层,进而设立北交所、建立转板机制,多层次资本市场体系更加清晰。不同上市板块设定了"差异化"的多元上市条件、找准各自定位、办出各自特色,资源配置枢纽更加畅通,A股市场生态进一步优化,服务科技创新和经济高质量发展功能进一步增强。经过4年的探索,注册制改革于2023年推行至沪深主板市场。2023年4月10日,首批10只主板注册制新股上市交易,标志着股票发行注册制正式落地。

经过多年改革,我国证券交易所市场由单一板块逐步向多层次拓展,错位发展、功能互补的市场格局基本形成。

随着多层次资本市场的不断完善,不同市场板块的定位也日渐清晰。上交所、深交所主板成为这次改革的重中之重。改革后,主板要突出大盘蓝筹特色,重点支持业务模式成熟、经营业绩稳定、规模较大、具有行业代表性的优质企业,设置多元包容的上市条件,并与科创板、创业板拉开距离。主板改革后,多层次资本市场体系将更加清晰,基本覆盖不同行业、不同类型、不同成长阶段的企业。主板主要服务于成熟期大型企业。科创板突出"硬科技"特色,发挥资本市场改革"试验田"作用。创业板主要服务于成长型创新创业企业。北交所与全国股转系统共同打造服务创新型中小企业主阵地。

我国多层次资本市场是一个复杂而精细的金融生态系统,由多个层次的市场组成,旨在满足不同发展阶段、不同风险承受能力和不同投资偏好的企业和投资者的需求。这一市场体系包括主板市场、创业板市场、新三板市场、区域性股权交易市场和私募股权市场等多个层次。这些市场各具特色,相互补充,共同构成了我国资本市场的丰富生态。

近年来,我国多层次资本市场发展迅速,为实体经济发展提供了有力支持。一方面,通过主板市场和创业板市场,一批优质企业得以上市融资,实现快速发展。另一方面,新三板市场和区域性股权交易市场为中小企业提供了融资平台,促进了创新创业。同时,私募股权市场也在不断发展壮大,为未上市企业提供了重要的融资渠道。

我国多层次资本市场在发展过程中也面临一些挑战和问题,如市场定位不够清晰、市场层次之间的衔接不够顺畅、市场监管和投资者保护机制尚需完善等。因此,如何进一步优化我国多层次资本市场结构,提高市场效率,是当前亟待解决的问题。

1.1.2 主板市场

沪深交易所的主板市场是我国资本市场中规模最大、历史最悠久的市场。它主要服务于成熟的大型企业,对上市公司盈利水平、最低市值、股本大小等有较高的要求,上市标准严格,监管体系完善。主板市场上市企业的股票流通性好,市值大,是投资者进行长期价值投资的主要场所,以中小投资者居多。主板市场不仅为企业提供了直接融资的平台,还有助于企业树立品牌、规范经营、完善治理结构,进一步提升竞争力。

上海证券交易所成立于 1990 年 11 月 26 日,同年 12 月 19 日开业,受中国证监会监督和管理。经过 30 余年的快速成长,上交所已发展成为拥有股票、债券、基金、衍生品 4 大类证券交易品种、市场结构较为完整的证券交易所。截至 2022 年末,沪市上市公司达 2 174 家,总市值 46.4 万亿元;2022 年全年股票累计成交金额 96.3 万亿元,股票市场筹资总额 8 477 亿元;债券市场挂牌 2.68 万只,托管量 15.9 万亿;基金市场上市只数达 614 只,累计成交 18.8 万亿元;股票期权市场全年累计成交 6 475 亿元;基础设施公募不动产投资信托基金产品共 16 个,全年新增 9 个项目,募集资金 342 亿元。目前,上交所已经成为全球第三大证券交易所和全球最活跃的证券交易所之一。经过多年的发展,上交所主板市场已经聚集了一大批事关国计民生的骨干企业和行业龙头企业,市场对主板也形成了比较充分的认知。

深圳证券交易所于 1990 年 12 月 1 日开始试营业,经过 30 多年接续奋斗,初步构建了基础功能完善、板块特色鲜明、监管规范透明、运行安全可靠、服务全面高效的市场体系,形成"主板+创业板"定位清晰、特色鲜明的市场结构。

深交所主板市场于 1990 年诞生,积极服务国家战略全局,推动上市公司利用资本市场做优做强,实现高质量发展,形成深市市场化蓝筹股市场。2004 年 5 月,深交所在主板内设立中小企业板,开辟了中小企业进入资本市场新渠道。经过 17 年的发展,中小企业板上市公司不断发展壮大,板块特征逐步与主板趋同。

深市主板自成立以来,坚持服务实体经济的根本宗旨,支持上市公司利用资本市场做优做强,涌现一批影响力大、创新力优、竞争力强的蓝筹企业和细分行业冠军。2021 年 4 月 6 日,深交所主板和中小企业板正式合并,板块定位更加清晰,优化了多层次资本市场体系建设。2023 年,深市股票融资金额、成交金额和股票市价总值分别位列世界第二位、第三位和第六位。

1.1.3 科创板市场

设立科创板并试点注册制,是深化资本市场改革开放的基础制度安排,是推进金融供给侧结构性改革、促进科技与资本深度融合、引领经济发展向创新驱动转型的重大举措。

2018 年 11 月 5 日,国家主席习近平在上海举行的首届中国国际进口博览会开幕式上宣布,将在上海证券交易所设立科创板并试点注册制,支持上海国际金融中心和科技创新中心建设,不断完善资本市场基础制度,我国资本市场的注册制改革序幕由此拉开。

2019年1月30日,中国证监会发布《关于在上海证券交易所设立科创板并试点注册制的实施意见》。科创板精准定位于"面向世界科技前沿、面向经济主战场、面向国家重大需求",主要服务于符合国家战略、突破关键核心技术、市场认可度高的科技创新企业,重点支持新一代信息技术、高端装备、新材料、新能源、节能环保以及生物医药等高新技术产业和战略性新兴产业。

2019年3月1日,首次公开发行股票注册管理办法、上市公司持续监管办法,以及上市审核规则、发行与承销实施办法、股票上市规则、股票交易特别规定等一系列制度规则正式"落地",科创板制度框架确立。

2019年3月18日,发行上市审核系统正式"开工",标志着科创板向科创企业敞开了大门,同月22日首批获受理企业亮相。

2019年7月22日,首批25家科创板公司上市交易,设立科创板并试点注册制改革,丰富了多层次资本市场体系,具有里程碑式的意义。科创板市场自开市以来,吸引了众多创新型企业的关注和上市申请,为中国的科技创新企业提供了一个新的融资平台。数据显示,截至2023年10月底,科创板共有上市公司562家,合计首次公开募股(Initial Public Offering,IPO)募资金额近9 000亿元,总市值逾6万亿元。科创板日益成为"硬科技"企业上市的首选地和推动高质量发展的生力军。

上交所科创板制定了清晰明确的科创属性评价体系并动态优化完善,市场对"硬科技"企业到科创板上市已基本形成共识,科创板已成为科技创新型企业的聚集地,汇聚了超过500家上市公司。

科创板的运作机制体现了高度的市场化和透明化。其核心在于推行注册制改革,取消了审查委员会制度,引入了更为市场化的信息披露和审核机制。这一改革使得科创板的上市审核更加高效、透明,有助于减少行政干预,提升市场效率。

在交易制度方面,科创板实施T+1交易制度,即当日买入的股票只能在下一个交易日卖出。但是涨跌幅限制得到了放宽,使得市场更具活力和竞争力。此外,科创板还设有熔断机制,当股票价格涨跌幅达到一定比例时,将触发暂停交易的措施,以保护市场的稳定。

科创板对于投资者的准入门槛相对较高,要求投资者具备一定的风险认知能力和资金实力。同时,对于部分投资者,科创板还设置了投资经验和资产规模等要求。这些规定有助于确保市场的稳定和健康发展。

科创板市场定位为面向世界科技前沿、面向经济主战场、面向国家重大需求,主要功能在于服务符合国家战略、突破关键核心技术、市场认可度高的科技创新企业。通过为这些企业提供融资支持,科创板促进了科技创新和经济发展的良性循环。此外,科创板的设立也提升和完善了中国资本市场的包容性和市场功能。通过发行、交易、退市、投资者适当性、证券公司资本约束等新制度以及引入中长期资金等配套措施,科创板实现了投融资平衡、一二级市场平衡、公司的新老股东利益平衡。这不仅有助于推动中国资本市场的健康发展,也为全球投资者提供了更多的投资机会。

作为注册制改革的"试验田",科创板在发行、上市、信息披露、交易、退市、持续监管等方面进行了一系列制度创新,形成了可复制可推广的经验。一年后,注册制改革从增量市场过渡到存量市场的创业板。

1.1.4 创业板市场

创业板于2009年10月设立,致力于服务国家创新驱动发展战略,支持创新型、成长型企业发展,是全球成长最快的服务创业创新的市场。创业板市值及成交金额在全球创业板市场居领先地位。

创业板市场主要服务于高成长性、创新型企业,支持传统产业与新技术、新产业、新业态、新模式深度融合,更加强调推动传统产业的创新升级。与主板市场相比,创业板市场的上市标准相对宽松,更加注重企业的成长潜力和创新能力。创业板市场为创新型企业提供了便捷的融资渠道,有助于推动科技创新和产业升级。同时,创业板市场也为投资者提供了分享创新型企业成长红利的投资机会。

1999年1月,深交所正式向中国证监会提交了《深圳证券交易所关于进行成长板市场的方案研究的立项报告》。两个月之后,中国证监会也首次提出,可以考虑在沪深证券交易所内设立高科技企业板块。

2006年,时任中国证监会主席尚福林表示将"适时推出创业板",并于次年3月要求积极稳妥推进创业板上市。与此同时,国务院也批复了以创业板市场为重点的多层次资本市场体系建设方案。其后两年,创业板各项基础制度也在加速形成,《首次公开发行股票并在创业板上市管理暂行办法》《创业板市场投资者适当性管理暂行规定》等文件相继问世。

2009年10月23日,创业板正式举行开板启动仪式,并于10月30日正式上市,首批28家创业板公司开启交易。创业板市场在发行规模、交易制度和投资者保护等方面进行了大量的改革和完善,吸引了大量的高质量企业和投资者。创业板市场的规模和交易活跃度持续增加,成为中国股市中极具活力的板块之一。

2020年8月24日,创业板改革并试点注册制正式落地。改革后的创业板适应发展更多依靠创新、创造、创意企业的大趋势,支持传统产业与新技术、新产业、新业态、新模式深度融合,更好地服务高新技术企业、成长型创新创业企业。经过注册制改革试点,深交所创业板服务成长型创新创业企业的特色日益鲜明,促进科技、资本和实体经济高水平循环的功能日益增强。

创业板市场的运作机制注重市场化和灵活性。在上市标准上,创业板市场对企业的财务状况和经营记录的要求相对较低,更看重企业的成长潜力和业务前景。这种宽松的上市标准使得更多创新型企业有机会进入资本市场。

创业板市场作为资本市场的重要组成部分,具有多方面的功能作用。首先,创业板市场为创新型企业提供了直接融资的渠道,支持了这些企业的快速发展。通过上市,企业可以筹集到大量的资金用于研发、生产、营销等,从而加速企业的成长和扩张。其次,创业板市场优化了资源配置,促进了产业升级。通过市场机制的作用,创业板市场使资金流向更具潜力和成长性的企业,推动了新兴产业的发展和壮大。最后,创业板市场还发挥了风险投资的退出窗口作用。风险投资机构在投资创新型企业后,可以通过创业板市场实现资本的退出和回报,从而吸引更多的风险资本进入市场,支持更多创新型企业的发展。

创业板自2009年10月正式启动公司上市,截至2023年10月30日,先后有1 323家上市公司登陆上市,总市值逾11万亿元,筑造了我国经济创新成长的新高地。

1.1.5 新三板市场

全国中小企业股份转让系统是经国务院批准,依据《中华人民共和国证券法》(简称《证券法》)设立的继上交所、深交所之后的第三家全国性证券交易场所,也是我国第一家公司制运营的证券交易场所,于2013年1月16日正式揭牌运营。新三板市场的成立是我国多层次资本市场体系建设的阶段性重大突破。

新三板市场投资者以机构和高净值自然人为主体,服务创新型、创业型、成长型中小企业,是我国资本市场中专门为中小企业提供融资和股权转让服务的市场层次。新三板市场的上市门槛较低,流程简化,为大量处于初创期或成长初期的中小企业提供了融资渠道。通过新三板市场,企业可以实现股份的挂牌转让,提高公司的知名度和市场认可度,为后续融资和发展奠定基础。

2013年底,全国中小企业股份转让系统挂牌公司扩容至全国所有符合上市条件的企业。2014年1月24日,首批全国企业集体挂牌仪式在北京举办,新三板开始面向全国规范运作。这一年也被称为新三板实现跨越发展的重要一年。

新三板自成立以来累计服务挂牌企业上万家。截至2023年底,新三板存量挂牌企业数量达6 241家,总市值达21 970.75亿元。挂牌公司中,制造业企业数量占比超过半壁江山;信息传输、软件和信息技术服务业企业数量紧随其后,占比18.51%;租赁和商务服务业企业数量位列第三,占比5.26%。

新三板市场既是整个多层次资本市场承上启下的轴心,又肩负着探索中国特色资本市场的重任,这也就决定了其建设的复杂程度要远超A股市场。新三板具有巨大的包容性,其本身是一个多层次资本市场,各个层次之间既有区别又有联系,同时新三板还需要与A股市场和四板市场进行制度衔接与合作。

2019年10月,中国证监会正式启动全面深化新三板改革。改革围绕改善市场流动性、强化融资功能、优化市场生态、加强多层次资本市场有机联系等四条主线,重点推出向不特定合格投资者公开发行并设立精选层、优化定向发行、实施连续竞价交易、建立差异化投资者适当性制度、引入公募基金、确立转板上市制度和深化差异化监管等改革举措。

新三板实施以来,一直存在流动性不足的问题,为解决这一问题,随后又设置精选层,吸引了一些小而美的优质企业。2020年7月,精选层正式设立并开市交易。随着改革举措陆续落地,新三板市场定位进一步明晰、市场结构进一步完善、市场功能进一步提升、市场生态进一步优化、市场韧性活力进一步显现。

2021年9月,国家主席习近平在中国国际服务贸易交易会全球服务贸易峰会上发表视频致辞,提出深化新三板改革,设立北交所。随后,中国证监会向社会公众公开征求意见。北交所建设的思路是平移精选层各项基础制度,上市公司由创新层公司产生,形成基础层、创新层与北交所层层递进的市场结构,同步试点注册制。北交所开市以来,市场运行整体平稳,各项制度经受住了市场考验。伴随着北京证券交易所的成立,新三板的活力和吸引力明显增强。相关数据显示,北交所开市以来,2022年新增新三板挂牌公司数量同比增加三倍,挂牌公司中"专精特新"企业占比近三成。与此同时,新三板挂牌公司融资功能明显增强,2022年共完成定向发行696次,同比增长18.57%。不过2023年受市场行情影响,发行次数有所减少,与2021年保持相当。

1.1.6 区域性股权交易市场

区域性股权交易市场是地方性的股权交易平台,通常由省级人民政府监管,为特定区域内的企业提供股权、债券的转让和融资服务,主要服务于本地区的中小企业。这些市场通常具有地域性、灵活性和专业性的特点,能够根据当地企业的实际情况和需求提供定制化的融资服务。区域性股权交易市场的建立和发展,有助于推动地方经济的发展,促进中小企业的成长和壮大。

2012年,为促进中小企业发展,解决"中小企业多、融资难,社会资金多、投资难",即"两多两难"问题,中央允许各地重新设立区域性股权市场,研究并推动在沪深交易所之外进行场外资本市场试验。

2012年8月,中国证监会发布了《关于规范证券公司参与区域性股权交易市场的指导意见(试行)》,从政策层面首次确认中国多层次资本市场包括四个层次,即主板和中小板(一板)、创业板(二板)、全国中小企业股份转让系统(新三板)和区域性股权交易市场(四板)。

2017年7月1日起,中国证监会发布的《区域性股权交易市场监督管理试行办法》(简称《办法》)正式实施。《办法》对区域性股权交易市场的证券发行与转让、账户管理与登记结算、中介服务等内容作了详细规定,促进区域性股权市场健康稳定发展。

根据中国证券业协会发布的《中国证券业发展报告(2022)》(简称《报告》),共有35家区域性股权市场运营机构经中国证监会备案公示,成为地方重要的金融基础设施。截至2021年底,区域性股权市场累计服务企业186 759家,其中挂牌公司37 955家,展示企业137 893家,纯托管公司10 911家。挂牌公司方面,截至2021年底,区域性股权市场累计挂牌公司37 955家,其中,股份公司15 085家,占比39.74%;有限责任公司22 870家,占比60.26%。就融资情况而言,《报告》显示,截至2021年底,区域性股权市场历年累计实现各类融资16 648.10亿元,其中股权融资3 716.24亿元,可转债2 744.09亿元,私募债1 671.23亿元,股权质押5 941.72亿元,其他融资2 574.82亿元。就转让情况而言,《报告》显示,截至2021年底,区域性股权市场产品累计转让成交3 672.27亿元,其中线上的股权转让393.52亿元,可转债转让151.34亿元,线下(含挂牌公司、展示企业、纯托管公司)过户3 127.41亿元。投资者方面,截至2021年底,区域性股权市场共有投资者584 891户,其中合格投资者125 355户、豁免投资者459 536户。

1.1.7 私募股权市场

私募股权是一种投资于非上市股权或者上市公司非公开交易股权的投资方式。

其资金筹集具有私募性与广泛性,其资金主要投资于有发展潜力的非上市企业,并且投资期限较长,流动性相对较差,属于中长期投资。私募股权投资的目标是通过持有并管理这些股权,最终通过上市、并购或管理层回购等方式出售持股以获取收益。在实际应用中,私募股权投资已经成功助力了许多企业的发展,如小米科技、滴滴出行、大众点评、蚂蚁金服、顺丰控股、京东、网易等。这些企业通过私募股权融资,获得了资金支持和发展动力,进一步推动了业务的拓展和市场的开拓。

私募股权市场是连接未上市企业和投资者的桥梁,主要通过私募股权基金、风险投资等方式为未上市企业提供融资支持。私募股权市场具有灵活性高、投资期限长、风险收益匹配等特点,能够满足不同投资者的投资需求。同时,私募股权市场也有助于推动企业的创新和发展,提升企业的市场价值。

中国证券投资基金业协会(简称"中基协")于 2023 年 12 月发布的《私募基金管理人登记及产品备案月报》显示,截至 2023 年 12 月末,存续私募基金管理人 21 625 家,管理基金数量 153 079 只,管理基金规模 20.58 万亿元。具体来看,管理人方面,私募证券投资基金管理人 8 469 家,私募股权、创业投资基金管理人 12 893 家,私募资产配置类基金管理人 9 家,其他私募投资基金管理人 254 家。基金方面,存续私募证券投资基金 97 258 只,存续规模 5.72 万亿元;存续私募股权投资基金 31 259 只,存续规模 11.12 万亿元;存续创业投资基金 23 389 只,存续规模 3.21 万亿元。

综上所述,我国多层次资本市场体系丰富多样,各市场层次各具特色,相互补充,共同为我国经济的发展和社会的进步提供有力支持。然而,这一市场体系在发展过程中也面临一些挑战和问题,需要进一步完善和优化。因此,我们有必要对这一市场体系进行深入分析和研究,以便更好地发挥其作用,服务于我国经济的持续健康发展。

1.2 案例分析

1.2.1 市场结构

我国多层次资本市场的构建旨在满足不同企业和投资者的需求。主板市场主要服务于成熟大型企业,上市标准较高,监管严格;创业板市场注重创新性和成长性,为创新型企业提供融资平台;新三板市场和区域性股权交易市场则更加灵活,为中小企业提供融资服务。这种多层次的市场结构有助于实现资源的优化配置,促进经济发展。

1.2.2 市场发展问题

尽管我国多层次资本市场建设取得了显著成就,但仍存在一些问题。首先,市场定位不够清晰,导致部分市场之间存在竞争关系而非互补关系。其次,市场层次之间的衔接不够顺畅,企业在不同市场之间的转板机制尚不完善。最后,市场监管和投资者保护机制也存在不足,需要加强监管力度和提高投资者保护水平。

1.2.3 政策建议

针对以上问题,本节提出以下政策建议:一是进一步明确各市场的定位和功能,避免市场间的无序竞争;二是完善市场转板机制,促进企业在不同市场之间的有序流动;三是加强市场监管力度,提高信息披露质量和监管效率;四是加强投资者教育,提高投资者的风险意识和自我保护能力。

1.3 案例启示

通过对我国多层次资本市场进行分析,可以得出以下启示:

构建多层次资本市场是促进经济发展的重要举措。满足不同企业和投资者的需求,有助于实现资源的优化配置和经济的持续发展。

在发展多层次资本市场的过程中,需要注重市场定位和功能的明确性,避免市场间的无序竞争和重复建设。

加强市场监管和投资者保护是促进市场健康发展的重要保障。需要不断完善监管机制和提高监管效率,同时加强投资者教育,提高投资者的风险意识和自我保护能力。

随着我国经济的不断发展和资本市场的日益成熟,未来我国多层次资本市场将进一步完善和发展,为实体经济提供更多更好的融资服务。

◆ 课程思政点

了解中国多层次资本市场的发展进程,理解中国特色金融发展之路在资本市场结构方面的顶层设计和建设。

社会主义核心价值观的体现。健全多层次资本市场体系是发挥市场配置资源决定性作用的必然要求,是推动经济转型升级和可持续发展的有力引擎,也是维护公平正义、促进社会和谐、增进人民福祉的重要手段。

以"科技梦"助推"中国梦"。实现"中国梦"离不开"科技梦"的助推,而实现"科技梦"离不开资本的力量。借助资本的力量,实现关键核心技术自主可控,把创新主动权、发展主动权牢牢掌握在自己手中。科创板设立的初衷是"专注打造中国硬核科技"。

参考文献

[1] 上海证券交易所. 上海证券交易所简介[EB/OL]. [2024-02-10]. https://www.sse.com.cn/aboutus/sseintroduction/introduction/.

[2] 林淙. 科创板建设5周年:探索全面注册制先行先试 助力高水平科技自立自强[EB/OL]. (2023-11-06)[2024-02-10]. https://www.cs.com.cn/5g/202311/t20231106_6374488.html.

[3] 深圳证券交易所. 深圳证券交易所简介[EB/OL]. [2024-02-10]. https://www.szse.cn/abou-

tus/sse/introduction/index.html.

[4] 何松琳.新三板"十年":多层次资本市场的"轴心"服务、转承、新启程[EB/OL].(2024-01-31)[2024-02-13].https://finance.sina.com.cn/spread/thirdmarket/thirdmarket_cmt/2024-01-31/doc-inafksek6353986.shtml.

[5] 昌校宇.中基协:2023年12月末存续私募基金规模20.58万亿元[EB/OL].(2024-01-27)[2024-02-15].https://finance.eastmoney.com/a/202401272974670662.html.

[6] 胡雨.中国证券业协会:截至2021年底区域性股权市场累计服务企业18.68万家 累计实现融资超1.66万亿元[EB/OL].(2022-09-26)[2024-02-15].https://www.cs.com.cn/qs/202209/t20220926_6300085.html.

案例2　我国第三家证券交易所
——北交所设立的背景和意义

2.1　案例概述

2.1.1　引言

2021年9月2日晚,国家主席习近平在2021年中国国际服务贸易交易会全球服务贸易峰会上发表视频致辞:"我们将继续支持中小企业创新发展,深化新三板改革,设立北京证券交易所,打造服务创新型中小企业主阵地。"9月3日,北京证券交易所(简称"北交所")有限责任公司在北京正式成立。10月30日,中国证券监督管理委员会(简称"中国证监会")正式发布北交所发行上市、再融资、持续监管3项规章以及11项规范性文件,配套修改了非上市公众公司监管2项规章,制定了挂牌公司定向发行可转债2项内容与格式准则。11月15日,北交所正式开市,这是中国资本市场承前启后的重大历史性时刻,意味着继上海证券交易所(简称"上交所",与深交所合称"沪深交易所")、深圳证券交易所(简称"深交所",与上交所合称"沪深交易所")之后,我国第三家全国性证券交易所正式设立。

随着我国资本市场的日益壮大,在北交所设立之前,我国已经有上交所、深交所两大证券交易所,以及作为重要补充的全国中小企业股份转让系统(简称"全国股转系统,俗称"新三板")。根据 WIND 统计,截至 2023 年 12 月 31 日,沪深交易所共有5 107家上市公司。那么,在已有两个证券交易所的基础上,为什么还要成立新的交易所呢?新成立的交易所与其他两个交易以及新三板有什么不一样呢?

2.1.2　北交所设立的背景

北交所由新三板精选层平移而来,其设立背景与新三板改革密切相关。新三板成立于2013年,累计服务了近万家挂牌公司。但企业准入门槛低、投资者交易门槛高、做市商数量不足、转板机制不畅等问题,导致新三板流动性欠缺,大量企业无法获得融资,纷纷摘牌离场,或者重新去申报沪深交易所。新三板的发展困境与中小企业自身风险相关,也和市场制度有关。北交所的设立是新三板改革的深化和延续,有其特定的历史背景。

(1) 新《中华人民共和国证券法》(简称《证券法》)奠定了法律基础

多年来,多层次资本市场在我国的实践与探索中逐渐被法律接受和认可。2019年12月新修改的《证券法》首次将第五章"证券交易所"修改成"证券交易场所",并单独列为第七章。虽然仅仅是一字之差,将"所"改成了"场所",却有着重大意义,这奠定了我国多层次资本市场的基本法律地位。新《证券法》的颁布，将我国的资本市场由证券交易所这一单一形式转变为三种形式，即塔底的区域性股权交易市场、塔中的全国性证券交易场所、塔尖的证券交易所。这对于推动多层次资本市场改革具有里程碑式的意义，从此我国的资本市场更加丰富和完善。

（2）新三板市场持续改革创新提供了坚实基础

为改善流动性差和融资功能弱等问题，新三板改革一直在路上。从2016年6月首次发布对创新层挂牌公司实施分层管理，到2019年底在原有的分层基础上新设精选层，引入公开发行和竞价交易机制，到2020年7月23日，中国证监会正式设立精选层并举行首批企业晋层仪式。经过实践，精选层初步具备了服务中小企业的公开市场功能，转板机制进入实操层面，并且各板块有机联系加强，同时创新层也为精选层的改革提供了丰富的企业储备。北交所以新三板精选层为基础组建，把原有66家精选层企业直接平移到北交所，在制度设计方面也基本沿用了精选层的各项基础制度。因此，北交所才能跑出加速度。

（3）资本市场服务中小企业创新发展的必然要求

我国中小企业具有典型的"56789"特征，即贡献了50%以上的税收、60%以上的国内生产总值（Gross Domestic Product，GDP）、70%以上的技术创新、80%以上的城镇劳动就业和90%以上的企业数量，是我国经济高质量发展的重要基础。资本市场始终将服务中小企业创新发展作为重要使命，中央经济工作会议、《中华人民共和国国民经济和社会发展第十四个五年规划和2035年远景目标纲要》都对服务中小企业创新发展作出重要部署，服务中小企业创新发展与我国经济转型发展是密不可分的。但目前中小企业融资难、融资贵的问题依旧突出，中小企业融资主要以提供实物抵押的银行信贷为主，间接融资占比长期保持在70%以上，而广大中小企业、高新技术企业多数属于轻资产行业，无法提供与信贷融资需求相匹配的抵押物，且由于中小企业大多处于初创期，规模较小、投资风险较大，银行放贷意愿不强，导致其无法获得足够的资金支持，企业发展非常缓慢。北交所的定位是专注服务创新型中小企业，遵循创新型中小企业发展规律，充分考虑其不同成长阶段的融资需求，提升资本市场制度的包容性和精准性，从而解决中小企业融资中的供需错配问题。

2.1.3 北交所设立的意义

北交所的设立是国家实施创新发展战略、持续培育发展新动能的重要举措，也是深化金融供给侧改革、更好发挥资本市场功能作用、推动经济高质量发展的重要内容，肩负着支持中小企业创新发展、推动区域均衡、促进共同富裕、健全多层次资本市场体系的重大使命。

（1）宏观层面：立足于国家创新驱动战略，实现高质量发展

① 在双循环发展格局下，激发实体经济活力

当前，我国正处于科技战略驱动与产业升级转型的关键时期，新经济的发展需要资本市场提供与之相匹配的市场功能。为加快形成以国内大循环为主体、国内国际双

循环相互促进的新发展格局,培育新经济增长点,未来我国将以产业转型升级作为经济可持续发展的新驱动力,原来以间接融资为主导的信用扩展加杠杆的模式已经不适应新经济的发展需求。资本市场成为培育经济新动能和支持新经济发展的生力军。

北交所的设立对于促进国内大循环意义重大,是一个具有战略性的决策。企业尤其是创新型企业在双循环过程中要真正发挥内需驱动、科技创新、产业链安全的主体作用。创新型中小企业做大做强,对促进经济高质量发展等发挥着重要作用。北交所专注于帮助中小企业创新发展,有助于孵化创新企业,助力中小企业规范发展,给予中小企业充足的发展信心,为中小企业提供更加多元化、定制化的金融支持,实现资本端和产业端良好互动,激发实体经济活力,服务创新驱动战略。

② 优化首都功能,缩小南北差距

党的十八大以来,北京不断优化提升首都功能,聚力疏解非首都功能,成为全国首个"减量发展"的城市,对符合首都功能定位的高精尖产业、高端制造业予以大力支持,将"五子"联动融入新发展格局,构建与首都功能核心区战略定位相适应、相协调的现代化产业体系,加快建设国际科技创新中心。北交所的设立是首都金融发展史上的里程碑,将在提升首都金融国际影响力、优化首都金融业结构、促进首都金融高质量发展中发挥至关重要的作用。

我国区域经济南强北弱,其中资本市场的空间配置是影响区域差异的重要因素。南方拥有深交所、上交所两大国际化证券交易所,金融资源聚集能力较强,相邻区域大量企业上市融资,收获了显著的金融加速器、放大器效应。北京第三产业对经济增长的贡献率显著高于上海、广州、深圳,发展潜力大,但发展缓慢的新三板与规模较小的北京股权交易中心无法满足北方区域日益增长的融资需求。北交所的设立可以优化资本市场布局,平衡金融发展格局,推动区域均衡发展,缩小南北经济差距,有助于提升北京以及京津冀地区的经济活力。

(2) 资本市场:完善多层次资本市场体系,深化新三板改革

① 完善多层次资本市场体系

我国"多层次资本市场"概念最早提出于 2003 年党的十六届三中全会。2004 年,国务院发布《关于推进资本市场改革开放和稳定发展的若干意见》,明确提出建立多层次股票市场体系。多层次资本市场是满足投融资需求匹配以及交易所自身发展的客观需要,交易市场间的职能错位和交易所内部的结构分层都是搭建多层次资本市场的重要特征。"北交所+新三板"的结构框架是对多层次资本市场体系的进一步完善,与深交所"主板+创业板"、上交所"主板+科创板"的格局相呼应。北交所向下衔接创新层、基础层乃至区域股权市场,同时坚持向沪深交易所的转板机制,充分发挥纽带作用,强化资本市场互联互通,有助于打造并完善"创投基金和股权投资基金—区域性股权市场—新三板—交易所市场"的全链条服务体系。

② 深化新三板改革,激活新三板的活力

北交所设立之初要求"发行人申报时,应当为在新三板连续挂牌满 12 个月的创新层公司"。为高质量建设北交所,2023 年 9 月 1 日,中国证监会对外发布《中国证监会关于高质量建设北京证券交易所的意见》，提出"优化连续挂牌满 12 个月的执行标准"。同日，北交所发布了《北交所坚决贯彻落实中国证监会部署 全力推进市场高质量发展》，明确发行条件中"已挂牌满 12 个月"的计算口径为"交易所上市委审议时已挂牌满 12 个月"。修改前后，北交所均坚持从新三板创新层企业中筛选上市公司，这个硬性指标是北交所坚持层层递进的上市路径的落地，对新三板带来了引领和反哺功能，激发了新三板整体市场活力。2023 年，新三板新挂牌企业 325 家，较 2022 年提升 27%，较 2021 年设立北交所当年增长 3 倍。新挂牌数量自 2019 年启动全面深化新三板改革以来创下新高，新三板新挂牌企业质量明显提升。数据显示，2015 年至 2020 年，新挂牌企业年利润中位数为 100 万元至 400 万元。北交所设立后，2022 年、2023 年的新挂牌企业年利润中位数分别达到 2 213 万元、2 363 万元，而且六成以上企业可达到北交所财务指标，其中 88 家企业年利润在 4 000 万元以上。北交所将承接在新三板市场成长壮大的挂牌企业，并向其提供更为高效的融资、交易服务，这将对新三板创新层、基础层形成示范引领的作用，提升资本市场对初创期企业的吸引力，形成良好的市场生态。

(3) 中小企业：支持中小企业创新发展，走"专精特新"之路

北交所主要坚持服务于创新型中小企业，重点支持先进制造业和现代服务业等领域的"专精特新"企业。"专精特新"是中小企业的发展方向，指专业化、精细化、特色化、新颖化，聚焦于产业链的某一节点。专精特新中小企业在国民经济中扮演着非常重要的角色。证券交易所具有成长赋能的功能，能够推动资本与科技高效、精准对接，帮助专精特新型中小企业健康发展。一方面，北交所可以通过提供及时且准确的市场信息，帮助经济主体更好地把握市场动向，引导机构投资者积极参与市场中的创新创业活动，为专精特新型中小企业的融资提供更多的机会和路径。另一方面，北交所可以通过差异化定位来精准匹配科学研发与资本市场的双向需求，进而有力支撑国家重点先导产业的布局与推进，助力先进制造业和现代服务业优质高效发展，维护市场结构的稳定与平衡。北交所构建了一套契合创新型中小企业特点的涵盖发行上市、交易、退市、持续监管、投资者适当性管理等的基础制度安排，资本配置在专精特新型中小企业发展历程中的科学性与合理性将显著提升，实现专精特新型中小企业各阶段发展需求、目标及导向与国家政策扶持和社会资本汇聚的全面协同，进一步助力专精特新中小企业的发展。

2.2 案例分析

2.2.1 北交所与上交所、深交所是竞争关系还是错位发展？

竞争是市场经济的本质。证券市场中，多个相同或不同市场形态的存在，必然导致彼此之间的竞争。但从制度设计来看，三个证券交易所之间并不存在充分的市场主导下的竞争，而是差异化竞争，总体呈现错位发展、互联互通的关系。

(1) 市场定位的错位发展

我国资本市场的多层次性体现为主板、创业板、科创板、北交所、新三板和区域股权市场，分别适用于大、中、小型企业和微型企业等不同类型企业的成长和发展，也适用于不同行业和不同属性的企业。以服务创新企业为例，科创板、创业板和北交所都承担着资本市场服务创新发展和经济高质量发展的战略任务，但各板块又有其侧重点。科创板定位为服务符合国家战略、突破关键核心技术的科技创新企业，即"硬科技"型企业。创业板定位为服务成长型创新创业企业，支持传统产业与新技术、新产业、新业态、新模式深度融合，即"三创四新"企业。北交所定位为服务创新型中小企业，重点支持先进制造业和现代服务业等领域的"专精特新"企业。因此，科创板、创业板及北交所在功能和企业范围上可能略有重合，但整体上是一种错位发展、良性竞争的关系。

(2) 市场功能的互联互通

北交所设立后，构建起了多层次资本市场的层层递进，打通了与沪深交易所以及新三板的双向通道，在多层次资本市场中真正起到了承上启下的作用，也使整个资本市场能够有效发挥多层次资本市场面向不同企业的服务功能。上交所、深交所、北交所三个板块之间将形成差异化服务格局，但彼此之间又不是割裂的，而是构建"有进有出""能进能出"的市场生态，即对于在新三板创新层、基础层培育壮大的企业，鼓励其继续在北交所上市，同时坚持转板机制，使培育成熟的北交所上市公司可以选择到沪深交易所继续发展。

北交所与沪深交易所错位发展和互联互通的格局，有助于完善资本市场对中小企业金融支持体系的建设，突破体制机制上的发展瓶颈。在主板、科创板、创业板和北交所、新三板、区域性股权市场构成的多层次资本市场中，处在不同行业、发展阶段和规模的企业将能够获得相应匹配的资本市场资源和金融支持政策。

2.2.2 北交所是新三板的组成部分还是独立主体？

北交所是以原有的新三板精选层为基础组建的，总体平移精选层各项基础制度，同时坚持北交所上市公司由创新层公司产生。对于在新三板创新层、基础层培育壮大的企业，鼓励其继续在北交所上市。同时，北交所退市公司符合条件的可以退至创新层和基础层继续交易，存在重大违法违规的则直接退出市场。此外，继续保持转板机制，培育成熟的北交所上市公司可以选择到沪深交易所继续发展。这样的机制设计，既保持了新三板基础层、创新层与北交所层层递进的市场结构，同时也维持了北交所与新三板现有创新层、基础层之间的结构平衡，有利于形成统筹协调与制度联动的良好格局。

基于北交所与新三板千丝万缕的关系，有一种说法，认为"北交所是新三板的组成部分"，这一提法是不准确的。"新三板"的内涵外延在市场不同发展阶段是不断变化的，总体可从三个阶段来看。第一个阶段，即2006年北京中关村科技园区股份转让报价系统时代，新三板是场外市场的概念，性质上是区域性股权市场。第二个阶段，即

2013年全国中小企业股份转让系统有限责任公司(简称"全国股转公司")成立之后,新三板是国务院认可的全国性证券交易场所。第三个阶段,即2021年9月3日北交所成立后,新三板已经演化为包含两个市场的系统:一个是北交所,另一个是全国性证券交易场所,即全国股转系统的创新层和基础层。从表面上看,北交所首批企业都是从精选层平移过来的,相关制度设计基本沿用了精选层的各项基础制度,且北交所是全国股转公司的全资子公司,给人的感觉是两块牌子一套人马,仅仅是将精选层改名为北交所。但从法律框架来看,北交所与全国股转公司在公司法上是两个独立法人,代表了《证券法》下两个独立的证券交易市场,彻底地解决了北交所的市场定位和法律地位问题,精选层终于从"全国第三个证券交易场所"真正升级为一个独立公开的"证券交易所",极大地提升了新三板的服务功能。尽管北交所是深化新三板改革的产物,二者关系密切,但它们是两个不同层次的市场,代表两套独立的运行机制,不能混同。如果将北交所看成新三板的组成部分,无疑将抹杀我国成立北交所的制度创新安排以及隐含其中的深层次的改革含义。

2.3 案例启示

北交所脱胎于新三板市场,与沪深交易所有机衔接,在我国多层次资本市场体系中起到承上启下的作用。北交所设立后,我国构建起了从新三板基础层到创新层、北交所、上交所科创板、深交所创业板和沪深交易所主板的多层次资本市场,不同交易所之间错位发展,逐步形成科技、创新和资本的集聚效应,引导基础层、创新层的企业向北交所靠拢,为中小企业开辟"边融资、边发展、边上市"的独特路径,打造服务中小企业创新发展的专业化融资平台;为更多优质企业根据自身的不同情况在发展的不同时间段选择不同的交易板块提供机遇;同时基于各板块的互联互通机制,为企业资本之路构建了完整清晰的发展路径,实现转板进阶,最终达到企业在资本助力下规范治理和迅速的强化发展。

自北交所设立以来,湖南省坚持将北交所作为"金芙蓉"跃升行动的重点板块,与北交所共建了资本市场服务基地,先后出台支持企业新三板挂牌及北交所上市的政策措施,对标北交所上市在区域性股权市场设立"专精特新"专板。湖南创新型中小企业和国家级专精特新企业数量多,尤其是具有领先优势的先进轨道交通装备、工程机械、新材料产业,一直是各级政府支持的重点。这些企业在某一细分领域有自身特色,但大部分尚未达到沪深交易所的上市标准。北交所在行业定位和财务指标方面的包容性,给这些企业上市提供了新的机遇。

▷ 课程思政点

通过理解北交所成立的意义理解国家政策。深度理解实施创新发展战略、持续培育发展新动能的重要举措,理解深化金融供给侧改革、发挥资本市场功能作用、推动经济高质量发展的举措。

国家支持中小企业创新发展、推动区域均衡、促进共同富裕、健全多层次资本市场体系的重大使命,推动社会公平、和谐发展。

参考文献

[1] 卓丽洪.北交所设立的历史逻辑、时代背景与发展思考[J].发展研究,2021,38(11):47-55.
[2] 罗党伦,张昇然,李滢琛,等.北交所成立:动因、制度分析与发展建议[J].财务研究,2022(3):65-74.
[3] 陈洁.北交所的定位及未来[J].中国金融,2021(18):71-73.

案例 3　兰考县"一平台四体系"数字普惠金融赋能乡村振兴

3.1　案例概述

兰考县是河南省直管县,隶属河南省开封市。兰考县是焦裕禄精神的发源地,也是习近平总书记第二批群众路线教育实践活动联系点。在 2017 年 2 月脱贫摘帽之前,兰考县是国家级贫困县。2016 年 12 月,经国务院同意,中国人民银行、中国银行业监督管理委员会(简称"银监会")联合有关部门和河南省人民政府印发《河南省兰考县普惠金融改革试验区总体方案》,兰考县成为全国首个国家级普惠金融改革试验区,紧扣"普惠、扶贫、县域"三大主题,提出"一平台四体系"模式,切实改善了兰考县金融服务的覆盖面、可得性和满意度,为稳定脱贫奔小康和乡村振兴战略的实施提供了有力支撑。

3.2　案例分析

3.2.1　兰考县试验区的"一平台四体系"模式是什么?

"一平台四体系"模式指的是以数字普惠金融综合服务平台为核心,以普惠授信体系、信用信息体系、金融服务体系、风险防控体系为基本内容的"一平台四体系"模式。

推动数字普惠金融综合服务平台建设。2016 年,中国人民银行郑州中心支行推出"普惠金融一网通"微信公众号,并打造"普惠通"应用程序(Application,App),随后数字普惠金融综合服务平台在全省逐步复制推广,有效解决了长期以来普惠金融开展过程中遇到的成本高、效率低、风控难等问题。据了解,该平台定位于公共金融服务,致力于对接各类金融服务资源,提供信贷、保险、理财、支付缴费等功能,打造线上金融超市,旨在打通普惠金融在县域农村的"最后一公里"。

完善普惠授信体系。针对一般农户、贫困户、小微企业等不同主体,推出特色信贷产品。立足兰考县实际,将信贷前置,创新开展"信贷+信用",推出普惠授信贷款,先对无违法犯罪记录、无不良嗜好、有产业发展意愿的农户无条件、无差别授信。按照"宽授信、严用途、严管理、激励守信、严惩失信"原则,授信额度为 3 万至 8 万元,利率不超过 6.75%。

建立健全信用信息体系。将信用体系建设与普惠授信紧密结合,实施"信用信贷相长"行动,激励农户守信,引导农民在使用贷款中积累信用记录、培养信用习惯。金融机构根据农户信用等级变动情况调整授信额度和贷款利率,实现信用与信贷的互促相长,引导群众重信用、讲信用。开展信用户、信用村、信用乡(镇)评定,营造诚实守信氛围,改善县域信用环境。通过创新普惠授信,在农户"用信"过程中,完成农户信用信息的采集和更新,引导农户积累良好的信用记录,实现信用与信贷互促相长的良性循环,进而优化农村信用环境。

完善普惠金融服务体系。兰考县创新县、乡、村三级金融服务体系,在县级,依托数字普惠金融小镇设立普惠金融服务中心,实现普惠金融相关业务的集中办理。在乡、村两级,分别依托便民服务厅和党群服务中心,建设具有"4+X"功能的普惠金融服务站,明确主办银行分包乡镇,提供基础金融服务(惠农支付、小额人民币的券别调剂等)、风险防控(贷款推荐、贷后协助管理等)、信用建设(采集更新农户和中小企业信用信息、协助开展失信联合惩戒等)、金融消费权益保护(金融消费权益保护咨询、金融政策宣传、金融消费者教育等)及各银行的特色金融服务,让农民享受足不出乡、村的金融服务。

构建新型风险分担机制。兰考县财政出资成立了信贷风险补偿基金,金融机构发放的普惠类贷款形成的损失由风险补偿基金和其他参与组织共同分担,以减轻贷款机构的亏损,激发它们发放贷款的积极性。同时,充分调动政府性担保机构与保险组织共同承担风险,加强其对普惠金融的扶持力度。在这种风险模式下,金融机构也要付出一定的成本,要求其放贷的利率要比其他形式的贷款低,以减少农户的利息支出。在风险防控体系的具体实施中,兰考县始终贯彻"共同参与、权责对等"的理念,创新新型风险分担机制,即将"政银保担"四个部门都纳入风险分担机制中。

3.2.2 这些做法给兰考县带来了哪些成效?

增加兰考县相关信款额度。河南省兰考县在普惠金融领域的贷款支持力度不断增强,通过采取支持小微企业发展的金融政策,增加农民和小微企业获得信贷的机会。截至2022年末,小微企业贷款余额97.98亿元,同比增长36.17%,农户贷款量也实现大幅度增长,涉农贷款余额250.15亿元,存贷款均在高速增长。截至2021年11月底,兰考县金融机构各项存款余额350.45亿元,是2016年末的189.1%;各项贷款余额也呈逐年上升趋势。此外,兰考县金融机构存贷比状况改善,信贷结构明显优化。

普惠金融加快了兰考县的脱贫步伐,带动农民脱贫致富。兰考县于2017年2月退出贫困县行列。2021年,兰考县GDP为406.76亿元,同比增长7.6%,是2016年末的157.9%;人均GDP达到5.2万元,是2016年的1.4倍。从兰考县的GDP和人均GDP来看,兰考县自成为普惠金融改革试验区后,经济发展呈升高态势。此外,兰考县居民人均可支配收入逐年增加。2021年,兰考县居民人均可支配收入21 927元,同比增长9.2%;居民人均消费支出19 138元,同比增长15.5%。

这些做法也提升了乡风文明程度,改善了农村人居环境。截至2021年,兰考县已完成3个国家级文明乡镇、4个省级文明乡镇的创建,并选出4 800多个先进典型,在实践中形成了一股"讲文明"的风尚。截至2021年,兰考县先后开展廊道、河道、环城、城区、乡村绿化提升,全县林木覆盖率达32.9%,被纳入省级森林城市序列,解决11.5万人的饮水安全问题,完成150个村坑塘整治工作,农村生活污水治理率达50%以上,完成农村改厕5.5万户,新建道路使得农村交通也更加顺畅。

3.2.3 兰考县"一平台四体系"模式还存在哪些需改进的问题?

兰考县在当前农村金融的发展中也面临着一些挑战,如金融机构一直认为普惠金融是一项风险大、收益低的业务,觉得提供普惠金融所带来的社会福利远远高于个体的利益,部分机构参与农村普惠金融的创建只是为了政策红利,根本不关心未来的发展,部分农户对"普惠金融"的内涵认识不清,认为国家出台的惠民政策是政府对普通民众的一种扶持,对普惠金融资金缺乏责任感,甚至在实践中出现普惠型贷款收不回钱的情况,这就使得金融机构不能从中获益,严重影响了普惠金融在农村的可持续发展。为解决这种现状,地方政府需要充分发挥作用,仅依靠财政部门难以为乡村地区提供普惠的可持续的金融服务。

金融机构对兰考县乡村振兴的服务能力有待提升。金融机构在实践中存在普惠金融产品创新力度不足的现象。在兰考县目前的金融市场中,能够满足农户和小微企业需求的金融产品和服务非常少,银行和金融机构不能很好地为农户和小微企业提供适配的、创新的金融产品和服务。兰考县是以农业为主导的农村地区,存在着较大的自然风险和市场风险,而且银行向农户发放的信贷期限一般是 0.5～2 年。一旦农民因为突发情况无法及时回收资金,就会遭受沉重的还款压力。

乡村振兴战略下兰考县的农村信用体系建设有待完善。尽管兰考县坚持"政府主导,社会共建"的理念,确立了"政府主导,人行牵头,多方参与"的信贷管理体系,为促进信贷管理体制的发展提供了有力的支撑。但是,各职能部门对建设农村信用制度的重视程度还不够,因此在建设过程中,各职能部门之间无法做到全力配合或主动配合,导致实践中信用体系运行的效率并不高。

农村居民金融素养有限。根据河南省第七次全国人口普查公报常住人口受教育情况可知,兰考县的常住人口学历水平大多是小学或初中,高中(含中专)和大学(大专及以上)仅占 18.8%,而且仍有一定数量的居民未上过学。在没有经验的情况下,这些居民既不愿也不敢把自己所拥有的资金用于风险投资,更不愿通过金融借贷来缓解自身的财务困难。这一抵触情绪,妨碍了金融服务业的发展。

3.3 案例启示

普惠金融对于赋能我国乡村振兴的发展有良好的作用,并且已经取得了一定的成果,但是在实践中也遇到了一些需改进的问题。因此,针对兰考县这个案例中出现的问题,本节提出以下几点建议,希望能够为其他地区利用普惠金融赋能乡村振兴提供发展思路和示范引领。

首先,加快普惠金融立法进程,强化金融机构供给能力。应该从立法上明晰普惠金融的定位、确定有关各方的职责、强化政府在普惠金融发展过程中的引导和监督作用,为普惠金融的发展营造良好的法治环境。各地政府要根据自身具体条件,与当地银行建立良好的合作关系,采取有效措施以促进乡村振兴。各个地区应根据各自的实际情况及乡村振兴战略规划,确定乡村振兴的优先发展方向及重要支持领域,以便各金融机构能够更好地协调各领域之间的发展。国家也应给予适当的财政激励补助并实施税收优惠政策,以激发金融机构参与的热情。

其次,要打破行业之间的信用壁垒,建立有效的协同治理体系。政府、人民银行和金融机构是信用体系的三大主体,它们在信用体系中所担负的职责不尽相同,但是在信用体系的运行过程中都要全面发挥自身所承担的职能。各主体之间要做到互相配合，相互促进，这样才能实现信用体系的高效运转。

再次，要完善数字普惠设施建设。一是要加大对乡村网络的支持力度，拓宽边远地区的网络覆盖面，提高边远地区的宽带和移动通信的质量，在技术改造和政策扶持下，持续、全面地推进"提速降费"工程。二是要加速建设数字普惠金融小镇，强化施工全程监管，确保施工按时、按质、按量完成。在普惠金融小镇建成后的实际使用中，要加强对入园企业的管理，实行严格的准入政策，使小镇的服务功能得到最大程度的提升，使小镇的硬件和软件质量得到提高、建设更加完善，通过普惠金融在实践中的深入发展，使兰考县居民获得更加多样化的普惠金融体验。

最后，要加强普惠金融教育培训，提升农民的金融素养，打造数字金融人才队伍。应充分发挥农村普惠金融服务站、惠农点等公共服务设施的优势，将普惠金融推广到各个乡镇，为农户提供更多更好的宣传途径，改变农户对普惠金融不了解的现状，促进普惠金融的发展。通过开展多种有针对性的金融宣传活动，使广大农户掌握辨别真伪人民币、经营财产等的基础金融知识。另外，还要加强对农户应对风险的能力以及与之相适应的业务操作技巧的培训，可以选择招聘人才或者培养本地人才的方式，打造数字金融人才队伍，搭建专业人才招聘平台，依托数字普惠金融小镇构建数字普惠发展平台，根据需求招聘专业人才，以多种途径加强对人才理论素养与实践技能的培养，健全对人才的评价与激励体系。

总而言之，我们提到的河南省兰考县的兰考模式是突出了县域普惠发展、建立了"一个平台＋四大体系"的模式。但我国地域辽阔，各地经济社会发展情况各不相同、各有差异，各普惠金融改革试验区的建设形成了各具特色的改革创新经验和模式，如以乡村振兴发展为主题的山东临沂模式，以突出支持革命老区振兴发展的江西、福建模式，以民营小微企业发展为主题的宁波模式等，这些都为各地探索普惠金融发展提供了可借鉴的思路。但无论如何，都应该因地制宜，根据各地经济社会发展情况综合考虑制定相应的模式，只有这样才能够更好地推动乡村振兴。

课程思政点

深入了解学生的理想困惑、信念缺失等问题并进行诊断，理解普惠金融政策，从国家顶层设计层面教会学生感悟社会责任与历史使命。

课后校企联动辅之"第三课堂"助力教学拓展，鼓励学生参加社会实践，使学生学练技能的同时，养成积极乐观的职业观、人生观、价值观，引导学生将个人理想融入社会理想中，培养学生服务三农、普服大众的爱国情怀。

（此案例为学生团队调研成果）

参考文献

[1] 郭国峰,张颖颖.乡村振兴视角下普惠金融支持农村发展效应研究[J].征信,2021(2):88-92.

案例 4　上纬新材 IPO 超低价发行事件

4.1　案例概述

公司在科创板上市过程中，合理的首次公开募股(Initial Public Offering，IPO)定价至关重要。现实情况中，科创板公司 IPO 定价差异巨大，甚至出现了"再少一分钱就发行失败"的超低 IPO 定价案例，引发市场争议。

上纬公司成立于 1992 年，现在上海、天津、江苏、台湾南投、马来西亚等地建有工厂。其中新材料事业总部——上纬新材料科技股份有限公司(简称"上纬新材")设在上海，主营环保高性能耐腐蚀材料、风电叶片用材料、新型复合材料的研发、生产和销售。主要产品包括乙烯基酯树脂、特种不饱和聚酯树脂、风电叶片用灌注树脂、手糊树脂、胶黏剂、风电叶片大梁用预浸料树脂、风电叶片大梁用拉挤树脂、环境友好型树脂、轨道交通用安全材料等多个应用系列。

公司产品属于新材料领域，下游主要应用领域包括节能环保和新能源两大领域。其中节能环保领域主要包括轨道交通用安全材料及电力、石化、电子电气、冶金、半导体、建筑工程等行业的污染防治工程；新能源领域包括风电叶片用材料、汽车轻量化材料等方面。

科创板开板以来，最小的一单 IPO 已经来了。上纬新材原计划募集资金为 2.1 亿元，经询价后，发行价为 2.49 元/股，为主承销商投价报告下限(11.24 元/股)的 22.15%。预计募资总额只有 1.08 亿元，扣除发行费用约 3 752 万元后，预计募资净额 7 004.27 万元，还没净利润高，创下科创板募资最低的新纪录。

发行中，最蹊跷、最有争议的莫过于发行价格为 2.49 元/股。按照这个价格，上市时市值约为 10.04 亿元，勉强达到不低于 10 亿市值的最低要求。给多一点，询价对象不愿意；再少一点，可能就发行失败了。

4.2　案例分析

4.2.1　超低价发行的原因

(1) 内部因素

盈利水平存在较大的波动性，相关数据预测较难。公司的盈利能力代表着其能实现的产出价值，公司的 IPO 定价离不开对该能力的考察。上纬新材的招股说明书以及公开资料显示，其 2016 年的净利润为 12 272.56 万元，之后两年连续下滑至 2 437.59 万元。科创板上市前一年(2019 年)，其净利润虽然有所回升，但仍然较 2016 年降低了 26.23%。而就其综合毛利率情况来看，上纬新材 2017—2019 年具体指标分别为 19.31%、14.72% 和 19.60%，虽然毛利率水平先降后升，但依然低于同行业可比公司的均值水平(22.74%、20.45%和22.46%)。整体情况看,上纬新材的盈利能力水平不突出且存在较大波动性,会影响投资者的投资信心,这是其IPO定价偏低的主要原因之一。

研发投入较少,科创属性不明显。在科创属性方面,上纬新材2017—2019年的研发费用分别为2 242.54万元、2 588.65万元以及2 543.93万元,研发投入占营业收入的比例分别为2.19%、2.09%、1.89%,整体研发投入水平较为稳定。但是,对比同行业可比公司3.55%~4.32%的研发费用率,其研发费用率明显较低。此外,同期科创板市场的研发投入占比平均值为10.02%,中位数为8.10%,其研发投入占比在所有科创板上市公司中排名比较靠后。一般来说,高科技属性企业若研发投入水平低,相应的未来产出能力也将受到较大程度的限制,影响其IPO定价。由此可见,上纬新材的科创属性并不明显,投资者在衡量其发展前景时将会降低预期,影响最终的IPO定价。

业务模式成熟,成长性相对较弱。上纬新材成立于2000年,相关产品的市场份额稳定,业务模式相对成熟,核心技术产品为环保高性能耐腐蚀材料、风电叶片用材料和新型复合材料。2017—2019年,其核心技术产品收入占营业收入的比例分别为87.41%、89.15%以及88.68%,对应其此3年的营业收入复合增长率为9.63%,成长能力尚可。但在科创板上市的科技创新企业或者其发展的项目大多处于初创或快速成长期,定价估值更看重其未来发展潜力。当企业整体发展较为成熟时,成长能力相对减弱,也会影响投资者对其IPO定价的判断。

(2) 外部因素

询价机构报价集中度高,且报价较低。科创板在发行制度上取消了直接定价,采用询价制度。根据上纬新材发行当日的公告,在剔除询价过程中的无效报价后,合格配售对象中超过90%的统一报价为2.49元/股。一般而言,在询价过程中压低报价后,投资者能够以较低的价格获得配售。因此,参与网下询价的机构投资者作为后期参与申购的投资者,出于自身利益的考虑,就存在"抱团"压价的可能。此次报价的高度集中揭示了这一现象存在的现实可能性。

除上纬新材外,在科创板上市的龙腾光电、科前生物、龙利得等也出现类似的情况,例如龙腾光电的新股首发价格为1.22元/股,377家有效机构投资者中有311家报价统一,占比超过80%。由于询价机构的报价集中度高,存在抱团"压价"现象,龙腾光电和科前生物的募资金额远不如预期。综上,询价机构"抱团"情况的出现,一般会直接拉低公司IPO定价。

承销商的定价能力不足。在询价过程中,承销商出具的投资价值研究报告是机构投资者了解企业估值定价信息的重要依据。若承销商定价能力不足,报告中传达的发行方信息可能不准确,也会影响最终IPO定价。上纬新材上市发行的承销商为申万宏源证券有限公司(简称"申万宏源"),在2019年度承销商承销总金额排名中排在10名之外。Choice数据统计显示,截至2020年9月中旬(即上纬新材上市发行前夕),申万宏源在过去一年仅完成3个IPO项目的承销保荐,且其中只有1个科创板项目,与行业内领先的券商差距较大。与此同时,其出具的上纬新材投资价值研究报告中股价的发行下限为11.24元/股,与市场给出的2.49元/股的定价差距较大,该投资价值研究报告作为IPO定价的重要参考依据并未发挥应有的作用。

市场资金压力增大,逐渐趋于理性。自从科创板注册制实施以来,在科创板发行上市的企业数量增长较快,市场化程度的提高使得不同企业之间的竞争日益激烈。投资者对于公开市场上的企业的关注度不断提升,并主要通过公司披露的资料分析、判断其价值。如果公司资质一般,无法得到市场或投资者的认可,就会出现发行阶段募资总额低于原先预期水平的情况,影响其发行结果。即便成功发行,之后也很可能会跌破发行价。与此同时,由于科创板上市速度加快,上市公司数量逐渐增多,市场资金压力变大,资金会优先流向财务表现好、科技创新成果突出的企业。

观察科创板市场的IPO情况可知,融资额低于拟募资额的情况日渐增多。截至2020年末,共有215家公司在科创板成功发行上市,其中仅2020年就有超过50家公司的IPO融资额低于拟募资额,其中融资额不足拟募资额一半的有8家。除一级市场外,二级市场上也多次出现了"破发"的现象,甚至建龙微纳在上市首日便跌破了发行价。这在一定程度上反映出市场从最初的情绪高涨逐步回归理性,且更多基于公司的内在价值去评判。

随着科创板的运行,市场上的新股越来越多,在市场竞争更加激烈的同时,投资者也会不断提高风险意识以及甄别能力。资质好的企业受到市场的追捧,资质差的则无人问津,新股发行定价将会出现明显的两极分化现象。

4.2.2 科创板超低价发行的影响

在科创板IPO过程中,公司的内部因素决定了内在价值,据此形成对公司IPO定价的基本判断,包括发行方、投资者、承销商以及监管部门在内的多个主体都会牵涉其中,最终的IPO定价也会对各主体产生相关影响。

发行公司出于融资需求在科创板上市,希望能使IPO募集金额最大化,因此会偏好尽可能高的发行价格和低的发行费用。若IPO定价低,则意味着公司上市募集的金额达不到原先预期,将影响后续募投项目的进展,进而直接影响未来的业绩。上纬新材的IPO定价仅为2.49元/股,扣除相关费用后的募资净额为0.7亿元,远低于其计划募资2.1亿元的需求,这会直接影响其技术改进和自动化改造等项目的进行,也影响其主营业务的后续发展。

投资者作为发行公司股票的买方,希望以尽可能低的价格购买更多具有增值前景的股票,以获得更多的投资收益。投资者一般可分为专业机构投资者和个人投资者。专业机构投资者是IPO定价过程中的主要询价对象,其申报的价格和数量对IPO定价起着至关重要的作用,其定价能力水平将直接影响最终的新股发行价格。上纬新材的超低IPO定价意味着投资者可以以一个极低的价格购买其公司股票,拥有更多投资收益的空间和更高的安全边际。

承销商处于发行方与投资者之间,其收入为承销保荐费,因此会争取在发行成功的基础上谋求更高的发行价格。当然,科创板要求券商通过子公司跟投,因此券商的这一角色定位类似于投资者,倾向于以较低的发行价获取更多的配售份额。由于承销商在科创板 IPO 中具有双重角色,因此需要在 IPO 定价上寻求一个"度"。上纬新材差一分钱未能发行成功,这对承销商而言也是极大的挑战。若上纬新材上市失败,不仅使承销商面临收入不确定性的问题,可能也会对其声誉造成一定程度的不利影响。

4.3 案例启示

科创板 IPO 定价既是市场对发行公司内在价值反映的结果,也是 IPO 定价过程中各主体利益平衡的结果。科创板 IPO 低价发行现象,既与公司自身因素相关,也受到外部各利益主体的影响。提升 IPO 定价的合理性,提高市场资源的配置效率,不同主体之间都有改善的空间。

从发行公司角度看,科创板拟上市公司要想获得市场的认可,必须重点提升自身的科创属性价值。科创属性价值既体现在其研发能力上,也体现在其成长性上。只有注重研发投入,提升自身科创属性并将投入切实转化为产出和技术创新,形成自身独特的竞争优势,才能获得市场的认可,取得更好发展。

从承销商角度看,应提升自身的投研能力和承销保荐能力,为市场上的投资者提供更切实合理的投资建议。企业上市成功与否直接决定了承销商的收费情况,因此承销商有可能夸大上市公司的实际经营情况,从而影响 IPO 定价。对此,包括承销商在内的中介机构应建立行业道德标准,提高违规操作惩罚力度,压实其在企业上市中的作用。

从监管部门角度看,要进一步推动制度完善和行业自律。在制度层面上修正完善新股发行定价机制,警惕询价机构串通报价。一方面,可以通过适当扩大询价机构的范围和规模以降低询价机构之间互相串通的风险,或者改革报价机制,限制参与报价机构的购买数量或要求报价机构具备一定的持股锁定期等。另一方面,行业自律也是我国资本市场发展必不可缺的一环。例如科创板自律委员会可以呼吁买方机构遵循独立、客观、诚信的原则规范参与新股报价,呼吁卖方机构提高投资价值研究报告制作等业务活动开展的严肃性、客观性与专业性。

课程思政点

IPO 合规的重要性不言而喻,它不仅关系到企业的声誉和形象,更是企业能否成功上市的关键因素之一。因此,企业在 IPO 过程中需要高度重视合规问题,确保所有工作都符合法律法规和监管要求,共同促进金融市场的可持续发展和繁荣。

注册制的精神旨在通过市场化、法治化的改革,鼓励科技创新,维护资本市场稳定,提高投资者满意度和获得感,强化信息披露和质量要求,以及促进经济高质量发展。

参考文献

[1] 叶小杰,郑昕怡.科创板 IPO 超低价发行现象分析:以上纬新材为例[J].财务与会计,2022(17):43-46.

第二篇 金融机构

案例1 大资管业务生态图谱分析

1.1 案例概述

1.1.1 引言

资管,即"资产管理"。大资管业务在中国资产管理业务环境中,可以被广义地理解为一种综合性的资产管理服务。随着资管业务生态圈的持续扩张,资管领域已步入蓬勃创新、拓展广泛、外延不断丰富的大发展时期,这不仅为资管业务带来了前所未有的机遇,也为其注入更多的活力与可能性,推动了整个行业的进步与繁荣。2018年4月,中国人民银行、中国银行保险监督管理委员会、中国证券监督管理委员会(简称"中国证监会")、国家外汇管理局联合发布《关于规范金融机构资产管理业务的指导意见》(简称《资管新规》),调整了资管行业传统的分业监管思路,将证券、基金、期货、信托、银行、保险等资管产品纳入统一监管范围。根据《资管新规》,资管业务是指证券、基金、银行、信托、期货、保险资产管理机构、金融资产投资公司等金融机构担任管理人,接受投资者委托,对投资者资产进行投资和管理的活动。简而言之,资产管理就是通过管理人设立的资管产品(如银行理财、公募基金、私募基金、信托产品、保险产品等),将资金持有人的资金对接到资产上的服务。这一过程中,金融机构等管理人会收取管理费作为服务报酬。大资管业务覆盖了银行理财、券商资管、保险资管、期货资管、公募基金、私募基金、信托计划等领域。

1.1.2 大资管业务的发展历程

(1) 大资管业务初期发展阶段(2012年之前)

1979年,中国国际信托投资公司成立,开启了我国信托资管业务发展的历程。但是早期的信托更类似于一个高度混业经营的投融资平台,与现今的"受人之托,代人理财"的资管业务存在很大差别。2001年10月《中华人民共和国信托法》的正式施行,以及2007年3月《信托公司管理办法》的颁布,标志着我国的信托业监管制度初步确立。

在资管行业的发展历程中,证券和基金业也扮演了先行者的角色。1995年,经中国人民银行批准,证券公司可以从事资产管理业务。1997年,《证券投资基金管理暂行办法》出台,公募基金走入资管行业大舞台。1998年,可以说是资管行业发展的真正的起点。这一年公募基金公司成立,首批封闭式基金——基金金泰、基金开元开始发行,资产管理行业迎来了新纪元,也标志着我国公募基金业的起步。2003年10月通过的《中华人民共和国证券投资基金法》则为公募基金和私募基金的发展制定了基本规范。

1999年,为剥离银行不良资产,金融资产管理公司即四大资产管理公司陆续成立。2003年,我国第一家保险资产管理公司——中国人保资产管理公司成立,保险资管开启市场化进程。2004年,我商业银行资产管理业务开始起步。2005年,中国银行业监督管理委员会陆续发布了《商业银行个人理财业务管理暂行办法》和《商业银行个人理财业务风险管理指引》等规定,银行理财业务被正式纳入监管范围。

早期,随着金融经济的萌芽发展,我国资管业务逐渐起步。但是,在发展的同时,资管产品同类化、投资范围有限、投资收益波动较大等问题不断涌现,资管业务逐渐无法满足市场多样化的财富管理需求。

(2) 大资管业务高速发展阶段(2012—2017年)

2012年初,第四次全国金融工作会议提出"坚持金融服务实体经济""坚持市场配置金融资源的改革导向",为金融领域进行市场化改革提供了明确的指引和方向。随后,中国证监会出台和修订了一系列政策,为证券、期货、基金公司及其子公司开展资产管理业务提供了坚实后盾,简化审批流程,增加产品多样性,拓宽投资领域,并积极推动资管行业的创新发展。2012年6月,中国证券投资基金业协会成立,私募基金发展迎来新的机遇。2012年后,金融监管政策的放宽为融资业务的蓬勃发展提供了有力支持,各类资管机构纷纷发挥自身专长与优势,相互紧密合作,在资管市场上不断开拓创新,资产管理规模迅速膨胀,产品种类日益丰富,推动了行业的综合发展,从多角度、多层次、多方面满足了实体经济融资和居民财富管理的需求。

在资管行业蓬勃发展的表象下,各种规避监管的创新业务模式随之而来,从初期的银信合作到后期的银证合作、银基合作,通道业务在大资管领域愈发盛行,各类资管产品之间的多层嵌套、加杠杆行为不断涌现,规模庞大的影子银行应运而生。由此可见,资管行业高速发展的同时,也给金融市场带来了巨大的风险、隐患。

(3) 大资管业务规范化发展阶段(2018年后)

资管行业分属不同监管机构,分业监管模式下,对于资管业务的监管标准并不一致,规避监管的套利活动频发,并通过多层嵌套产品为信贷出表提供渠道,刚性兑付、资金池模式日益盛行。资管行业的混乱发展加剧了金融市场的风险传递。

2018年4月27日,备受关注的《资管新规》由中国人民银行、中国银行保险监督管理委员会、中国证券监督管理委员会、国家外汇管理局联合发布。作为多部门联合发布的规章,《资管新规》以"全面覆盖、统一规制"为核心原则,推行资管行业市场准入和监管标准的统一,确定了资管业务的管理模式,禁止保本保收益打破刚性兑付,严厉整治资金池模式,限制多层嵌套行为,禁止开展通道类业务,以缩小机构间的监管套利空间,维护资管业务投资者的合法权益,让资产管理业务回归本业。可以说,《资管新规》

是我国资管行业发展的重要里程碑，为行业的未来发展指明了方向，是监管部门在深入研究资管业务模式基础上的有的放矢，在原有的分业监管模式的基础上提供了补充支持，进一步丰富了现代化金融监管体系的内涵，并成为其不可或缺的重要组成部分。《资管新规》落地实施后，理财新规、理财子公司管理办法、私募资管新规、保险资管新规、信托新规、现金管理类理财产品新规等一系列资管细分行业规范文件对大资管行业的标准进行了统一，各类资管机构纷纷整改。在经历短期转型"阵痛"后，各类机构已基本完成过渡期整改任务，大资管行业逐渐走向规范化发展时代。

2023年，为更好地发挥私募资管业务服务实体经济的功能，进一步巩固资管行业整改的成效，促进资管业务专业稳健、规范化发展，中国证监会在总结行业规范整改经验的基础上，积极分析市场合理诉求，对部分资管新规不足之处进行修订。此次修订进一步完善了对资管业务实施差异化监管的要求，促进资管业务发挥服务实体经济的功能，坚决防范打击违规行为，完善了资管业务风险防控安排，对促进资本市场功能的有效发挥起到重要作用。

1.1.3 大资管业务生态图谱分析

(1) 大资管业务生态链

大资管业务生态链是一个庞大且复杂的系统，覆盖了众多参与主体及业务模式。

① 生态链上游——投资者

大资管业务生态链上游即资管业务的前端参与主体——投资者，主要涉及财富管理业务。投资者通过资产管理机构进行资产配置和财富管理。资产管理机构以投资者为中心，根据投资者的需求确定财富管理规划，通过提供多样化的投资产品和服务，帮助投资者实现多元投资、财富增值、风险控制等系列目标，满足投资者的不同风险偏好和需求。作为资管业务的需求方，这些投资者主要分为两类：机构投资者和个人投资者。机构投资者包括银行、证券公司、信托公司、基金公司、保险公司、养老基金等，它们通常拥有更大规模的资金、更多的专业知识和经验，并且具备更长远的投资目标。个人投资者主要包括社会公众、高净值客户以及超高净值客户等。个人投资者通常通过购买基金、股票、债券等金融产品来增加自己的财富，他们可以选择将资金委托给专业的资产管理机构进行管理以实现资产增值。

② 生态链中游——资产管理机构

生态链中游的资产管理机构是大资管业务生态链的核心。为实现特定的投资目标和管理要求，资产管理机构为投资者实施具体的投资行为，包括设计契合投资者需求的产品模式，在众多资产中筛选合适的投资标的，构建合理的投资组合，把握买卖的最佳时机，以及有效控制风险等。在资管领域中，银行及其理财子公司、公募基金、私募基金、证券公司、信托公司、保险公司、期货公司等扮演着重要的管理角色。这些机构凭借各自的核心优势，不断提升资产管理能力，在大资管生态链中找到自己的最优位置。

③ 生态链下游——投资标的

生态链下游的投资标的范围广泛、种类繁多。不同的投资标的具有不同的风险特征和收益潜力，不同的资管产品根据其投资策略和风险偏好选择不同的投资标的。下游的投资标的总的来说主要涵盖标准化资产和非标准化资产两大类。标准化资产主要是具备较高流动性和透明度的货币市场工具、标准化债券、股票、外汇、场内衍生品以及资产支持证券（Asset-Backed Security，ABS）等，而非标准化资产主要是具有更高的风险与收益潜力的非标准化债权、未上市企业股权、场外衍生品等。随着金融市场的持续创新与演进，新兴的投资标的也逐渐崭露头角，成为大资管业务生态中的重要一环。这些多样化的投资标的为投资者提供了丰富的选择，以满足投资者不同风险偏好和收益期望的投资需求。

④ 生态链外延——其他服务机构

大资管业务生态链外延部分涉及其他服务机构，如律师事务所、会计师事务所、评级机构等，这些机构为资管业务提供法律、财务和评级等支持服务。另外，也需要独立的托管机构对投资者的资产进行安全保管、清算和核算等，以确保资产的安全和完整。相关服务机构能够帮助资管机构和投资者更好地进行业务运作和风险管理。这些外延参与者在大资管业务生态图谱中相互作用，共同推动资管业务的发展和创新。

(2) 大资管生态链资管机构维度分析

大资管业务生态链通过资管机构将投资者与投资标的串联起来，盘活大资管行业。大资管业务管理模式复杂，各类资管机构由于牌照属性及发展历程不同，在大资管业务中各具特色。具体如下：

① 银系资管

银系资管主要是银行及银行理财子公司通过成立理财产品、资管产品等为投资者提供资管服务。银行网点渠道丰富，具有大量的企业及个人客户资源，因此在投资客户来源及资金来源方面掌握绝对优势，擅长现金及固收类产品管理，信用风险管理能力较强，但在资管业务专业化管理、自研投资方面的能力有限，尚需结合自身资源优势走出特色化发展道路。

② 保险资管

保险资管主要为保险公司及其资管子公司管理的资管业务，主要为满足保险资金投资需求而设立。保险资管投资范围较为严格、细致，在投资方面善于进行大类资产配置，投资风格较为稳健保守，信用风险控制能力较强。保险资管凭借其保险业务基础，具有资金来源、销售渠道广泛的优势。由于其优势集中于机构客户及保险资金，在个人客户积累及市场化竞争等方面存在一定短板。

③ 券商资管

券商资管主要是证券公司及其资管子公司设立资管计划进行资产管理的活动。证券公司借助其众多的网点渠道优势，在个人客户、企业客户方面具有一定积累。同时，由于业务的综合性，其在一二级市场资产定价方面具有一定优势。在投资方面，其投研体系具有较为成熟的管理经验。但是，其在零售渠道建设、产品布局等方面尚存一定不足。

④ 公募基金

公募基金是由基金管理公司发行，向公众募集资金进行投资的活动。作为资管行业最重要的管理机构,公募基金具有较为成熟的投研风控体系和相对完备的运营系统,基金管理能力较为突出,管理经验丰富,在资管行业的竞争中处于有利位置。公募基金具有公开透明、流动性好的特点。随着监管趋势利好,公募基金市场空间广阔,有利于行业布局。但是随着近年银行理财、券商资管等的竞争加大,公募基金面临较大的外部环境竞争压力。同时,受渠道、网点等制约,公募基金在资金来源方面存在一定短板,在销售渠道等方面对银行、券商等存在一定依赖性。

⑤ 私募基金

私募基金涉及证券、股权、创业投资等领域,是私下募集的投资基金。私募基金监管相对宽松,在组织结构、经营运作、投资决策等方面具有较为灵活的管理模式,在投资管理中更加灵活,可以投资于更广泛的资产类别。此外,私募基金在固定收益、权益投资等类别的研究与投资以及交易策略方面,都拥有较为突出的人才储备优势,但是在募资、销售渠道方面具有明显劣势。在金融市场不断创新发展的阶段,私募基金投研能力尚有待加强。

⑥ 信托资管

信托业务范围较为宽泛,能够提供的资产类别广泛,投资方式较为灵活,尤其对非标类资产投资具有丰富经验,拥有一定的个人与企业客户资源。近年来,信托多从事类信贷业务(投放信托贷款)以及通道业务。在《资管新规》规范下,信托资管逐渐回归本源,在阵痛中加速分化,将更加偏重财富管理,如养老信托、家族信托等。但在面临行业挑战的过程中,信托资管主动管理能力不足,存量业务风险仍然存在。

⑦ 期货资管

期货资管主要是由期货公司或其资管子公司提供的资产管理服务。相对银行、证券、信托、基金公司等资管机构,期货资管起步较晚。但其在衍生品投资业务方面的专业经验积累,使期货公司相较于其他资管机构对潜在风险的把控更为警觉和审慎。期货资管将这一深刻的风险认知转化为专业的投资经营管理能力,展现出明显的竞争优势。期货资管虽然体量小,但是在期现套利、量化对冲、商品交易顾问(Commodity Trading Advisor,CTA)趋势策略等领域的经验相对于其他资管机构更丰富。期货资管由于体量限制,在资金来源、投研管理、销售渠道等方面存在较多完善空间。

总的来说,资管业务生态中的机构管理模式多样,各有优劣。随着监管政策的不断演变,大资管行业也在不断地进行自我革新和调整,以适应市场和监管的变化。

1.2 案例启示

1.2.1 完善监管体系,加强投资者保护

大资管业务生态圈所涉利益主体众多,业务链相对较长,资管产品结构复杂,专业化程度要求较高。金融行业在创新发展的同时,应规范金融市场,防范金融风险。《资管新规》及其他配套机制落地实施后,影子银行、刚性兑付、通道业务、资金池等资管乱象得到整顿,同时也推动资管行业转型规范化发展。《资管新规》落地实施后,虽然监管机制得到一定完善,但是由于资管行业分属不同监管机构,对同类型资管产品的监

管尺度存在一定差异,不排除机构间通过差异化管理进行套利操作。对此,建议监管机构在综合各机构经营特点的基础上,不断完善监管框架,防范金融风险。同时,考虑到投资者专业化程度限制、投资信息局限性以及抗风险能力有限,建议进一步加强大资管行业投资者保护机制,在完善信息披露的基础上加强投资者教育。

1.2.2 多元化布局各类机构,坚持合作与差异并行

大资管业务生态链呈现多元化发展趋势,所涉机构较多,在财富管理、资产管理、投资业务等方面各有优劣,有业务重叠,有彼此竞争,有交叉合作,有协同发展。大资管时代更需要的是资产业务领域的全面性和综合性,各类金融机构在不断创新开拓业务的同时,应充分发挥自身的资金、资产、客户、渠道、协同优势,提升核心竞争力,形成资管业务的多元化布局,以更好地满足客户的多样化需求,提升市场竞争力。各类机构应追本溯源,根据自身情况调整资产结构,均衡资产配置。此外,各类机构应发挥自身长处,促进资源整合,与各类市场资源协调发展,并在合作中进行差异化发展,以努力构建稳健、可持续发展的资管业务生态圈。

1.2.3 重视风险管理,防范金融风险

随着资产管理规模的扩大和复杂性的增加,风险管理是金融机构面临的重要挑战。目前,大资管行业风险管理系统相对不完善,很多机构缺乏完善的风险管理流程和机制,在风险管理方面使用的工具及方法等比较单一,缺乏多样性。金融机构需要建立完善的风险管理体系,包括风险识别、评估、监控和应对等各个环节,增加风险管理能力,创新使用风险管理工具和方法。同时,还应加强内部控制,确保各项业务合规运作,防范风险事件的发生。

1.2.4 促进金融领域科技化发展,增加跨界合作

随着科学技术的飞速发展,科技在金融领域的发展中扮演着日益重要的角色。金融科技化也将是资管行业各类机构突出重围、占据资管市场有利位置的关键。各类资管机构应积极将自己打造为智能资管机构,加大科技投入,提升科技应用水平,通过大数据利用、智能化分析等提高智能化管理水平、增强防控风险能力、提升运营效率、优化客户体验等。大资管时代更是一个跨界融合的时代,各类金融机构应加强与其他行业的合作,实现资源共享和优势互补,通过跨界合作,拓宽业务范围,提升综合服务能力。在强化金融科技核心竞争力之余,积极构建多方协同共赢的大资管行业科技生态圈,促进大资管行业的融合创新发展。

综上所述,大资管时代为金融机构的发展带来了广阔的发展空间和机遇。金融机构需要积极应对挑战,把握机遇,通过多元化业务布局、强化风险管理、提升科技应用水平、加强跨界合作等,推动自身实现持续、健康、稳定的发展。

课程思政点

了解中国财富积累,理解理财产品都历史性地出现了破净现象。这表明在这个超低增长、高通胀、高利率以及超级风险的时代,整个标的发生了显著变化。

重要的时代变化意味着超级风险和超级不确定性的出现。

提高认识风险的能力、培养风险意识。

了解中国人民财富积累习惯和财富积累转型,积累未来职业素养知识。

参考文献

[1] 孙新宝.基于大资管产业链视角的资管机构竞合关系研究[EB/OL].(2021-12-06)[2024-05-07]. https://brxt.net/Uploads/Ueditor/Upload/File/20211220/1639989316569207.pdf.

[2] 潘绅.大资管视阈下私募融资的刑法边界:以公安侦查为切入点[J].上海公安学院学报,2019,29(6):5-13.

[3] 潘玉蓉.资管行业十年蝶变 步入规范发展新时代[N/OL].证券时报,2022-08-25(A1)[2024-03-20]. https://epaper.stcn.com/col/202208/25/node_Aool.html.

[4] 杨荣."大资管"机构生态图谱[J].金融市场研究,2021(11):12-24.

案例 2　证券公司社会责任(含 ESG 内部审计)

2.1　案例概述

2.1.1　引言

证券公司作为链接资本市场与实体经济的桥梁与纽带,在服务国家发展战略、承担社会责任、促进共同富裕方面肩负着重要使命。近年来,更多的证券公司将国际前沿的环境、社会和治理(Environmental、Social and Governance,ESG)理念纳入公司管理,并在实际业务中积极探索实践以 ESG 为导向的金融业务,引导资金流入可持续发展的绿色行业,参与构建绿色低碳循环发展经济体系,落实国家"双碳"战略。不同于生产制造企业的 ESG 侧重于环境维度,证券行业的 ESG 更侧重于社会维度。证券行业持续发挥专业优势,在乡村振兴、绿色金融、公益服务、投教保护等社会责任领域贡献力量,取得了令人瞩目的成效。

2.1.2　证券行业社会责任内容及发展

(1) 证券行业的社会责任内容

证券行业特殊的职能定位、服务功能和业务模式,决定了证券公司所承担的社会责任与一般企业所承担的社会责任范围存在差异。在职能服务层面体现为利用其丰富的牌照资源,为不同发展阶段的企业提供多样化的金融产品和服务,充分发挥资源配置职能;在业务层面,社会责任投资主要嵌入投资银行、资产管理以及行业研究三大板块业务中。证券公司的社会责任主要包括:在提升证券公司自身效益及内部治理的同时,承担起对国家、社会、行业、投资者、股东、员工等各类利益相关方的责任。在全面贯彻党中央关于资本市场改革发展的决策部署、落实新发展理念的同时,服务中国式现代化,实现经济责任、环境责任、社会责任的动态平衡。

(2) 中国证券行业社会责任发展进程

2005 年版《中华人民共和国公司法》(简称《公司法》)第五条规定"公司从事经营活动,必须遵守法律、行政法规,遵守社会公德、商业道德,诚实守信,接受政府和社会公众的监督,承担社会责任",首次将"社会责任"正式写入法律。表 1 列举了证券公司需要承担的社会责任。

表 1　证券公司社会责任内容

利益相关方	涵盖内容
对国家的责任	(1)服务国家发展战略大局　(2)为经济实体提供各类金融服务　(3)促进资源优化配置和产业转型升级

续表

利益相关方	涵盖内容
对社会的责任	(1) 将社会责任嵌入公司治理及风险管理　(2) 巩固脱贫攻坚,服务乡村振兴,参与公益慈善、志愿服务　(3) 普惠金融,为中小微企业、因灾因疫企业提供纾困金融服务　(4) 创新绿色金融业务
对行业的责任	(1) 服务市场改革发展、自律监管要求　(2) 参与行业准则制定,维护行业秩序,推动行业良性竞争发展
对投资者的责任	(1) 进行投资者教育和保护　(2) 为投资者提供优质综合金融服务
对股东的责任	(1) 股东权利实现　(2) 中小股东权益保护　(3) 社会责任信息披露
对员工的责任	(1) 保障员工权益、员工福利、员工职业发展　(2) 员工廉洁从业等

数据来源:整理自《证券公司社会责任研究报告》,中国证券业协会会员管理部,2020。

2006年,联合国责任投资原则组织(United Nations Principles for Responsible Investment, UN PRI)首次提出ESG理念。同年,ESG概念在高盛发布的研究报告中得以明确。

2014年,香港特区政府发布《公司条例》,要求港股上市企业必须进行ESG信息披露。香港联合交易所有限公司发布的《环境、社会及管治报告指引》要求企业须在财年结束后5个月内刊发ESG报告,并且鼓励企业寻求第三方机构进行鉴定。

2016年,七部委联合印发《关于构建绿色金融体系的指导意见》,指出大力发展绿色信贷,推动证券市场支持绿色投资,逐步建立和完善上市公司和发债企业强制性环境信息披露制度。

2017年,《中华人民共和国民法总则》第八十六条规定"营利法人从事经营活动,应当遵守商业道德,维护交易安全,接受政府和社会的监督,承担社会责任",进一步将"社会责任"提升到民法总则的地位,并继续保留在2020年审议通过的《中华人民共和国民法典》总则部分。

2018年6月,美国著名指数编制公司明晟公司(MSCI)宣布将A股纳入新兴市场指数,ESG概念日益兴起,逐渐成为"可持续发展"在企业界的具象化缩影,而ESG字眼也正式进入政府文件、上市公司信息披露、社会责任报告等官方语言体系。

2018年9月,中国证券监督管理委员会(简称"中国证监会")发布修订的《上市公司治理准则》,基本确立了我国上市公司ESG信息披露的框架,并明确上市公司应对所有利益相关方负责,应该在保护社会环境、履行社会责任方面发挥引导作用。中国证券投资基金业协会也于2018年11月发布《中国上市公司ESG评价体系研究报告》和《绿色投资指引(试行)》,进一步明确了上市公司ESG评价的核心指标体系。自此,我国有了对于ESG评价的基本制度。

2020年,五部委联合印发《关于促进应对气候变化投融资的指导意见》,规范金融机构和企业在境外的投融资活动,推动其积极履行社会责任,有效防范和化解气候风险。

2020年修订实施的《中华人民共和国证券法》第一百六十六条规定"证券业协会履行下列职责:(一)……督促证券行业履行社会责任",将"证券行业履行社会责任"提升到法律层面,充分体现我国对贯彻企业社会责任已通过成文法的形式实施约束。

2021年,中国人民银行发布《金融机构环境信息披露指南》《绿色债券支持项目目录(2021年版)》,中国证券业协会发布《证券公司履行社会责任专项评价办法》。2021年2月,中国证券业协会发布《文化建设十要素》,鼓励证券公司构建ESG治理架构和治理机制,推动经济、社会、环境的协调发展。

2022年1月,深圳证券交易所(简称"深交所")发布《深圳证券交易所上市公司自律监管指引第1号——主板上市公司规范运作》,要求纳入"深证100"的样本公司应当在年度报告披露的同时披露公司履行社会责任的报告,同时鼓励其他上市公司披露ESG相关报告。

2023年4月,中国证监会发布《推动科技创新公司债券高质量发展工作方案》,指出证券公司应健全科创债评价考核制度,将科创债承销情况纳入证券公司履行社会责任专项评价。

2024年2月,沪深两大交易所发布《上市公司自律监管指引——可持续发展报告(试行)(征求意见稿)》,北京证券交易所(简称"北交所")发布《上市公司持续监管指引——可持续发展报告(试行)(征求意见稿)》,预示着三大交易所均出台新规,强制要求上市公司披露ESG报告是未来政策趋势。

根据中国证券报等官方媒体的报道,截至2023年11月,A股上市公司发布ESG相关报告的占比达到36%左右,主要以社会责任报告、ESG报告、可持续发展报告等报告形式体现,国资央企背景的A股上市公司相关报告披露比率已超过60%。

2.1.3 国内外证券公司履行社会责任对比

(1) 国外证券公司社会责任履行特点

一是公司对于社会责任履行具有长效机制。以美国著名的国际投资银行高盛集团为例,2020年,高盛集团宣布了十年目标,将7 500亿美元的融资投向9个专注于气候变化和包容性经济增长的领域,并创建了可持续金融小组,致力于提供符合客户长期目标的可持续解决方案。

二是披露要求规范,披露比例和质量高。以美国为代表,为强制披露,美国证券交易委员会(United States Securities and Exchange Commission, SEC)于2010年发布《关于气候变化相关问题的披露指导意见》,要求上市公司披露环境问题对公司财务状况的影响。以欧盟为代表,为半强制披露,其2014年颁布《非财务报告指令》,要求员工人数超过500人的大型企业披露ESG信息。据易董大数据2022年全球ESG信息披露情况统计,在全球营收排名前100的企业中,ESG平均披露率为80%,欧美及日本等发达地区可达到95%以上,中国营收排名前100的企业ESG平均披露率为78%。

三是政府立法约束及行业自律引导。在社会责任承担问题上,发达市场实践经验表明,官方机构发挥着立法约束及政策引导作用。如英国政府成立了旨在推行企业社会责任的组织——道德贸易组织(Ethical Trading Initiative, ETI),并早在1996年就发布了AA1000社会责任审计标准。2023年6月,国际可持续发展准则理事会(International Sustainability Standards Board, ISSB)发布了《国际财务报告可持续披露准则第1号——可持续相关财务信息披露一般要求》和《国际财务报告可持续披露准则第2号——气候相关披露》,对相关工作进行引导。

(2) 国内证券公司社会责任履行特点

一是信息披露程度越来越高。中国上市公司协会2023年5月发布的《中国上市公司2022年经营业绩分析报告》显示,2022年,上市公司ESG信息披露比例进一步提升,占比达34%。A股的ESG报告/社会责任报告披露在2009年仅有371家,而2023年已经达到1 731家。在政府及行业监管的共同推动下,A股市场证券公司不断培育社会责任意识,主动承担作为。截至2022年底,我国A股证券板块公司有50家,其中49家在2023年发布了ESG相关报告,披露率高达98.00%。根据中国证监会行业分类,证券公司所属金融行业在ESG披露方面处于领先地位,在所有行业中披露比例最高。

二是履行方式越来越多元化。实践中,证券公司承担社会责任形式多样,包括建立健全公司治理结构,应对全球气候变化,积极参与公益慈善事业,维护股东、债权人、投资者、员工等的合法权益等。

三是政策驱动与行业特色兼顾并举。证券公司积极行动,通过金融帮扶、产业帮扶、"志智"双扶、人才帮扶等形成多元帮扶体系,逐渐形成行业特色。从精准扶贫到乡村振兴,证券行业践行国之大者,坚决贯彻国家脱贫攻坚战略各项部署。据中国证券业协会统计,截至2023年1月,共有103家证券公司结对帮扶357个脱贫县,占总数的43%;60家证券公司结对帮扶83个国家乡村振兴重点帮扶县,占总数的52%。

四是监管部门、行业协会、市场机构多元参与。目前,证券行业履行社会责任形成了监管部门推动、行业协会倡导、市场机构响应的多元一体格局。

(3) 国内证券公司社会责任履行存在的问题与面临的困难

一是需明确社会责任信息披露要求,提高披露质量。目前,证券公司社会责任信息披露仍以自愿披露为原则,披露内容更多强调积极贡献,如公司正面形象、员工福利、公益慈善等,对负面信息披露甚少。同时,信息披露以定性论述为主,数据零散、量化程度偏低,且不同公司披露数据口径不一,数据的一致性和完整性难以保证,缺乏可比性。

二是需建立社会责任指导框架、规章制度或市场规则。在实践中,证券公司履行社会责任较为泛化,引导和规范证券公司履行社会责任的框架体系尚在搭建中,且未形成专门的规章制度对证券公司履行社会责任进行约束或激励。以碳金融相关业务为例,由于交易细则尚未完全明确、市场交易活跃度不高、底层资产质量及交易所基础设施有待提升,多数证券公司仍处于观望阶段。

三是需兼顾不同规模机构的特殊性。不同规模的证券公司由于在发展阶段、战略规划、资源禀赋等方面存在差异,对社会责任的认知也各有侧重,形成了一定的分化。目前,A股证券板块"ESG俱乐部"主要集中于头部券商,中小券商投入有限,积极性普遍不高。如何发挥头部证券公司在践行社会责任方面的表率作用,并将中小型证券公司的能力、功能定位及面临的掣肘考虑在内,也是亟待解决的问题。

2.1.4 ESG与内部审计的关系

随着ESG不断深入金融行业各项业务工作,证券公司向ESG模式转型已成必然之势。但如何有效实现企业ESG审计目标,尚未有固定的模式。2020年9月,国际内部审计师协会(Institute of Internal Auditors, IIA)在《On Risk 2021》中指出,ESG管理尚未被企业视为董事会、最高管理层和内部审计的一个重要风险领域。为改变现状,国际内部审计师协会在2021年发布了《内部审计在ESG报告中的作用》白皮书,强调内部审计在提供ESG鉴证和咨询服务中的作用,以及内部审计如何支持企业ESG目标实现和为企业带来附加价值。《内部审计在ESG报告中的作用》白皮书的推出,为内部审计提供了方向性指导。

就国内而言,中国三大证券交易所对于ESG信息披露的要求趋于强制化,其要求的共同点均涵盖内部审查与风险分析。证券公司管理层应将社会责任提升至战略需要高度,支持内部审计有效参与公司ESG管理,从对国家的责任、社会责任、行业责任、投资者责任、股东责任等多维度识别ESG内部控制重大缺陷,结合数字化审计等手段视公司具体情况开展ESG报告审计、ESG内部控制审计或ESG重大专项审计,防范潜在风险,防控不当行为。

2.2 案例分析

2.2.1 部分上市证券公司社会责任履行对比分析

根据证券公司业务特点,影响其ESG评价得分最大的权重因素为社会管理实践得分。根据2023年A股证券板块50家上市公司ESG社会管理实践得分排序(表2),得分前五名的证券公司分别为华泰证券、中信证券、中信建投、中国银河和国泰君安,得分后五名的证券公司分别为华西证券、浙商证券、方正证券、哈投股份和信达证券。本案例将对比分析前五名及后五名证券类上市公司社会责任报告中发展绿色金融及公益事业的措施,梳理差距。

表2 A股证券板块公司ESG社会管理实践得分统计表

序号	证券代码	证券简称	评级日期	ESG评级	ESG综合得分	社会管理实践得分
1	601688.SH	华泰证券	2023-12-16	AA	8.24	8.30
2	600030.SH	中信证券	2023-05-17	A	8.21	8.27
3	601066.SH	中信建投	2023-04-07	BBB	6.84	6.98
4	601881.SH	中国银河	2023-04-06	BBB	7.05	6.93
5	601211.SH	国泰君安	2023-04-06	A	7.64	6.84
6	600837.SH	海通证券	2023-04-07	A	7.87	6.46
7	600958.SH	东方证券	2023-04-07	A	8.04	6.26

续表

序号	证券代码	证券简称	评级日期	ESG 评级	ESG 综合得分	社会管理实践得分
8	000776.SZ	广发证券	2023-06-03	BBB	6.85	5.90
9	601995.SH	中金公司	2023-04-15	A	7.41	5.87
10	601555.SH	东吴证券	2023-05-06	A	7.24	5.73
11	600369.SH	西南证券	2023-05-26	A	6.84	5.71
12	600621.SH	华鑫股份	2023-05-17	BBB	6.61	5.71
13	002736.SZ	国信证券	2023-05-13	BBB	7.04	5.61
14	601377.SH	兴业证券	2023-04-29	A	7.70	5.52
15	600918.SH	中泰证券	2023-04-22	BBB	7.02	5.45
16	600109.SH	国金证券	2023-07-05	A	7.45	5.25
17	601375.SH	中原证券	2023-04-06	A	7.11	5.25
18	002500.SZ	山西证券	2023-05-10	BBB	6.42	5.15
19	000728.SZ	国元证券	2023-04-08	A	7.20	5.14
20	600909.SH	华安证券	2023-05-19	A	6.87	5.13
21	000750.SZ	国海证券	2023-06-09	A	7.44	5.01
22	601788.SH	光大证券	2023-05-17	BBB	6.79	4.98
23	002797.SZ	第一创业	2023-06-07	A	7.27	4.89
24	002945.SZ	华林证券	2023-06-09	BBB	6.20	4.72
25	600061.SH	国投资本	2023-04-01	BBB	6.60	4.52
26	601990.SH	南京证券	2023-05-06	BBB	6.74	4.49
27	000166.SZ	申万宏源	2023-06-01	A	7.17	4.39
28	601136.SH	首创证券	2023-04-29	BBB	6.49	4.06
29	600999.SH	招商证券	2023-04-05	A	6.87	3.90
30	600906.SH	财达证券	2023-05-05	BBB	6.27	3.86
31	000686.SZ	东北证券	2023-05-26	BB	6.35	3.84
32	601162.SH	天风证券	2023-05-31	A	6.56	3.80
33	600155.SH	华创云信	2023-06-07	BB	5.88	3.75
34	000712.SZ	锦龙股份	2023-04-15	BB	5.54	3.65
35	601108.SH	财通证券	2023-05-05	BB	6.17	3.39
36	601456.SH	国联证券	2023-04-05	BBB	6.29	3.38
37	000783.SZ	长江证券	2023-06-01	BBB	6.27	3.29
38	002939.SZ	长城证券	2023-05-07	BBB	6.17	3.17

续表

序号	证券代码	证券简称	评级日期	ESG评级	ESG综合得分	社会管理实践得分
39	601099.SH	太平洋	2023-06-07	BB	5.64	3.00
40	600095.SH	湘财股份	2023-05-12	BB	5.46	2.87
41	601198.SH	东兴证券	2023-04-05	BB	5.40	2.75
42	002670.SZ	国盛金控	2023-08-01	BB	5.41	2.66
43	601696.SH	中银证券	2023-06-02	BB	5.87	2.51
44	601236.SH	红塔证券	2023-05-06	BB	5.75	2.50
45	002673.SZ	西部证券	2023-05-26	BB	5.46	2.23
46	002926.SZ	华西证券	2023-05-26	BB	5.32	2.06
47	601878.SH	浙商证券	2023-05-05	BB	5.37	1.90
48	601901.SH	方正证券	2023-03-07	BB	5.25	1.63
49	600864.SH	哈投股份	2023-08-01	BB	5.13	1.43
50	601059.SH	信达证券	2023-03-21	B	5.15	1.41

数据来源：Wind ESG 评级（统计日期：2024 年 3 月 4 日）。

2.2.2 部分上市证券公司社会责任报告披露内容

据统计，9 家证券板块公司中，8 家公司披露报告名称为"社会责任报告"，1 家公司披露报告名称为"社会责任暨环境、社会及管治报告"。

表 3　2022 年前后五名 A 股证券板块公司社会责任报告披露内容统计表

序号	公司名称	报告披露内容
前 1	华泰证券	董事会声明、ESG 融合、实体经济服务、绿色发展、社会公益、数字转型、员工权益、可持续发展、关键量化绩效表
前 2	中信证券	董事会声明、社会责任管理体系、可持续金融、应对气候变化、员工成长、稳健运营、社会公益、关键量化绩效表
前 3	中信建投	董事会 ESG 管理声明、公司治理、金融服务、员工权益、应对气候变化、绿色运营、社会公益、关键量化绩效表
前 4	中国银河	董事会 ESG 管理声明、内部治理、服务实体、金融服务、员工权益、应对气候变化、绿色金融、低碳运营、关键量化绩效表
前 5	国泰君安	董事会 ESG 管理声明、内部治理、金融服务、数字转型、乡村振兴、人才发展、绿色金融、低碳发展、ESG 管理、ESG 量化绩效表
后 1	华西证券	报告编制说明、公司基本情况、公司治理、社会责任、股东权益、员工权益、客户权益、社会公益事业
后 2	浙商证券	报告编制说明、公司基本情况、公司治理、客户服务、稳健经营、服务实体、关爱员工、履行社会责任

续表

序号	公司名称	报告披露内容
后3	方正证券	报告编制说明、公司介绍、社会责任践行、落实中央精神、股东责任、客户责任、员工责任、乡村振兴
后4	哈投股份(江海证券)	未披露社会责任报告
后5	信达证券	报告编制说明、公司基本情况、公司治理、客户权益、员工权益、社会公益事业、绿色发展

数据来源:整理自外披各证券公司披露的社会责任相关报告。

2.2.3 发展绿色金融产品(以绿色债券为例)

根据 Wind 数据库及中国证券业协会债券数据统计,在证券公司积极的绿色业务创新下,我国绿债市场蓬勃发展。截至 2022 年底,中国境内外绿色债券存量规模约 3 万亿元,其中境内绿债发行规模约 0.98 万亿元,近三年复合增长率达 111%。2022 年,券商承销的绿色债券(包括绿色资产证券化产品)金额同比增长 24.71%。在此背景下,本案例以绿色债券发行情况为因素,进行分析。

表4 2022 年前后五名 A 股证券板块公司承销绿色债券(含绿色资产证券化产品)情况

序号	公司名称	行业披露(主承销)		社会责任报告披露(主承销或联合承销)	
		家数	金额/亿元	只数	发行或承销规模/亿元
前1	华泰证券(含华泰资管、华泰联合)	10.23	114.83	53	268.82
前2	中信证券	16.25	350.77	129	651
前3	中信建投	10.81	165.39	78	414.84
前4	中国银河(含银河金汇资管)	2	10.9	30	40.17
前5	国泰君安	4.15	64.31	70	1011
后1	华西证券	0	0	0	0
后2	浙商证券	3.5	21.19	3	19
后3	方正证券(含方正承销保荐)	0.5	4.18	1	5
后4	哈投股份(含江海证券)	0.5	3.6	未披露社会责任报告	
后5	信达证券	1	5	1	5

数据来源:《2022年证券公司证券承销业务专项统计》,中国证券业协会官网。
注:1) 公司债券主承销家数以证券公司在统计期内实际主承销的公司债券项目数为依据,单只债券由 N 家证券公司联席主承销的,每家证券公司的项目数按 1/N 计算;
2) 同一期承销多只公司债券的,按期数计算;资产证券化产品管理家数以证券公司(或其资管子公司)在统计期内担任计划管理人家数计算;
3) 同一项目分期发行的,发行金额按当年实际承销发行金额计算;资产证券化产品按计划管理人实际管理规模计。

2.2.4 社会责任担当（以致力公益事业为例）

在社会责任担当方面，所有证券公司均在其社会责任报告中积极展现其对公益事业的贡献，本案例以此为关键因素进行分析。

表5 2022年前后五名A股证券板块公司公益类活动统计表

序号	公司名称	活动类型
前1	华泰证券	推动乡村振兴、设立公益基金、支持乡村教育
前2	中信证券	乡村帮扶、公益基金捐款、中信里昂植树造林
前3	中信建投	对外捐赠、消费帮扶、产业帮扶、智力帮扶
前4	中国银河	推进乡村振兴、助养濒危动物、教育奖学金、爱心捐赠
前5	国泰君安	乡村振兴、"千年秀林"认捐、志愿者团队参与世界自然基金会的"海岸线观察"项目
后1	华西证券	扶持乡村产业
后2	浙商证券	乡村振兴、红烛教师奖励计划、捐赠、办公节能
后3	方正证券	乡村振兴、党建＋公益、消费帮扶
后4	哈投股份（江海证券）	未披露社会责任报告
后5	信达证券	捐赠、乡村帮扶、志愿抗疫

数据来源：根据各证券公司披露的社会责任相关报告整理。

据Wind ESG评分统计，截至2023年3月，A股全行业社会管理实践平均得分为3.70分，A股金融业社会管理实践平均得分为4.34分，其中证券板块公司社会管理实践平均得分为4.43分，处于中等偏上水平。本案例抽取该评分前五名和后五名的证券板块公司作为样本，根据其披露的社会责任报告进行以下分析。

• 部分证券公司因信息披露范围不全或未及时披露报告，影响其社会责任表现评分。部分证券公司信息披露质量良莠不齐，尚未统一标准，敏感事项披露程度不够。

• 评分前五名的证券板块公司社会责任披露报告更为全面，且包含了可量化的关键量化绩效表（ESG量化绩效表），评分后五名的证券板块公司社会责任披露报告中均缺乏可量化的环境效益评估指标。

• 在绿色金融的服务支持力度方面，评分前五名的证券板块公司以发行绿色债券数量多、规模大为表现更好地践行"低碳经济"，对实体经济贡献出更大的正向外部效应。

• 公益活动站位高度、形式类别存在差异。以应对气候变化为例，评分前五名的公司的社会责任披露报告中均提及"气候变化"关键词，其中3家积极参与应对气候变化全球治理活动，开展了植树造林、海洋保护、救助濒危动物等国际活动，公益活动内容更为多样化。评分后五名的公司的社会责任披露报告中均未涉及"气候变化"关键词。

• 在承担社会公益责任方面，9家证券板块公司社会责任披露报告中均反映了乡村振兴相关行动,折射出证券行业整体对国家政策的积极响应。

2.2.5　2022年证券公告履行社会责任案例汇编

【推进乡村振兴案例】

兴业证券:发挥集团协同优势,拓展"公益＋保险＋期货"金融助农新路径

兴业证券发挥集团综合化服务优势,不断优化完善"公益＋保险＋期货"金融助农模式,逐步实现金融助农模式从"资金投入型"公益向"资源撬动型"公益转变,激发"金融＋公益"在服务乡村产业振兴中的积极示范作用。2022年,兴业证券首次合并引入期货交易所和公益资金支持,落地全国首单闽藏协作牦牛饲料"交易所＋公益＋保险＋期货"项目并实现赔付30余万元,助力西藏八宿县2400多户牦牛养殖户稳产增收;在长汀县落地福建省首单生猪"公益＋保险＋期货"项目,为闽西革命老区高质量发展提供金融公益动能;在海原县大嘴村落地马铃薯"公益＋保险＋期货"项目,为脱贫户、低收入户等219户马铃薯种植户提供风险保障,且该项目荣获2022年"宁夏金融服务创新奖"。

【公益活动案例】

东海证券:开展长江源湿地保护项目

东海证券携手绿色江河环境保护促进会、中科院西北高原生物研究所共同开展"长江源班德湖湿地保护项目",利用红外相机和云台摄像机持续开展野生动植物及生物多样性调查监测,共记录到61种鸟类、14种野生兽类,获得184张野生动物照片。其中,斑头雁的数量一年内增加近千只,守护效果明显。2022年,《斑头雁守护行动调查报告》《班德湖地区野生兽类调查报告》发布。两份调查报告均基于科学研究和生态修复的实际工作,可为将来在该地区开展野生动植物调查和保护工作提供借鉴,还可将统计数据图像化,绘制成长江源野生动植物分布地图,形成图鉴类指导工具。

【绿色金融服务案例】

广发基金:推进内部ESG评级体系及可持续投资管理体系建设,开发ESG产品策略

广发基金搭建内部证券ESG评级体系,完成ESG指标及相应的权重设计和信息系统建设。在权益方面,公司ESG评级体系以环境、社会及管治三个主要支柱为出发点,分层级设置若干个具体指标,并完成A股所有公司的ESG评分。在固定收益方面,公司在现有外部ESG底层数据的基础上,结合我国国情和ESG发展现状进行评价体系的本土化改造和完善,完成对国内市场上约4000个发债主体的ESG评价。广发基金搭建内部可持续投资管理架构,并将对ESG的考量嵌入投资决策流程中。在管理架构上,公司设立可持续投资业务委员会,负责贯彻落实可持续投资相关工作部署,并下设多个专业工作组,负责各自的业务及分工。在制度上,公司拟定相关可持续投资指引及风险管理制度,助力可持续投资。广发基金孵化ESG主动权益、量化、固定收益等多类ESG产品策略,推动相关产品的落地。公司扎实完成ESG产品策略的研发工作。以主动权益产品策略为例,产品策略以正面筛选和ESG整合为主,以负面筛选为辅,并积极推动股东参与。

中信证券:落地国内首笔上海碳排放配额回购交易

中信证券作为国内首家开展碳交易业务的金融机构,展业以来,助力北京、天津、上海、湖北、深圳、福建等碳交易试点推出碳回购并落地首单业务,为实体经济降碳转型提供金融支持。2024年2月,中信证券参与上海环境能源交易所的与迪赛诺的回购交易创下多个"首次":这是《上海碳市场回购交易业务规则》发布后,国内首笔上海碳排放配额回购交易,也是市场首批次7笔碳回购交易中唯一与纳管企业开展的回购交易业务。此外与中国太保产险通力配合,为中信证券与申能碳科间的回购交易创设保险保障,系全国首例证券机构联合保险公司为企业提供碳回购资金融通和保险保障的综合服务案例。

【投资者教育保护案例】

国泰君安证券:加强青少年财商教育,推动投资者教育纳入国民教育体系

国泰君安证券积极组织开展"四合一"投资者教育进校园、投资者教育进百校、青少年财商教育等一系列活动。2022年,公司共计在湖南、云南、广西、甘肃、贵州、江西、安徽、深圳等省市的31所高校及中小学开展财商教育活动及各类投教讲座,参与学生达6 593人次。公司还多次赴江西吉安县、四川普格县、安徽潜山市等地的希望小学讲授金融基础知识,帮助孩子们从小建立正确的金钱观、价值观。此外,公司与浙江大学合作,开展第四期"暑期教师高级研修",覆盖50名脱贫地区一线教师。

2.3 案例启示

2.3.1 证券公司履行社会责任的意义

一是优化证券公司内部治理。参照目前头部上市券商ESG治理做法,将有更多证券公司将ESG管理融入企业发展战略,建立更为完善的治理架构,以确保管理层有效履行可持续风险与机会的责任。董事会、委员会或其他同等的治理机构组织,会积极肩负起公司社会责任投资的风险和机遇,并在ESG事项决策和监督方面发挥作用,对ESG报告进行审核和决议。同时,经营管理层也将制定更为积极的ESG方针和政策,确保ESG管理体系的有效运作和实施。

二是规范社会责任信息披露。高质量的社会责任信息披露是提高与利益相关方沟通成效的有效路径,有利于形成证券公司做优、做强、做大的良性互动。建议推动完善证券行业社会责任信息披露指引,建立财务信息与非财务信息、定性信息与定量信息、正面信息与负面信息相结合的信息披露规范,提高社会责任信息披露质量;适时评估引入第三方专业机构审验社会责任信息披露质量的可行性与必要性,为证券公司社会责任专项评价提供可靠的统计依据。

三是完善社会责任制度建设。健全、完善的社会责任治理结构,是证券公司持续推进社会责任工作的重要机制保障。建议鼓励、引导证券公司将社会责任理念融入经营发展战略、企业文化、管理制度等,依托战略、组织和流程的支持建立长效机制,形成自上而下的社会责任管理体系;制定符合自身实际的社会责任规划,形成制订计划、实施计划、跟踪检查、期末评估、发布报告等全流程化的管理机制,并定期评估社会责任履行情况。

四是证券行业监管机构将接续优化 ESG 管理。在监管趋严和金融市场开放等多种因素推动下,证券公司将更加注重 ESG 风险管理,完善 ESG 治理架构,优化 ESG 治理机制,提高 ESG 治理水平,提升证券行业"软实力"和核心竞争力,推动证券行业实现高质量发展。

2.3.2 内部审计证券公司 ESG 助力作用

一是完善内部审计监督。证券公司管理层支持内部审计有效参与公司 ESG 管理,从对国家的责任、社会责任、行业责任、投资者责任、股东责任等多维度识别 ESG 重大缺陷,结合数字化审计等手段对 ESG 风险领域开展专项审计,防范潜在风险,防控不当行为。

二是提升社会责任信息披露质量。通过审计建议督促公司规范披露要求,扩大披露范围,提升披露质量。披露公司社会减贫帮扶、中小微企业金融服务、投资者教育保护、参与公益慈善、志愿服务、职工福利、对股东履职等信息,可以体现公司的社会责任担当,满足各方利益需求。

三是推动绿色金融发展。内部审计将"碳达峰""碳中和"业务纳入审计范围,关注绿色债券等产品投融资情况及公司绿色业务增长率,确保证券公司社会责任管理体系有效运作,监督社会责任相关工作贯彻落实,进一步促进证券公司更好地践行社会责任发展理念。

◆ 课程思政点

证券公司不仅需要关注自身的经营业绩,也应该比普通工商企业承担更重要的社会责任。证券公司在履行社会责任方面发挥着重要作用,应切实履行好责任担当,全面贯彻新发展理念,通过不断发挥专业优势和特长,在服务国家发展战略、支持实体经济、参与社会公益、推进乡村振兴、构建现代化产业体系、促进区域协调发展等方面发挥重要作用。从这个角度理解金融发展的底层逻辑,有助于明白证券人的职业担当。

深刻理解证券公司的社会责任,提高职业素养,使学生能够在未来的职业生涯中明晰并坚守法律法规底线、社会主义制度底线、国家利益底线、社会公共秩序底线、道德风尚底线、信托责任底线。增强学生在投资活动中的社会责任担当意识,以及科学认识金融市场和理性参与投资的能力。

参考文献

[1] 王大地,黄浩. ESG 理论与实践[M].北京:经济管理出版社,2021.

[2] 中国证券业协会.2022 年度证券公司履行社会责任情况报告[EB/OL]. (2023-11-09)[2024-03-27]. https://www.sac.net.cn/ljxh/xhgzdt/202311/p020231108553018110678.pdf.

[3] 中国证券业协会会员管理部.证券公司社会责任研究报告[C]//中国证券业协会.创新与发展:中国证券业 2020 年论文集.北京:中国财政经济出版社,2021.

案例3 消费金融公司发展
——长银五八消费金融公司

3.1 案例概述

3.1.1 消费金融跃升"金融强国"战略高度

我国经济快速恢复和高质量发展的关键是将当期总收入最大可能地转化为消费和投资,为此金融服务大有可为。2023年10月30—31日,中央金融工作会议在北京召开,会议提出"金融强国"建设目标。会议强调,金融是国民经济的血脉,是国家核心竞争力的重要组成部分,深刻把握金融工作的政治性、人民性,不断满足经济社会发展和人民群众日益增长的金融需求;做好科技金融、绿色金融、普惠金融、养老金融、数字金融五篇大文章,要加快建设金融强国。消费金融公司专营消费贷款,由于其客户、商业模式和风控等的特殊性,与银行消费贷款存在差异化竞争。加快促进消费金融公司的合规经营,创新消费金融产品和服务体系,发展和繁荣消费金融市场,是实现金融强国目标的重要方向。

3.1.2 消费金融补血疫情后经济恢复性增长

随着居民收入水平的提高,消费者对于高质量生活的不断追求增强,从而推动了对于消费金融需求的增长。消费金融是金融零售业务的重要领域,在金融政策的加持下,各类消费金融机构纷纷瞄准消费金融。目前,全国已有31家消费金融公司开业,服务范围覆盖全国。消费金融公司已成为消费金融行业的有效补充,推动了消费金融的快速发展。《中国消费金融公司发展报告(2023)》显示,截至2022年末,消费金融公司资产规模及贷款余额双双突破8 000亿元,分别达到8 844亿元和8 349亿元,累计发放消费贷款7.17万亿元,累计服务客户7.89亿人次,成为拉动内需的重要杠杆和有力工具。截至2023年底,消费金融公司资产规模及贷款余额均超过1.1万亿元,2023年服务新市民等客户超过3.7亿人次。

3.1.3 消费金融相关法规制度、文件密集出台

2024年3月,《消费金融公司管理办法》(简称《管理办法》)修订后正式发布实施。《管理办法》主要修订内容包括五个方面:一是提高准入标准;二是强化业务分类监管;三是加强公司治理监管;四是强化风险管理;五是加强消费者权益保护。经过十余年的发展,消费金融行业的监管需求日益加强的同时,消费金融公司在展业过程中存在的问题也不断显现。《管理办法》对诸如业务范围、融资渠道、互联网贷款业务、消费者权益保护、合作机构管理、催收等消费金融公司较为突出的问题作出了相关规定,进一

步明确消费金融公司的合规要求,促进消费金融公司规范经营和高质量发展。

地方政府金融"促消费、稳增长"方案加速落地。2023年以来,已经有多地地方政府、金融监管部门出台具体措施,支持当地消费市场回暖。2023年8月,湖南省人民政府办公厅印发的《湖南省恢复和扩大消费的若干政策措施》提出"加强金融对消费领域的支持。鼓励金融机构创新线上化、特色化消费金融产品,合理增加消费信贷投放,严格落实明示年化利率要求,推动个人消费信贷利率稳中有降。统筹金融机构现有消费信贷产品,鼓励省内居民汽车购置、住房装修、家电家具耐用品等线下信贷消费"。

3.2 案例主体

(1) 公司概况

湖南长银五八消费金融股份有限公司(简称"长银五八消费金融")于2017年1月24日正式开业,是经中国银行业监督管理委员会(简称"银监会",现国家金融监督管理总局)批准设立的湖南省首家持牌消费金融公司,由长沙银行股份有限公司(简称"长沙银行")、北京城市网邻信息技术有限公司、长沙通程控股股份有限公司共同发起设立,总部位于湖南长沙。长沙银行股份有限公司为第一大股东,出资4.59亿元,占比51%;北京城市网邻信息技术有限公司出资2.97亿元,占比33%;长沙通程控股股份有限公司出资1.44亿元,占比16%。

公司以"互联网+科技驱动"为发展策略,以"科技金融、普惠金融、信用生活"为经营理念,致力于成为"百姓喜爱、特色鲜明、行稳致远"的消费金融品牌企业。长银五八消费金融成立后,深耕湖南本土,自2019年起走出湖南开始外省拓客。2020年以来,公司业务范围覆盖安徽、广西、云南、贵州、重庆、四川、湖北、江西等湖南周边省域,展业路径立足长沙、面向全省、辐射全国。在多个促消费、稳增长利好政策刺激下,消费金融市场节节升温,长银五八消费金融加码布局。目前长银五八消费金融的主要产品为长银五八消费贷,细分产品包括"工薪贷""导游专属贷""业主专属贷""蓝领客群贷"等,产品依托直营团队以及长沙银行的渠道网络,以线下获客为主。

(2) "城一代"系列ABS

为了补充业务发展资金,2022年9月,长银五八消费金融发行"城一代2022年第一期个人消费贷款资产支持证券"(Asset-Backed Securities,ABS),由财信信托在全国银行间债券市场发行。此次发行使公司首次通过ABS方式进行融资,发行金额为5.6048亿元。其中优先A级4.24亿元,认购倍数3.2倍,票面利率1.9%;优先B级0.28亿元,认购倍数3.0倍,票面利率2.03%;次级1.0848亿元。

2023年4月,长银五八消费金融注册37亿元"城一代"系列ABS额度,预计2年内分四次发行。同年9月,长银五八消费金融"城一代2023年第一期个人消费贷款ABS"发行,此次发行规模为12.385亿元,其中优先A级8.95亿元,票面利率2.65%;优先B级0.89亿元,票面利率2.7%;次级2.545亿元。在首次信贷ABS发行之前,长银五八消费金融于2021年8月发布招标二级资本债主承销商采购项目,试水金融债。由于资本充足率指标不达标等,金融债发行失败。截至2024年一季度末,长银五八消费金融核心一级资本充足率为9.84%,资本充足率为10.90%,直逼监管"红线"。

(3) 股东增资

2024年3月,长沙银行发布公告,指出公司拟与关联人长沙通程控股股份有限公司共同以自有资金对公司控股子公司湖南长银五八消费金融股份有限公司进行增资,其中,公司增资金额不超过5.61亿元(含)。增资落定后,长银五八消费金融注册资本金将超过15亿元,满足《消费金融公司管理办法》中"注册资本不低于10亿元"的要求。当前,31家持牌消费金融公司的注册资本数据显示,除长银五八消费金融之外,仍有9家消费金融公司注册资本不足10亿。按照消费金融公司最高杠杆率13倍杠杆计算,增加注册资本金对于公司扩张业务规模意义重大。

(4) 财务状况

资产负债规模稳定增长。2020年至2023年,长银五八消费金融各年末资产总额分别为138.48亿元、177.12亿元、218.17亿元、273.32亿元,贷款余额分别为136.28亿元、171.77亿元、215.29亿元、268.94亿元(预估),负债总额分别为125.79亿元、160.80亿元、198.03亿元、244.91亿元。2023年,长银五八消费金融资产规模位于行业第十二位。

营业收入和利润均维持较快增速扩张。2020年至2023年,长银五八消费金融营业收入分别为13.68亿元、15.44亿元、23.27亿元、32.34亿元,同比增速分别为92.13%、12.87%、50.71%、38.98%;同期净利润分别为2.81亿元、3.63亿元、5.26亿元、6.83亿元,同比增速分别为25.27%、29.18%、44.90%、29.85%。2023年,长银五八消费金融营业收入和净利润指标分别位于行业第十位、第七位。其中,利润增长源于费用成本控制和信用减值小。

不良贷款率和拨备覆盖率优于行业头部机构。2020年至2023年,长银五八消费金融的不良率分别为1.59%、1.50%、1.52%、1.52%,远低于头部机构,甚至优于多数商业银行水平。同时,长银五八消费金融又维持较高的拨备覆盖率,2020至2023年同期拨备覆盖率为351.89%、375.73%、389.72%、388.83%。

3.3 案例分析

3.3.1 消费金融公司的内涵和分类

2013年发布的《消费金融公司试点管理办法》规定,消费金融公司是指经银监会批准,在中华人民共和国境内设立的,不吸收公众存款,以小额、分散为原则,向中国境内居民个人提供以消费为目的的贷款的非银行金融机构。需特别注意,这里的消费贷款不包括购买房屋和汽车为目的的贷款。消费金融公司具有"小额化、大众化、便捷化"等特点。

根据主要出资人的不同,消费金融公司可分为银行系、产业系和互联网系。主要出资人能够在资金、技术、风险管理等方面给予不同支持。消费金融公司的主要出资人为商业银行,非银行系消费金融公司以产业机构、电商等为主要出资人。在政策层面的支持下,消费信贷需求有望逐步修复,消费信贷规模有望保持稳步增长,有助于消费金融行业整体的长远发展。同时,监管层面促发展、严监管的态势并行,互联网金融平台或将逐步持牌化经营,持牌消费金融公司未来或将逐步成为仅次于商业银行的主要参与主体。银行系消费金融公司仍将是未来持牌消费金融公司的主流。据不完全统计,截至2024年5月,我国消费金融公司数量为31家,其中银行系消费金融公司数量为25家。

长银五八消费金融作为一家典型的银行系消费金融公司,背靠大股东长沙银行,可以在流动性、客户引流和人员等方面获得支持,分享其雄厚的资金实力、便利的线下网点资源和丰富的风控经验等,打破地域经营限制,实现跨区域经营目标。

(1) 资金流动性

长银五八消费金融官网信息披露,公司2023年与长沙银行股份有限公司开展融资类关联交易,授信额度为66亿元,2023年在授信额度下累计关联交易发生额共计42.7亿元;与长沙银行股份有限公司开展资产管理产品授信类关联交易,授信额度为3亿元,2023年在授信额度下开展关联交易2.52亿元。2022年,公司与湘西长行村镇银行股份有限公司发生融资类关联交易授信额度为人民币1.5亿元,期限为3年,2023年在授信额度下累计关联交易发生额3亿元,累计发生关联交易2笔。在长银五八消费金融发行的"城一代2023年第一期个人消费贷款资产支持证券化产品"中,长沙银行与其发生资金管理类授信关联交易3亿元。

(2) 客户引流

2023年8月,长银五八消费金融与长沙银行正式开展合作,在长沙银行e钱庄内上线长银五八消费贷产品,并于8月24日正式对客运营,该产品年利率(单利)为10.8%～21.6%,以更好地与长沙银行消费金融业务进行互补性合作。

(3) 人员支持

历年来,长银五八消费金融核心高管均有长沙银行消费金融相关板块工作经验且担任行内重要职务。公司首任董事长黄治国之前为长沙银行行长助理。总经理阳青松曾任长沙银行信用卡及消费金融事业部总经理。第三任董事长徐忠义曾任长沙银行总行独立审批人、授信审批部副总经理、风险管理部副总经理等职务。公司总经理兼代理董事长王霈曾任长沙银行营业部主任助理,主管风险合规工作。长银五八消费金融风险总监、总经理助理来自长沙银行。

3.3.2 消费金融公司经营模式与业务模式

(1) 经营模式

消费金融公司的经营模式主要有三种,分别为自营模式、联合贷款模式和助贷模式。自营模式是指获客、风控、资金以及贷后管理等全流程均由消费金融公司独立完成,比如招联消费金融和兴业消费金融。联合贷款模式是目前较为普遍的经营模式,它是由消费金融公司、银行、信托等按照一定的出资比例共同出资并按此比例承担各自不良风险的模式。在联合贷款模式中,一般主发起人会负责流量导入、产品及交易结构的搭建、核心风控、贷后管理催收等事宜,同时会引入增信方以实现不良损失的转移或者降低。助贷模式一般指在场景搭建、流量引入方面没有优势的银行系消费金融公司,通过与互联网公司合作,借力互联网公司的用户、技术、场景和流量等资源优势,降低获客成本和效率,扩大消费金融场景。借呗就是一种典型的助贷模式。客户发起提现需求时,流量平台将个人信息导流至蚂蚁消费金融公司进行放款。

(2) 业务模式

消费金融公司的业务模式可分为三大类:第一类是线下渠道模式,即线下获客、线下运营。消费金融公司通过与零售商户建立合作关系,布局耐用消费品市场,比如捷信消费金融、兴业消费金融等。第二类是 O2O 模式,即线下获客、线上运营。消费金融公司通过线下场景进行获客,而贷款的申请、审批和贷款后管理均线上完成,比如海尔消费金融、苏宁消费金融等。第三类是线上模式,即线上获客、线上运营。消费金融公司通过直营渠道和第三方平台获客及运营,客户触达和放款均线上完成,比如招联消费金融、蚂蚁消费金融等。

长银五八消费金融主要采用自营模式的线下获客,辅加与母公司长沙银行开展联合贷款的线上运营。官网显示,目前长银五八消费金融营销团队分为营销负责人、区域负责人、团队长及客户经理。长银五八消费金融通过自建营销团队和母公司引流方式,获客营销。这从侧面说明,长银五八消费金融并不依靠第三方助贷机构合作放贷,而是组建营销团队开展自营"消费贷"业务。目前,去纯中介化的助贷模式已成为消费金融行业共识。

3.3.3 消费金融公司筹资模式

消费金融公司作为主营消费贷款的非银金融机构,属于资金密集型行业。2023年,主流的融资模式有增资扩股、同业拆借、发行金融债券、ABS 以及银团贷款等。

(1) 增资扩股

增资扩股有利于提高核心资本率,提高公司展业资金实力,同时融资成本几乎为零。2023 年以来,多家消费金融公司进行增资行为,比如苏凯银基消费金融增资 16 亿元,增幅为 61.54%;蚂蚁消费金融增资 45 亿元,增幅为 24.3%。

(2) 同业拆借

消费金融公司的业务资金来源主要以线下同业拆借和股东存款为主。同业拆借主要解决消费金融机构短期临时性资金需要,是消费金融机构流动性管理的重要工具。目前,消费金融公司同业拆借融资占行业融资余额比重 70%。同业拆借利率以银行间货币市场利率为参考对象,资金成本为 2.7%~4%。目前,超六成的消费金融公司具有同业拆借资格。

(3) 标准化融资工具

消费金融公司主流的标准化融资工具是个人消费信贷 ABS 和金融债券。金融债券和 ABS 利率在 3%左右,其中 ABS 利率略低于金融债券。据不完全统计,2023 年持牌消费金融公司全年累计发行 17 期 ABS,累计超过 230 亿元,大幅超过 2022 年全年的 101.15 亿元。金融债券的期限长、融资范围广、筹资效果好,当然发行门槛也高,对发行人的盈利能力、资本充足率和风险监管指标均有严格要求,因此能够发行金融债的公司并不多。ABS 的发行较金融债券的条件低一些,但是属于抵押贷款,利率水平也比金融债券低,对于盘活消费金融公司的贷款资产、提高资金运作效果作用显著。2021 年第四季度开始,消费金融行业金融债券暂停发行。2023 年以来,监管层因势利导,逐步放开对消费金融行业金融债券的限制。2023年11月后的首单消费金融行业金融债券落户兴业消费金融,发行规模15亿元,发行期限3年,票面利润率为3.03%。根据中国货币网公告,继兴业消费金融之后,杭银消费金融拟发行10亿元金融债券,期限3年,属于固定利率品种。

(4) 银团贷款

银团贷款的资金成本在3‰~6‰。截至2023年9月,消费金融行业募集金额最大、覆盖范围最广的银团业务落地重庆蚂蚁消费金融有限公司。本次银团贷款吸引了全球各地14家金融机构积极参与,最终签约规模达到40亿元。

(5) 不良贷款批量转让

消费金融不良贷款批量转让增加,速度加快,对于优化公司资产质量和盘活资产流动性具有积极作用。银登中心披露的不良贷款转让试点业务统计数据显示,2023年,消费金融行业不良资产转让成交规模为183.7亿元,占该平台不良贷款转让成交规模的15.29%。

作为一家银行系消费金融公司,长银五八消费金融具有资金可得性与成本稳定性的优势。同业拆借方面,2023年,长沙银行向湖南长银五八消费金融股份有限公司授信66亿元融资类额度和3亿元资产管理类额度。股东增资方面,2024年3月,长银五八消费金融母公司长沙银行公告拟对其增资金额不超过5.61亿元,增幅超50%。ABS方面,2022年和2023年,长银五八消费金融发行2期ABS产品,融资金额为5.60亿元和12.38亿元。2023年以来,部分消费金融公司通过结构化融资、银团贷款等方式拓宽融资渠道,且行业金融债券发行重启。长银五八消费金融在金融债券和不良资产批量转让融资方式上还未实现零的突破,后续可以通过多渠道的结构性融资模式打通公司长期融资渠道,以优化公司的负债结构,提升公司流动性,完善流动性管理,提升公司主业经营能力。

3.3.4 消费金融公司利率定价

消费金融公司业务主要盈利模式为利息收入。与大型商业银行相比,消费金融公司利率定价高主要是因为其引流获客服务费用、资金成本、担保增信费用、违约风险费用较高。其中,基于银行股东的客户、资金和渠道资源等优势,银行系消费金融公司资金综合成本较互联网消费金融公司和产业消费金融公司低很多,在消费金融产品定价空间收窄的情况下具有竞争优势。消费金融产品的定价结构一般会包含资金成本、系统技术成本、坏账成本、获客成本、数据风控成本以及人工成本。其中,坏账成本由客群上移优化,资金成本由负债优势平衡,系统、风控、人工成本由金融科技工具解决,获客成本由规模化获客、提升复贷率来消化。从消费金融业务本质来看,高利覆盖风险、催收覆盖不良的做法难以走通。实质上,利率定价就是风险定价。减少客户资质、还款的不确定性,才能确保利率下降,减少降低定价的冲击。当然,除了客群上移,降低定价冲击的主要应对手段包括以量抵价、负债优势以及科技的降本增效。

长银五八消费金融贷款的成本构成大致如下:资金成本、计提贷款损失准备金的机会成本、人工成本、征信查询成本、商业银行通道支付成本按笔计算。粗略计算,客户借款 10 000 元,利率为 0.03%,客户至少要借款 60 天才能覆盖成本。根据长银五八消费金融公司官网显示,长银五八消费金融贷款年利率(单利)为 10.8%～21.6%,实际上客户借款综合贷款利率水平高至 24%,位于警戒线附近。

3.4 案例启示

从消费市场角度看,获客成本、融资成本高仍是消费金融公司面临的重大挑战。随着整个消费金融行业竞争的不断加剧,商业银行普遍调降"消费贷"利率,一定程度上挤占了消费金融公司业务发展的空间。目前,国内消费金融公司暂未公开上市,也不满足发行优先股的条件,在资本补充环节存在一定困难。从金融产品角度看,消费金融公司产品种类还不够丰富,难以契合新型消费的发展需求。相较于我国广阔的金融市场,消费金融公司产品较为匮乏,且相当数量的产品本质上仍是变相的分期服务,对日常大额消费等民生需求领域市场的精细划分和深入发掘不足。从内部治理角度看,消费金融公司精细化运营能力不足,运营成本、风控成本高企。一方面,"蓝海"群体虽为消费金融公司带来大量客群,但收入不稳定、信用风险高等问题也成倍放大,由此引发的涉诉、追缴等业务也提升了运营成本。另一方面,对外包机构引入及管理不够规范,甚至一定程度上对不当行为存在默许,导致暴力催收等违法行为尚未完全消除,在拉高风控成本的同时也给自身造成声誉风险。

3.4.1 因势利导压降利率

近年,消费金融行业的利率定价等问题讨论度颇高。在多份消费金融公司的裁判文书中,部分法院酌情减少债务人的罚息和利息,按照一年期贷款市场报价利率(Loan Prime Rate,LPR)的 4 倍计算利息,与民间借贷利率的上限相同,仅保护 15.4% 及以内的综合利率。

国家层面明确提出消费金融公司持续压降消费贷款利率。2024 年 5 月,国家金融监督管理总局非银机构监管司党支部在中国银行保险报发表署名文章《严控风险 发挥特色功能 推动非银机构更好服务高质量发展》,指出"支持消费金融公司走符合自身资源禀赋的特色化可持续发展道路,有效降低各项经营成本,持续压降贷款利费水平,为推动形成强大国内市场贡献力量"。消费金融行业层面,截至 2024 年 5 月,消费贷款利率从 36% 到 24%,甚至未来到 20% 以下,消费金融行业的利率下限在哪里成为行业的探索目标。银行消费贷款利率从高于 8% 到跌破 3%。银行消费贷款利率与消费金融公司利率走势具有较强的正相关。消费金融界统计发现,目前头部消费金融公司融资成本普遍都在 3% 以下,甚至有些机构低于 2%。伴随金融政策支持对消费金融公司融资渠道的放松,消费金融公司贷款风险管理水平提高以及行业竞争越发激烈,消费贷款利率下行势在必行。消费金融公司贷款利率下降有利于持续发挥消费金融扩内需、促消费、惠民生的积极作用。

3.4.2 金融科技引领消费金融数智化转型

从普惠角度看,消费金融在追求数量与规模快速发展的过程中,社会边际效用已越来越低。根据中国人民银行征信管理局2024年3月发布的《推动征信业高质量发展 助力金融服务实体经济》，截至2023年末，金融信用信息数据库累计收录11.6亿自然人信息，但仍有超过2亿人属于信用白户。这意味着越下沉的客户，征信记录越欠缺甚至空白，相应地，其偿还贷款的能力和意愿越薄弱。若片面追求贷款规模，极易产生"不该贷"等社会问题，违背普惠金融发展的初衷。

随着数字技术的不断升级和广泛应用，人工智能、大数据、区块链等各类科技已被广泛应用于消费金融全价值链，赋能金融机构提升客户经营和服务质量、提高运营效率、加强风险管控，对消费金融业务增长和利润水平提升均有显著的促进作用。消费金融公司亟须科技赋能，在合规的基础上整合迭代第三方数据和现有技术储备，实施以科技手段为基础的全流程业务体系变革，推进客户数据多维化、营销获客精准化、作业工具智能化、风控筛查自动化以及贷后管理精细化，以科技动能持续提升业务质效，实现消费金融全价值链的行业赋能。

3.4.3 坚持线上线下一体化布局

首批成立的4家消费金融公司如捷信消费金融、北银消费金融、中银消费金融和锦程消费金融，均选择纯线下的运营模式，而后来成立的招联消费金融则主打线上运营模式，搭建纯互联网消费金融平台并快速开拓线上消费信贷市场。虽然长银五八消费金融通过线下团队主动获客的模式的确取得了一定成果，比如资产规模增长迅速、利润率和不良贷款率表现优于行业头部企业。但由于行业竞争马太效应的加剧，多渠道融合的线上线下结合更具有竞争优势。在行业竞争愈发激烈、获客难度不断增大、线上线下界限不够明晰的背景下，长银五八消费金融公司需统筹线上线下一体化布局，补足场景获客短板，深度整合第三方合作机构，打造多链路、多媒体、多渠道的全域流量经营模式，实现线上线下融合，多面触达客户，持续加强客户流量获取和生态圈经营。

3.4.4 加速建设新型消费金融产品

从底层资产和客群特点来看，长银五八消费金融的客群比较下沉。通过庞大的直销团队下沉客群渗透，根据公开信息，长银五八消费金融的客群主要包括快递物流客群、网约车和出租车等交通运输客群、大型工厂产业工人、美容美发客群、外卖客群、旅游从业人员、自雇人群等。为此，只有提升商品服务质量，精准契合各类人群和市场需求，才能精耕下沉客户，增加复购率。长银五八消费金融应把准市场脉搏，顺应居民消费提质升级趋势，在大宗商品消费、快消品消费等领域提供针对性支持服务。顺应消费业态变化趋势，加快打造新型消费金融产品，深耕分期消费、二手市场消费等领域。充分关注不同消费群体的差异化需求。一方面，有针对性满足新生代、新市民等群体的个性化消费需求；另一方面，进一步挖掘老龄群体的消费潜力，不断强化产品适老化改造。加快消费场景培育，促进线上线下不同消费平台深度融合发展，创造新市场、新需求。

3.4.5 合规经营,筑牢风险底线

2023年,监管部门开出的涉及消费金融公司的机构罚单总数为8张,涉及机构7家,罚没金额300万元。长银五八消费金融榜上有名,处罚原因为"未经同意查询个人信息"。除机构发单之外,涉及消费金融公司员工的罚单也不少。处罚原因集中为贷款用途管理不善、过度营销导致多重放贷、过度收集客户信息等。合规经营是金融机构安身立命之本,为此,消费金融公司需强化内部合规治理,及时管控金融风险。一是提高内控水平,强化合规治理,打造核心风险监管能力,在规范自身经营行为的同时,增强客户风险识别能力,守住风险底线。二是从源头端强化消费者信息安全保护,避免滥用信息等行为导致隐私泄漏,防止成为电诈帮凶。三是强化自律约束,避免恶意营销、欺诈营销等现象,同时积极承担社会责任,着力推进行业去污名化。

课程思政点

理解消费金融的"普惠性",即服务传统银行难以触及的长尾客群,通过科技创新和数字化转型,拓宽服务边界,打通金融服务的最后一公里,寻求消费金融普惠服务的新机遇,完善消费金融公司专业化、特色化服务功能,提升普惠金融服务效能。消费金融机构发力普惠金融,在推动金融下沉服务、满足长尾客群消费需求方面将惠及更多用户。

了解国家政策,理解《消费金融公司管理办法》的内容,了解提高消费金融公司准入标准、强化业务分类监管、加强消费者权益保护等方面举措的目的是加强消费金融公司监管,防范金融风险,优化金融服务,促进行业高质量发展。

在企业合规发展方面,消费金融公司要强化内部合规治理,及时管控金融风险,同时在金融活动中应遵循诚实守信的原则,不欺诈、不隐瞒、不欺骗。

金融创新与风险防控的关系如何平衡,加强风险管理,增强风险意识,确保金融创新的可持续性。

参考文献

[1] 章杨清. 消费金融"普"应适度 "惠"无止境[J]. 中国金融,2021(11):36-38.
[2] 何平平,陈昱. 消费金融[M]. 北京:清华大学出版社,2024.
[3] 王刚,黄玉. 消金公司支持新型消费的成效与挑战[J]. 中国金融,2023(24):56-57.

案例4　重庆市证银共建助力乡村振兴

4.1　案例概述

乡村振兴战略是习近平总书记于2017年10月18日在党的十九大报告中提出的战略。党的十九大报告指出，农业农村农民问题是关系国计民生的根本性问题，必须始终把解决好"三农"问题作为全党工作的重中之重，实施乡村振兴战略。

在治理三农问题以及实施乡村振兴过程中，需要着力解决的一个主要问题就是农民和小微企业等农村弱势群体融资难和融资贵的问题。然而，在传统的银行授信放贷模式下，即使是一家资质完全符合要求的小微经营主体首次向银行申请贷款，也需要5到9周的时间才能放款。当下，数字金融在很大程度上扫清了农村融资的障碍。各大金融机构通过在营销、风控、管理三个维度层层递进地赋能，探索出了一条服务于乡村经济发展的金融模式。数字金融模式下的银行授信放贷时间可大大缩短至1天至数天内。本案例将以中国建设银行重庆市分行为例，探讨其如何通过金融科技提高业务效率，并运用农户数据破解农户融资难题。

2022年初，重庆市发展和改革委员会（简称"重庆市发改委"）和国家金融监督管理总局重庆监管局联合共建了"信易贷·渝惠融"平台，平台采集有全市农户的户籍、种植、养殖以及农业保险等信息，并初步对相关数据的采集标准进行了统一。在此基础上，中国建设银行重庆分行利用本机构的金融科技优势，依托全市农户的海量经营数据，通过构建模型来为农户线上测额、授信，从而实现线上放款等全流程操作，化解农户贷款难的问题。中国建设银行重庆分行在对数据进行分析的基础上建立模型，从平台的户籍人口信息、种植信息、养殖险种信息、种粮大户补贴信息、耕地地力保护补贴信息等26个维度、514个因子数据中筛选出家庭基本信息、家庭资产、生产经营收入、转移性收入、财产性收入等大类，涉及24个维度、168个因子，实现对农户全方位画像、深度建模。根据农户种植的农作物种类和面积、投保种植险情况、家庭收入等维度数据，测算信用贷款额度，在调用中国建设银行总行的"裕农快贷"系统在征信、反洗钱等方面的底层模型完成风控后，在平台上快速完成贷款申请审批全流程。同时，在整个产品开发和数据使用过程中，采取数据可用不可见模式，落实数据安全和隐私保护要求。

2023年5月，中国建设银行重庆市分行联合重庆市发改委正式推出裕农快贷新产品——"裕农快贷·信易贷"，并在重庆云阳县试点。农户登录裕农通应用程序、"信易贷·渝惠融"平台即可实现全线上申请、全线上审批、全线上授权签约、全线上放款，无需再提供任何纸质材料，农户贷款耗时大大缩减，金融服务的一小步让城乡融合发展又迈出了一大步。自试点以来，"裕农快贷·信易贷"已完成授信1 100余万元，发放贷款292万元。中国建设银行"信易贷"的推出，是全国首创数字金融、有效服务"三农"

的新产品,实现了数据全归集、模型全创新、系统全直通、流程全线上。昔日繁杂、凌乱的农业农户数据,在金融科技的加持下,成了农户的信用资产,为农户带来了实实在在的好处。

4.2 案例分析

近年来,中国建设银行重庆市分行以数字金融切入乡村振兴,积极将以"裕农快贷·信易贷"为代表的惠农产品推广纳入助力乡村振兴的重点工作,并组建专业的乡村金融服务团队,使中国建设银行重庆市分行扶农助农惠农的金融政策精准地触达村社,取得了显著成效。其成功的原因主要有以下几点。

首先,重视数智化平台建设。随着信用信息共享和大数据技术的深入应用,信用信息在缓解中小微企业融资难、融资贵问题中发挥越来越明显的作用。此前,重庆市发展和改革委员会、国家金融监督管理总局重庆监管局联合打造了"信易贷·渝惠融"平台,以支持银行等金融机构提升服务中小微企业的能力为出发点,以信用信息共享与大数据开发应用为基础,充分挖掘信用信息价值,缓解银企信息不对称难题,在金融机构与中小微企业之间架起一座"信息金桥"。同时,为扎实推进涉农信用信息共享应用,帮助银行搭建授信模型,重庆市发展和改革委员会对接各方政务数据,牵头归集了原先分散的涉农数据。2023年5月12日,中国建设银行重庆市分行通过与"信易贷·渝惠融"平台专线直连,开发了高效便利的线上信贷产品——"裕农快贷·信易贷",以更好地满足农户农企在生产经营过程中的融资需求。据了解,通过"信易贷"应用程序、"裕农通"应用程序、中国建设银行手机银行,农户农企即可快速申请"裕农快贷·信易贷"。

其次,深入基层为企业纾困解难。"裕农快贷·信易贷"上线后,作为试点支行,中国建设银行重庆云阳支行高度重视,将"裕农快贷·信易贷"纳入助力乡村振兴的重点工作,成立专项工作小组,并与当地政府部门联动,多次奔赴乡镇一线,全面生动地向农户、农企等主体推广"信易贷·渝惠融"平台的操作流程和使用方法,通过信用手段助推经济发展,不断助力企业纾困,持续优化营商环境,取得显著成效。

最后,创新供销产业链金融模式,构建金融生态场景。运用新金融思维,不断优化乡村金融服务,特别是创新供销产业链金融模式,以数智化平台的上线为契机,以产业链中的中心企业为"点",撬动"龙头企业+合作社+农户+供销商"的全产业链金融需求,使中国建设银行重庆市分行扶农助农惠农的金融政策触达各个农业场景。以柑橘产业为例,中国建设银行重庆云阳支行精准锁定了多家柑橘合作社、经销商、农户对金融贷款的需求,在当地快速铺开了金融助力乡村振兴新局面。以柑橘产业链条为契机,中国建设银行重庆云阳支行发展了3家综合体市场,同步发展综合体市场的19家商家成为其商户。截至2024年初,中国建设银行重庆云阳支行通过"裕农快贷·信易贷",已累计向农户授信金额超过2 500万元,向390户农户投放贷款1 902万元。同时,授信普惠贷款270万元,商户日均存款达到2 170万元,有力地推动了当地柑橘等产业的发展。

4.3 案例启示

在中国建设银行重庆市分行服务农村经济、助力乡村振兴的案例中,可以发现数字金融技术从中发挥了重要作用,并带来了正面的社会影响。那么,金融机构应当如何更好地发展数字金融,并运用数字金融助力乡村振兴呢?根据本案例,主要可得出以下几点启示。

第一,摒弃传统金融思维,重视数智化对于实体经济的扶持作用。数智化转型是互联网信息及数字技术与传统金融相结合形成的金融新服务、新模式和新业态,能够加速资金、信息、数据等要素的自由流通与有效配置,对于促进实体经济发展具有十分重要的作用。主要体现在以下几个方面:(1)降低实体经济的融资成本。数字普惠金融通过数字技术和数据要素,实现了金融供需双方的信息对称,降低了信息不对称带来的逆向选择和道德风险。同时,数字普惠金融提高了金融市场的效率,降低了金融中介的成本,从而降低了实体经济的融资成本,增加了实体经济的融资效益。(2)增加实体经济的融资渠道。一方面,数字普惠金融通过数字技术和数据要素,创造了多种多样的金融产品和服务。另一方面,数字普惠金融拓展了金融的覆盖面,增加了金融的供给量和质量,从而增加了实体经济的融资渠道,满足了实体经济的融资需求。(3)提升实体经济的创新能力。数字普惠金融通过数字技术和数据要素,激发了金融的创新活力,推动了金融的模式创新、产品创新、服务创新,为实体经济提供了更多的金融支持和保障,从而提升了实体经济的创新能力,促进了实体经济的转型升级。

第二,完善数字金融服务体系,重视基层弱势群体的金融需求。一方面,要建立健全数字普惠金融的服务网络,拓展数字普惠金融的服务渠道,完善数字普惠金融的服务内容和形式,形成数字普惠金融的服务链条和模式。另一方面,提高数字普惠金融的服务质量,提升数字普惠金融的服务水平,聆听来自基层弱势群体的金融服务需求,并为其打造个性化金融产品,以此提高数字普惠金融的服务效果和满意度,增强数字普惠金融的服务影响和价值。此外,全面提升数字普惠金融的服务水平和效果,满足数字普惠金融的服务需求和期待,为农村经济的高质量发展和实现乡村振兴战略贡献力量。

第三,推动数字金融与供应链金融的融合发展,提供更加专业的金融服务。供应链金融指从供应链产业链整体出发,运用金融科技手段,整合物流、资金流、信息流等信息,在真实交易背景下,构建供应链中占主导地位的核心企业与上下游企业一体化的金融供给体系和风险评估体系,提供系统性的金融解决方案,以快速响应产业链上企业的结算、融资、财务管理等综合需求,降低企业成本,提升产业链各方价值。在供应链金融发展的过程中,数字金融将发挥重要作用。具体而言,即通过数字金融技术创新跨境供应链金融服务方案,推进人工智能、大数据、云计算、区块链等技术在跨境供应链金融服务和风险管理方面的创新应用,加快跨境供应链金融相关软件的开发,做强信息化、数字化跨境供应链金融平台。金融机构要围绕跨境行业特征、场景特征和供应链结构,推出在线跨境供应商、经销商和核心企业应收账款融资解决方案,加强各供应链平台之间的沟通与互动,实现平台各类数据的互联互用,优化供应链金融服务平台的功能,为企业提供综合性和专业化的金融服务。

(本案例为教师与学生科研团队调查成果)

课程思政点

　　社会主义核心价值观之和谐、平等的体现。普惠金融具有非常强的包容性,重视基层弱势群体的金融需求,为社会创造了一个平等的金融供给环境,也有利于社会的和谐发展。

　　深刻理解数字金融服务实体经济的社会责任。农村弱势群体获取金融服务难的一个非常重要的原因就是信息不对称。重庆市发改委和银保监局联合共建的"信易贷·渝惠融"平台采集全市农户的户籍、种植、养殖以及农业保险等信息,解决了这一难题。金融机构在此基础上为农户农企在生产经营过程中的融资提供服务,助力乡村振兴。

参考文献

[1] 案例|金融科技+数据助力农户解决融资难题[EB/OL].(2023-10-12)[2024-02-24].https://www.sohu.com/a/727698889_121123887? scm=1102.xchannel:325:100002.0.6.0.
[2] 王继东.践行普惠金融理念 助力乡村全面振兴[J].银行家,2024(5):34-37.
[3] 黄呈翰,陈凯琳,陈弘彤.数字金融助力绿色农业产业的发展研究[J].全国流通经济,2024(5):161-164.
[4] 周正洪.政银"双基共建"助力乡村振兴思考:以泸县农商银行为例[J].当代县域经济,2023(12):105-108.
[5] 浙江省现代金融学会课题组,周灿森,王志敏.数字化金融服务乡村振兴的探索研究[J].浙江金融,2023(7):3-13.

案例5　长沙银行支持澧县高标准农田建设

5.1　案例概述

建设高标准农田,是巩固和提高粮食生产能力、保障国家粮食安全的关键举措。2022年,中央一号文件提出要"多渠道增加投入,2022年建设高标准农田1亿亩,累计建成高效节水灌溉面积4亿亩"。作为湖南省农业大县,澧县的农业产业仍然存在一些亟待解决的问题:一是由于长期以来的耕种缺乏长远规划和科学指导,耕地地力水平已影响农作物产量;二是由于缺乏资金支持,农田区域内基础设施条件非常薄弱;三是种植分散,特色产业种植规模小,难以做大做强。为此,澧县政府提出澧县乡村产业振兴(二期)建设项目,打造高标准农田、精品蔬菜种植基地、精品葡萄种植示范基地、现代化油茶种植基地,以期解决上述问题。但项目实施需要巨额资金,县级财政和当地农业企业无法承担全部费用,项目建设存在较大的资金缺口。

长期以来始终坚持"县域先行"、2022年将县域金融战略确立为全行发展"一号工程"的长沙银行得知该项目融资需求后,迅速与澧县政府相关部门对接,经过多轮协商,为该项目设计了一整套融资方案:以澧县澧州城市发展实业有限公司作为承贷主体,由澧县经济建设投资有限公司进行担保,给予项目15年融资期限、3.5亿元融资规模,采取按季付息、按计划还本的还款方式,同时支持项目以贷款市场报价利率(Loan Prime Rate, LPR)+140普惠金融服务乡村振兴较低利率融资。同时明确,项目以高标准农田出租收入、精品蔬菜种植基地出租收入、精品葡萄种植示范基地出租收入、新造油茶林种植销售收入、油茶地产改造销售收入作为后续还款来源。方案既满足了项目的融资需求,有力地支持了澧县乡村振兴建设的发展,为当地农户增产增收创造了条件,同时也最大可能地保障了贷款本息回收,降低了融资风险,得到了政府、企业、农户和银行的一致认可。

目前,涵盖高标准农田、精品蔬菜种植基地、精品葡萄种植示范基地、现代化油茶种植基地的4个子项目均已启动建设,预计建成之后,将对推动澧县农村经济进一步发展、增加粮食产量、稳步提高澧县农业综合生产能力发挥重要作用。

5.2　案例分析

高标准农田建设的主要内容具体包括土地平整、土壤改良、灌溉与排水、田间道路、农田防护与生态环境保持、农田输配电以及其他工程。结合现代农业产业园项目来看,建设内容还包括培育水稻种植园区、种植棚、蔬果大棚、鱼禽畜牧示范基地等。高标准农田的"高标准"具体包括:农田质量高、产出能力高、抗灾能力高、资源利用效率高。建成后的农田不仅能够为稻谷、玉米、小麦等粮食作物提供优良的生长环境,还可种植蔬菜、水果、药材、棉花等经济作物,可供种植的类型多。

根据前期经验,各地高标准农田项目普遍存在运作模式单一、严重依赖财政、管护机制不全的三大瓶颈难题,湖南各地也面临同样的问题,创新高标准农田建设投融资模式势在必行。

对于高标准农田建设项目"怎么建、怎么还、怎么管"三大难题,长沙银行具有多年的普惠金融开展经验,不断从实践中探索解决之道。本项目中,一是流转农村集体用地,同时发挥国有企业融资的优势,利用自有资金＋银行借款推动高标准农田、精品蔬菜种植基地、精品葡萄种植示范基地、新造油茶林种植基地、油茶低产改造等基础项目的建设,较好地解决了农户前期对于项目建设的资金来源不足、一次性投入过大的弊端。二是拉长贷款周期,给予项目15年融资期限,极大地减轻了借款人归还本息的压力,让这些农业开发企业能够更从容地从事农业投入。三是明确了贷款主体和担保主体,明确了将建设好的项目以租赁形式出租给区域内龙头企业、农民合作社,以获得的高标准农田出租收入、精品蔬菜种植基地出租收入、精品葡萄种植示范基地出租收入、新造油茶林种植销售收入、油茶地产改造销售收入作为还款来源。这样,既可以改善土壤,提高土地利用效率,增加农民收入,又可以有效保障银行贷款本息的回收。

总之,本项目如果后期能够顺利运作,将达到农业企业、农户和金融机构三方共赢的目的,也能取得支持乡村振兴、发展农村经济、保障粮食安全的政策效果。本项目坚持把金融服务实体经济作为根本宗旨,紧紧抓住产业振兴这一乡村振兴的"牛鼻子",通过金融赋能,推动实体经济发展。

5.3　案例启示

金融是国民经济的血脉,是国家核心竞争力的重要组成部分,要加快建设金融强国。农村金融是我国金融体系的重要组成部分,在农村经济发展中发挥着重要作用。建设金融强国离不开农村金融的发展,金融是促进农民共同富裕、乡村全面发展的重要驱动力。

2023年,中央一号文件提出推动金融机构增加乡村振兴相关领域贷款投放、加快建设农业强国的具体要求。金融支持乡村振兴,需要不断探索创新金融支持乡村建设的有效方式,推动金融活水流入乡村。近年来,各金融机构都在持续加大涉农信贷投放力度,保证涉农贷款余额持续增长,确保涉农信贷供给与涉农融资需求相匹配,让金融活水流向乡村沃土,为助力乡村经济发展不断"添砖加瓦"。但各金融机构对于具体支持方式的探索有待进一步完善。本案例对于农村普惠金融的开展具有一定的借鉴启示作用,但项目成效还有待进一步观察。分析本项目的开展情况,有以下几个方面值得借鉴。

一是金融机构要针对普惠金融创新产品。基于在智慧农业平台上收集的农村承包地确权登记颁证数据、高标准农田建设及经营现状等数据,金融机构要针对新型农业经营主体和农户的需求特点,挖掘耕地金融属性,制定针对性支持方案,推出专属金融产品,加大金融服务供给,将普惠的产品和理念运用到"三农"领域,形成具有各自银行特色的涉农信贷产品体系,积极满足县域乡村客户的资金需求。

二是充分利用数字普惠金融优势,扩大金融覆盖范围。实施"农贷通"等平台优化提升行动,实现用户融资需求与银行产品精准匹配,增强普惠金融数字化服务能力,高度重视金融科技和数字化转型,在乡村振兴服务领域搭平台、建系统,以金融科技手段服务乡村"长尾客户",发挥普惠金融产品方面的先发优势。

三是拓宽金融服务半径。优化提升建设农村金融服务站,制定相关优化提升方案,全面推动村站标准化建设,进一步打通农村金融服务"最后一公里"。在这方面,长沙银行早有布局,在2018年就将"助农取款点"升级为"农金站",于2019年形成"县域支行＋乡镇支行＋农金站"三位一体的模式,为开展县域金融业务提供扎实的网点基础。

四是强化普惠金融宣传力度。比如开展"支农惠农尽知晓　金融保险助振兴"农村金融下乡活动,举办"金融支持新时代更高水平洞庭粮仓建设""政银企农对接会"等系列活动,利用活动现场和线下村站分发普惠金融的宣传材料,提供现场授信和承保业务。

五是提升政策性农业保险保障水平。引导保险机构持续加大对农村保险服务网点的资金、人力和技术投入,逐步提升与信贷、担保、期货等其他金融工具的融合度,进一步探索"保险＋期货""保险＋担保＋信贷"等创新产品和服务,打通农业产业金融一体化实施路径。

六是发挥财政资金杠杆作用,支持和引导金融机构及社会资本支持普惠金融发展,保障需求人群的金融服务可得性。通过修订完善乡村振兴农业产业发展贷款风险补偿资金管理办法,优化风险补偿金与金融机构的风险分担比例,细化风险补偿金申请审定流程,引导金融资金向农业农村流动。

(本案例为教师与学生科研团队调查成果)

课程思政点

热爱专业。一份完美的融资方案,解决了农村农业发展的实际问题,推动了乡村振兴,既创造了商业价值,又具有极高的社会价值,能在工作中体会双份成就感。

金融产品及服务的创新。在金融服务过程中,服务对象、客户的基本情况、项目运作、融资需求、盈利模式等不同,因而需要根据实际情况对信贷、担保、期货等金融工具进行重新融合,以满足客户的融资需求。

参考文献

[1] 夏先清,吴陆牧,刘兴,等. 各地全力推进高标准农田建设[N]. 经济日报,2024-12-16(2).
[2] 杜晨,王敏. 乡村振兴背景下农民专业合作社高质量发展研究[J]. 现代化农业,2024,(12):62-66.
[3] 刘丹,张龙耀. 金融助力乡村产业高质量发展:理论逻辑、现实困境与优化路径[J]. 世界农业,2024(12):74-85.
[4] 周长庚,杨闯宇,汤韬,等. 湖南沅江 关于洞庭湖区高标准农田建设管理的几点思考与建议[J]. 中国农业综合开发,2024(11):32-34.
[5] 熊伟,江路霞,池鹏,等. 罗田县高标准农田建设土壤地力提升措施的应用及效果[J]. 中南农业科技,2024(11):81-84.

第三篇　风险与管理

案例 1　河南、安徽 6 家村镇银行"存款失踪"事件

1.1　案例概述

2022 年,河南、安徽 6 家村镇银行"存款失踪"事件是一起涉及金额巨大、性质恶劣、影响广泛的金融事件。2022 年 4 月 18 日,涉事的河南禹州新民生村镇银行、上蔡惠民村镇银行、柘城黄淮村镇银行、开封新东方村镇银行,以及安徽固镇新淮河村镇银行、黟县新淮河村镇银行陆续发布公告称,将对系统进行升级维护,网上银行和手机银行暂停服务,恢复日期为 4 月 22 、23 日不等。但到期后,这些银行线上系统并未恢复,且升级公告均不再显示系统升级完成日期。线上无法取款的外地储户赶往上述银行,欲通过线下网点取款,发现线下支取受到严苛限制:银行关闭自动取款机取款,仅支持柜面支取;柜面取款金额不得超过 5 万元,且不可连日支取。储户的担忧迅速引发挤兑,一桩牵涉 40 余万储户、400 余亿资金的"存款失踪"案也浮出水面。

2010 年前后,为了吸收社会资本发展地方银行,国家鼓励地方银行改革,因此许多民营企业进入地方村镇银行和农村商业银行。

中小银行,特别是村镇银行由于机构网点较少、获客渠道狭窄,转向与网络平台合作,将互联网揽储的思路引入市场,通过非自营网络平台开展存款业务。由此,各家银行的存款产品在度小满、携程金融、你财富、天星金融等第三方互联网金融平台上展示,其中就包括涉事六家村镇银行的相关产品。基于此,储户得以接触外地中小银行的高息存款产品,并对存款产品进行"比价",选择满足自身需求的存款产品。由此,互联网存款产品的推介掀起"高息揽存"热潮。

经查,涉事银行一年期的存款产品年利率在 4.1% 至 4.85% 之间,7 天通知存款利率为 1.85%。而近年来,四大国有银行的定期存款(不包括大额存单)最高利率大约分别为一年期 2.1%、三年期 3.85%、7 天通知存款利率 1.1% 左右。另外,有储户接受采访时提到,其在涉事银行存款时,除获得上述高额利息外,还获得额外的贴息。有储户表明其在一年期存款产品中额外收到 0.15% 的贴息。"贴息存款"指的是银行为揽储,在现有的利率基础上,额外支付给储户一定的费用、物品等作为额外的利息的存

款,业内也称"阳光贴息存款"。

高息的诱惑下,大量外地存款源源不断地流入这些村镇银行。然而,这些资金并没有用于符合国家规定的贷款和投资。

河南许昌农村商业银行是这几家涉事村镇银行的大股东。但是许昌农村商业银行实际控制人许昌市投资集团在2022年5月25日发布公告表示,许昌农村商业银行只是这几家村镇银行的大股东,并未实际控制这些银行经营。这些银行都由同一家企业——河南新财富集团投资控股有限公司(简称"新财富集团")实际控制。据《北京青年报》公布的储户的一则报警录音,警方回复储户时表示,"初步发现相关银行和河南新财富集团投资控股有限公司合作,后者涉嫌非法吸收公众存款,目前已处于立案侦查阶段"。本次风险事件的根本成因疑似是新财富集团利用对涉事银行的控制地位,与许昌农村商业银行高管相勾结,采用非法手段将银行资金用于账外经营,最终资金链断裂。

可能早有传言,2022年春节后,河南新财富集团老板吕奕逃到美国,他控制的新财富集团也几乎同时注销。

以吕奕为首的新财富集团通过复杂的公司网络,运作巨额资金。这些资金,除了流向可能参与的行贿以及偿还中国建设银行、国家开发银行、开封市商业银行等多家银行的数十亿贷款外,其他数百亿资金去向何处?这些资金部分投入一些产业。譬如,天津鼎晖嘉永股权投资基金(下称"鼎晖嘉永")为鼎晖旗下管理的一只基金,目前仍在运营。这只基金对外投资另一只基金天津鼎晖嘉尚,而鼎晖嘉尚对外投资10家公司,其中5家为鼎晖管理的基金。这些私募基金公司曾经投资过香港上市公司、绿地控股集团、美的等,而鼎晖嘉永就是新财富集团投资的一家基金。

但这些只是吕奕财富版图的冰山一角,更多隐秘交易以及吕奕从银行体系卷走的资金去向尚需等待官方更多调查。

事件爆发后,拿不到钱的储户纷纷上访、集会维权,甚至一度出现了引发社会恐慌的"赋红码"事件。为了保护储户利益,维护社会稳定,中国银行保险监督管理委员会(简称"银保监会",现国家金融监督管理总局)河南监管局、河南省地方金融监督管理局开启了6轮垫付工作,在2022年7月11日、7月21日、7月29日、8月5日、8月12日、8月19日和8月29日分别公布第1、2、3、4、5、6、7号公告,陆续对涉事村镇银行账外业务客户本金单家机构单人合并金额为5万元(含)以下、10万元(含)以下、10万元至15万元(含)、15万元至25万元(含)、25万元至35万元(含)、35万元至40万元(含)、40万元至50万元(含)的客户启动垫付。50万元以上的按照50万元垫付,未垫付部分权益保留,根据涉案资产追偿情况依法依规予以处理。安徽所涉村镇银行的垫付工作节奏与河南4家村镇银行一致。

据央行主管媒体《金融时报》报道,此前,银保监会有关负责人在回应村镇银行事件时表示,河南、安徽村镇银行事件已累计垫付180.4亿元。截至8月11日晚,已累计垫付43.6万户、180.4亿元,客户、资金垫付率分别为69.6%、66%,进展总体顺利。

与此同时,对以吕奕为首的犯罪团伙的抓捕工作也全面展开,已逮捕犯罪嫌疑人234人,追赃挽损工作取得重大进展。案件侦办工作正在依法纵深推进。

1.2 案例分析

首先,此次河南村镇银行存款暴雷事件,彻底暴露了各大村镇银行在公司治理层面的巨大漏洞。公司治理是商业银行风险管理的重要一环,一旦失灵,极易产生系统性金融风险。如包商银行就是由于股东结构单一且股权高度集中,完全被"明天系"集团把控,导致公司治理失灵。从表面上看,包商银行的所有股东持股比例均低于5%,均正好符合银保监会关于"主要股东"持股比例的标准,但实际上"明天系"集团通过母子公司、关联公司交叉持股等方式实际持有包商银行89.27%的股权。正是由于"明天系"集团的实际控制,包商银行内部治理失灵,加之"监管俘获"的因素,包商银行面临的风险急剧扩张,严重损害了债权人和存款人利益,对地方金融秩序的稳定造成灾难性后果。又如山西农信系统腐败塌方的背后,"德御系"的龙跃集团通过关联企业控制了山西省内10家金融机构,包括1家城市商业银行、6家农村商业银行、3家村镇银行,融资余额117亿元,逾期贷款近70亿元。本次事件也是新财富集团利用关联公司持股、控制涉事银行所致。据报道,暴雷的6家村镇银行只是吕奕及其团伙犯罪事实的冰山一角。据凤凰网《风暴眼》不完全统计,至少26家村镇银行与新财富集团有千丝万缕的关系。通过股权质押等方式,这些银行最终成为大股东采血的工具。

尽管此次暴露出来的只有河南4家和安徽2家村镇银行,但是全国各大村镇银行的经营与管理水平、封控和监管力度其实基本在一个水平上,其他没有暴雷的村镇银行,在风控和监管上,也不会好到哪里去。所以,此次河南、安徽村镇银行存款暴雷事件,给各大村镇银行的信用带来了毁灭性打击。

其次,线上异地揽储存在巨大风险。此次涉事村镇银行的异地存款主要通过以下几种路径获取:第三方互联网金融平台导流获取、短信和电话联系获取、第三方互联网金融平台导流后使用银行自营网络平台获取。据公开信息不完全统计,除了这次暴雷的6家村镇银行以外,在全国通过第三方平台导流吸引存款的各类银行数不胜数,保守估计有800~1 000家。

2015年12月25日,中国人民银行发布的《关于改进个人银行账户服务 加强账户管理的通知》(简称《通知》)规定:银行可通过Ⅱ类户为存款人提供存款、购买投资理财产品等金融产品、限定金额的消费和缴费支付等服务……通过网上银行和手机银行等电子渠道受理银行账户开户申请的,银行可为开户申请人开立Ⅱ类户或Ⅲ类户。上述《通知》还规定:"Ⅱ类户与绑定账户的资金划转限额由银行与存款人协商确定。"于是,在技术层面及规范层面,本事件的存款模式得以实现。各地储户在线上开立电子Ⅱ类账户并以此为存款介质,通过原有的他行Ⅰ类账户转入资金购买存款产品,完成存款。随后,中国人民银行及银行业监管机构认识到互联网揽储行为的潜在风险,如可能会导致"高息揽储"的不规范行为和恶性竞争行为、加重银行负债成本等问题,影响银行发展的稳健性和可持续性,严重情况下会产生金融风险。2021年1月13日,中国银保监会办公厅、中国人民银行办公厅发布了《关于规范商业银行通过互联网开展个人存款业务有关事项的通知》,其中第四条明确:"商业银行不得通过非自营网络平台开展定期存款和定活两便存款业务,包括但不限于由非自营网络平台提供营销宣传、产品展示、信息传输、购买入口、利息补贴等服务。本通知印发前,商业银行已经开展的存量业务到期自然结清。"综上,"互联网存款""异地存款"的思路已受到中国人民银行和银行业监管机构的否定。

最后,监管部门未尽到监管责任。据报道,吕奕所控制的新财富集团旗下多位高管都有在银行体系工作的背景,吕奕多次向银保监会体系高官行贿。监管的松懈和"监管俘获"也是引发此次事件的重要原因。如何加强对"监管部门"的监管是一个需要认真对待的课题。

1.3 案例启示

河南、安徽6家村镇银行"存款失踪"事件是多重金融乱象所致。一方面,公司治理缺乏规范,致使外部资本通过关联持股、交叉持股、操控银行高管的手段,实际控制禹州新民生等几家村镇银行,并以虚构贷款形式非法转移资金。另一方面,银行通过互联网平台推介、异地揽存、线上吸储放大了风险。此外,村镇银行、监管系统均出现金融腐败现象。股权治理和外部监管是防范村镇银行金融乱象的重中之重。

股权治理方面:相比其他地方金融机构,村镇银行股东人数一般较为有限,通常不需要在合并程序中进行大范围的股东摸排及确权工作。但是,部分村镇银行股权管理不够规范,可能存在因转让、继承、离婚析产、以物抵债、机构股东注销等导致股权权属已变更,但工商登记或股东名册尚未变更的情况,或存在股权代持、权属争议等问题。如在吸收合并程序中,村镇银行股东以股权权属争议为由向法院提起诉讼,可能影响项目进度。因此,对于村镇银行股权权属存在的问题,应当及时核查并加以规范。如股权权属已变动,可以由村镇银行协助交易双方以生效协议或法院裁决为依据申请工商变更登记,并变更股东名册。对于股权代持的,原则上应将股权还原给实际出资人,并确保实际出资人具有入股村镇银行的股东资格,且还原程序应符合相关法律法规的要求。对于股权权属存在争议的,尽量由村镇银行协调争议双方协商解决。此外,还可探索推行"中小银行股东加重责任"。股东加重责任指突破股东在股本限额内承担有限责任的原则,要求银行主要股东承担超过股本限额的非有限责任。

外部监管方面:金融监管部门以及相关部门应制定出村镇银行业务指导规范和信用风险防范措施,指导村镇银行持续健康开展业务。金融监管部门可以成立专门针对村镇银行的监督小组,按照村镇银行的经营特点和业务特点进行更加细致和有针对性的监督,切实做到全方位监管,不留死角。

> **课程思政点**

完善内部治理,加强外部监管,坚持合法经营。

增强风险防范意识。在人们的潜意识中,金融机构的信用是极高的,从而忽视了金融机构本身存在的经营风险,及其可能存在的非法经营的情况。同时,不能被高利息蒙蔽,而应该理性思考。

参考文献

[1] 陈云良.村镇银行风险成因与规制[J].法学评论,2024,42(4):100-110.

[2] 丁行龙.A市村镇银行政府监管问题研究[D].济南:山东财经大学,2024.

[3] 袁凤杰.HJ村镇银行涉农信贷业务优化策略研究[D].济南:山东财经大学,2024.

[4] 连飞,尚莹,梁晓羽,等.我国村镇银行的金融风险及防范策略探究:基于河南村镇银行"取款难"事件的案例分析[J].吉林金融研究,2023(12):38-44.

[5] 陈维.村镇银行的金融风险及防范措施[J].上海商业,2023(9):90-92.

[6] 古爱琴.河南村镇银行"取款难"的启示[J].中国外资,2023(2):80-82.

[7] 王诗航.风险管理视角下村镇银行内部控制优化的研究:以A村镇银行为例[D].吉首:吉首大学,2022.

案例2 408家房企破产 银行"涉房"违规贷款罚款过亿

2.1 案例概述

自进入21世纪以来,我国市场经济蓬勃发展,房地产开发逐渐崭露头角,成为国民经济的支柱行业。这一行业的繁荣离不开持续的资金注入。特别是对于房地产企业而言,资金成为推动其发展的首要要素。虽然我国的房地产行业起步较晚,但其规模庞大,发展速度惊人。事实上,房地产行业已经成为我国最为重要的产业之一。随着城镇化的不断推进,二、三线城市的房地产行业仍然具备良好的发展前景。然而,需要注意的是,房地产行业是一项对资金高度依赖的行业,相较于其他行业,它对资金的需求更为庞大,占用资金的周期也更加长久,一直以来对融资规模的需求相当迫切。

为了有力推动房地产行业的繁荣,国家推出了"三支箭"政策,即"信贷、债券、股权"三大融资渠道。在这其中,信贷融资渠道是房地产行业相关部门通过向商业银行申请贷款来解决部分融资需求的途径。对于商业银行而言,房地产开发贷款不仅回报可观,而且相对较为稳定。在整个房地产市场总体平稳、没有出现重大系统性风险的情况下,房地产开发贷款的风险程度也相对较低。因此,不论是规模庞大的银行还是规模较小的银行,都会积极满足房地产行业对融资的需求,争取在这一繁荣产业中分得一杯羹。

房地产贷款的种类及相关概念见表1。本案例中,"银行涉嫌408家破产房地产企业违规贷款"主要是指银行发放的房地产开发贷款、土地储备贷款,也包括银行挪用信贷资金违规用于投资及购房。

表1 房地产贷款的种类及相关概念

种类	相关概念
土地储备贷款	向借款人发放的用于土地收购及土地前期开发整理的贷款
房地产开发贷款	向借款人发放的用于开发、建造向市场销售、出租等用途的房地产项目的贷款
个人住房贷款	向借款人发放的用于购买、建造、大修理各类型住房的贷款
商业用房贷款	向借款人发放的用于购置、建造和大修理以商业为用途的各类型房产的贷款

商业银行经营的最终目的是尽可能获取最大的利润,房地产贷款也不例外。银行以较低的利率吸收居民、企业的存款,然后再以较高的利率向申请用于开发、建造房地产项目及土地储备的申请人发放贷款。如果贷款如期全部收回,那么存款成本与贷款收益之间的差额便形成银行的利润。

房地产开发贷款是指对房地产开发企业发放的用于住房、商业用房和其他房地产开发建设的中长期项目贷款。房地产开发贷款的对象是注册有房地产开发、经营权的国有、集体、外资和股份制企业。房地产开发贷款期限一般不超过三年（含三年），原则上应采取抵押担保或借款人有处分权的国债、存单及备付信用证质押担保方式，担保能力不足的可采取保证担保方式。土地储备贷款是银行向土地储备机构发放的用于收购、整治土地，提升土地出让价值的短期周转贷款。其主要用途包括支付征地补偿费、安置补助费、地上附着物和青苗补偿费、场地平整费及缴纳土地出让金等。

房地产开发贷款流程如图1所示。在房地产相关企业向支行递交贷款相关申请资料后，银行受理并进行初审。如果申请人符合资格规定，则省行或者二级分行对贷款项目进行评估。接着，贷款审查部门根据贷款"三性原则"和贷款投向政策对贷款用途、担保情况进行审查，并评估贷款风险程度，提出贷款决策建议供贷款决策人参考。在信贷审查委员会审查后，贷款银行与申请人签订合同，并向申请人发放贷款。贷款发放之后，银行相关部门会随时对房地产开发企业进行明察暗访，以按期收回贷款本息。

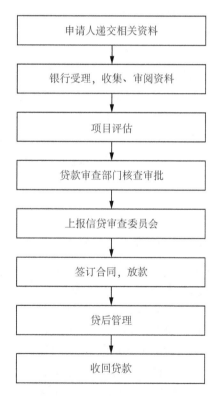

图1　房地产开发贷款流程

2.2　案例分析

（1）房地产行业融资挑战

由于2015年至2017年全国房价急速上涨，房地产开发企业和土地储备部门纷纷加速项目开发和土地储备,其对资金的需求急剧攀升。为获取开发建设资金,众多房地产企业不惜提高融资成本。2017年年报中30余家上市房地产企业的信托融资数据显示,上市房地产企业信托融资成本主要集中在6%~10%,个别公司甚至达到11%。在其他行业不良率较高的经济下行环境下,房地产行业贷款仍然被认为是优质资产,能够承受相对较高的利率。因此,银行等部门更倾向于通过多种途径将信贷资金注入房地产行业。

(2) 房地产企业回笼资金招数层出不穷

2015—2017年,全国房价快速上涨,房地产企业加快开发力度和拿地速度,导致房地产企业的债务量迅速上升,其中包括不少周期为三年左右的短期债。这几年来,这些债务的集中到期,导致房地产行业对资金的需求迅速上升。一边是对资金需求的快速上升,另一边则是资金供应的骤然收紧,这使得房地产企业面临前所未有的资金危机。巨大压力之下,不少企业只得自我回血,通过降价售房的方式从市场上回笼资金。一时间,各种售房套路层出不穷。甚至某房地产企业流传出内部微信群截屏,称公司要求所有员工都背上考核指标,国庆长假力争实现500亿元的售楼指标,并给中层管理人员直接摊牌指标,谁完不成就直接"下课"。

(3) 全国房地产政策调控

基于中央政府明确的"房子是用来住的、不是用来炒的"定位及明确指出的"不将房地产作为短期刺激经济的手段",房地产行业被引导朝着"稳房价、稳地价、稳预期"的方向发展,促使其成为经济长期稳定健康发展的重要组成部分。自2019年开始,全国房地产调控政策出台次数屡创新高。据中原地产研究中心统计,2019年9月,全国房地产调控政策发布次数高达48次,虽然相较于8月的60次和7月的56次稍有减少,但整体而言,2019年前9个月共密集发布房地产调控政策415次,平均每个工作日超过2次,再次刷新了历史纪录。

随着一系列楼市调控政策的推出,上海证券交易所和深圳证券交易所相继发布文件,审慎规定房地产企业募集资金规模,明确资金用途及存续期披露安排,并明令房地产企业债券募集资金不得用于购置土地,对房地产企业融资产生一定制约。同时,房地产企业资金的主要来源之一——信托也受到明显限制。房地产企业融资陷入四面楚歌,房地产企业的马太效应愈发显现,中小房地产企业的资金链面临严重考验。面对沉重的负担,房地产企业纷纷宣告破产。截至2019年10月27日,已有408家房地产企业宣告破产。与此同时,一直是房地产企业重要融资渠道的银行也因涉嫌违规涉房,纷纷受到罚单的打击。例如,2019年8月9日,中信银行因违规发放房地产开发贷款等13项违法违规行为,被罚款2 223.7万元。截至2019年10月11日,中国银行保险监督管理委员会系统已因涉嫌违规涉房对多家银行开出数额巨大的罚单,涉及问题包括贷款资金被挪用、违规向房地产企业提供融资等。

(4) 追逐高额利润

在经济下行的背景下,由于其他行业的不良率较高,商业银行将信贷资金集中投向房地产行业,追求盈利最大化。房地产行业在当时被视为优质资产,能够承受相对较高的利率。房地产企业为吸引银行信贷资金,通过提供高回报的手段增加融资吸引力,使银行更倾向于将资金投入其中。

(5) 银行贷款人法律意识不足

银行贷款人员在审批过程中法律意识淡薄,导致贷款缺乏充分的法律保障。为了降低风险,银行通常要求提供担保,但由于急于将贷款发放,对于申请资料的审查显得疏忽大意,具体表现在保证人主体资格不符合法律规定、未认真审查抵押物和质押物的合法性、未办理必要的抵押登记等方面。信贷档案的不完整不仅使得对贷款风险的分析变得困难,也为监管系统提供了追究银行违规行为的理由。

(6) 管理不善导致流程瑕疵

信贷和审批相关部门未能严格按照"三查"制度执行,表现为贷前调查过于形式化、贷中审查报送不够详细、贷后检查未能充分跟踪贷款人的使用情况,这就导致对借款人信用情况、抵押物和质押物变化、保证人经营状况等方面的跟踪调查不够细致。

(7) 贷款审贷分离制度执行不力

部分银行未能切实执行贷款审贷分离制度,审贷分离机构设置不及时,相关流程过于形式化。信贷人员常在贷款审批前填写贷款合同、借据等法律文件,导致合同签订日期早于审批日期、贷款金额与审批金额不一致等问题,为违规行为提供了可乘之机。

(8) 内部监督机制不健全

银行信贷管理制度存在漏洞,一些基层行长权力过大,监督约束机制未能发挥作用。贷款责任难以切实落实,最终导致无人负责。行长经营目标考核办法不科学,助长了短期行为的发生。管理制度应经过严密审核,确保每个工作人员不越权代办事务,管理者更不能滥用权力发放贷款。

2.3 案例启示

为应对房地产行业的过度依赖,银行应积极推动信贷产品的创新。通过培养创新型人才,银行可以摆脱传统的资金投放方式,创造更灵活、多样化的信贷产品。同时,银行可以加强对不良贷款的细致管理,确保新产品的推出既符合市场需求,又有稳健的风险控制机制,以减轻对房地产行业的过度依赖,避免违规行为导致高额罚单。

为确保各项信贷管理制度的协调和贯彻执行,银行应对现有制度进行修订和完善。特别是在信贷档案管理方面,可以制定明文规定,规范信贷档案的收集、交接、检查等流程,并指派专人负责执行,定期进行检查和考核。此外,对于企业财务资料虚假问题,可以考虑建立"四相符审核"和"财务报表审计失实责任赔偿制度",通过审核和审计的手段确保资料的真实性。

进一步完善风险控制制度,包括贷款风险管理的核心要素,如授权授信、审贷分离、分级审批、集体审批、贷款"三查"等。通过严格按照业务流程和权限条件进行操作,加强不同岗位和部门之间的监督和制约,杜绝违规行为的发生。建立健全岗位责任制,将信贷管理责任分散到每个岗位,通过严格的考核机制,防范权力过度集中和挪用贷款资金的违规行为。

将贷款风险评估的工作独立于信贷业务部门,并由一个独立的机构负责。这有助于确保评估的客观性、科学性和时效性。这一机构的设立旨在防范信贷权力过分集中，建立起一道"防火墙"，同时要确保各个部门之间的信息共享，避免信息孤岛的发生。建立信息流动制度，以确保信息能够在有关部门之间自由流通，防范数据被滞留或滥用的情况。

课程思政点

增强忧患意识，加强风险管理。银行和房地产企业均需要增强忧患意识，坚持底线思维，做到居安思危、未雨绸缪。对于银行而言，需完善风险控制制度，加强信贷流程管理和内部监督，特别是审批环节。对房地产企业而言，需加强资产负债管理，优化资本结构，拓宽融资渠道，降低企业经营风险。

遵守职业道德和规范。商业银行属于高负债、高风险机构，金融业务各环节均制定了风险控制制度，在一定程度上降低了风险，但风险控制制度执行的关键在于从业人员自身的风险意识和职业道德。

参考文献

[1] 孙庭阳,贾国强,李永华.房地产金融风险集中在哪些领域？房企的高杠杆模式、炒房客的违规贷款[J].中国经济周刊,2019(9):18-23.

[2] 苗野.8.71亿元！银行"天价"罚单层出不穷,涉房违规成"重灾区"[EB/OL].(2023-08-01)[2024-03-21]. https://www.163.com/dy/article/IB25G3LQ05352LE9.html.

[3] 沈姝曼.不同规模城市房地产金融风险产生原因及调控措施分析[J].今日财富,2023(19):25-27.

[4] 华然.市场不确定性增加要进一步防范房地产金融风险[J].中国商界,2023(9):182-183.

[5] 陈维.村镇银行的金融风险及防范措施[J].上海商业,2023(9):90-92.

案例3　从瑞士信贷危机浅析国内外金融机构风险处置政策

3.1　案例概述

3.1.1　引言

2008年国际金融危机以来，为防范和控制金融机构危机引发的系统性风险，国际社会完善风险处置机制建设，采取高效、公平的处置政策，降低风险发生时的负外部性，以有效防范区域性、系统性金融风险。在近年来经济增速下行、内外部风险挑战增大的形势下，我国金融业所面临的风险更多地显现出来。与欧美国家相比，我国金融稳定制度体系建设起步较晚，金融机构风险处置经验相对较少，完善金融稳定保障体系和加强风险处置机制建设过程中的法律法规体系、全流程监管有待加强，处置资源工具有待补充。2023年，我国中央金融工作会议强调，需及时处置中小金融机构风险。国家金融监督管理总局将全力推进中小金融机构改革化险作为重要工作目标和重点，更体现了金融机构风险处置政策研究的必要性和紧迫性。因此，本案例梳理瑞士信贷风险处置的政策手段，并结合我国金融业自身情况，针对我国金融机构风险处置政策建设提出建议，防止单体局部风险演化为系统性全局性风险，力争牢牢守住不发生系统性金融风险的底线。

3.1.2　国内外金融机构风险处置政策分析

(1) 国外风险处置政策

① 多德-弗兰克法案

2010年，美国出台了《多德-弗兰克华尔街改革与消费者保护法案》(简称《多德-弗兰克法案》)。该法案吸取了2008年金融危机的教训，旨在建立更加严格的金融监管机制，防范系统性风险。一是设立金融稳定监管委员会(Financial Stability Oversight Council，FSOC)，进一步扩大和强化美国联邦存款保险公司的风险处置责任，将其处置职责扩展到所有系统重要性的银行及非银金融机构。二是建立对系统重要性金融机构的识别和监督机制，要求系统重要性金融机构定期向美国联邦存款保险公司和美国联邦储备系统(简称"美联储")提交恢复和处置计划，即建立"生前遗嘱"，制定经营失败等极端情况下有序清算的计划。如计划未达到要求，可决定适用更严格的监管要求，并限制其业务增长。三是在系统重要性金融机构启动有序的清算程序后，由美国联邦存款保险公司接管清算。四是明确损失分担机制，在发生损失时，明确首先由股东和无担保债权人承担损失。五是加大跨境政策协作。

② 金融机构有效处置的核心要素

2011年,金融稳定委员会(Financial Stability Board,FSB)发布了《金融机构有效处置机制的核心要素》,对金融机构包括系统重要性的金融机构明确了相应风险处置机制的基本标准和原则。一是各国应指定专门部门负责金融风险处置,处置权主要包括可以通过接管等形式处置危机金融机构、允许强制转移资产负债而不需要股东和债权人事前同意、允许更换管理层、可以设立过桥机构等。二是明确处置资金来源,要求金融机构吸收损失的资金首先由股东和无担保债权人承担,在风险暴露时需积极实施"自救",其次可以将行业收费形成的资金作为救助金,最后可以将公共资金作为兜底资金,以及通过央行和财政资金对金融机构实施担保或注资,但是需要有相应的资金保全机制。三是建立总损失吸收能力(Total Loss-Absorbing Capacity,TLAC)工具,以提升全球系统重要性金融机构(Global Systemically Important Financial Institutions,G-SIFIs)的风险处置能力。TLAC是当G-SIFIs进入处置程序时,可以通过减记或者转换为普通股来吸收损失的各种资本性和债务性工具的总和。TLAC监管设置了风险加权比率(TLAC规模与风险加权资产之比)和杠杆比率(TLAC规模与调整后的表内外资产余额之比)两个主要监管指标,以通过TLAC要求的实施,确保G-SIFIs在进入处置阶段时尽可能地自救,减少政府出手救助的概率。四是对金融衍生产品的清算机制进行改革,在金融交易主协议框架中加入暂停机制,明确在交易双方一方被宣布进入处置程序的一定时间内,对方不得提前终止合约或要求追加保证金和押品。五是要求各金融机构提前制订恢复与处置方案计划,定期进行可处置评估,组建危机管理小组,加强跨国界政策协调等。

③ 单一处置机制条例基本框架

2013年和2014年,欧盟先后通过了《单一处置机制基本框架》《银行业恢复与处置指令》《银行业单一处置机制法案》,并修订了《存款担保计划指令》,明确建立有效处置机制的制度安排。一是成立单一处置委员会,统一处置所有由欧洲中央银行直接监管的银行以及欧洲银行业联盟成员国境内成立的跨国银行。二是成立单一处置基金,由欧洲银行业联盟各成员国共同出资设立,主要用于支持单一处置委员会的处置。三是允许被处置机构部分债权转为股权,完善处置工具和手段。

(2) 国内风险处置政策

① 我国风险处置机制基本框架

近年来,我国形成了以《中华人民共和国中国人民银行法》《中华人民共和国商业银行法》《中华人民共和国证券法》《中华人民共和国保险法》为基础,以《金融机构撤销条例》《证券公司风险处置条例》等为辅的多层次金融法律体系,对接管、撤销、破产等部分处置措施进行了框架性规范,但缺乏具体接管程序的规定,且对危机金融机构的资产负债可行使的处置权和可采取的处置措施在具体操作层面的规定有待进一步完善。

② 风险处置计划

2021年,我国发布《系统重要性银行附加监管规定(试行)》《银行保险机构恢复和处置计划实施暂行办法》等制度,建立了金融机构风险处置的早期应急措施,明确规定金融机构需定期制订与实施处置计划。处置计划包括但不限于实施方案、沟通策略、对本地和宏观经济金融的影响等,其中风险处置计划需报监管机构审核,并需定期或不定期进行更新。

③ 金融稳定法

2022 年,我国就《中华人民共和国金融稳定法(草案征求意见稿)》公开征求意见。该征求意见稿对构建金融机构风险处置机制、防范系统性金融风险作出全面部署。一是明确各相关方包括被处置金融机构、金融监管机构、地方政府以及保障基金的职责。二是细化监管部门早期纠正和监管的权利,在监管指标异常波动等风险暴露早期,可采取系列限制业务开展、限制分配薪酬、责令出售资产等措施。三是明确处置资金来源以及使用顺序,可采取市场化并购重组、使用金融稳定保障基金等措施。但上述法规尚未落地。

由于目前仍缺乏统一的法律法规,我国现有风险处置资源工具较为有限,处置资金来源及使用顺序不明确,市场化法治化处置手段有待完善,对于转让资产和负债、设立过桥金融机构和特殊目的载体、强制实施股权或债权减记、暂停合格金融交易项下提前终止合约的权利等重要处置工具的法律和制度规定尚不明确。而上述处置工具是在危机中迅速、强力、有序开展处置的关键保障,执行依据不明确将大幅影响处置计划实施的效率和效力。

3.2 案例分析

3.2.1 瑞士信贷风险分析

瑞士信贷银行(简称"瑞士信贷"),作为瑞士第二大银行,是金融稳定委员会认定的全球系统重要性金融机构(G-SIFIs)。2023 年 3 月 14 日,瑞士信贷在年报中披露其 2022 财年和 2021 财年的财务报告在内控方面存在"重大缺陷",审计机构对瑞士信贷的内控有效性给出"否定意见"。根据其 2022 年年报,瑞士信贷全年净亏损 73 亿瑞士法郎(简称"瑞郎"),并在第四季度出现大量存款流出。2022 年 3 月 15 日,瑞士信贷最大的股东沙特国家银行表示,不对瑞士信贷进行追加投资,原因是合规限制。当日,瑞士信贷股价暴跌 22%,其信用违约互换(Credit Default Swap,CDS)价格回升至 2008 年金融危机期间水平。

(1) 危机爆发原因分析

① "重资产、高风险"的业务战略

瑞士信贷业务集中度较高,投资银行业务贡献度接近 50%,投资银行业务主要包括交易及衍生产品业务,涉及固定收益类、货币商品投资、股票投资等多个领域。2021—2022 年,瑞士信贷出现多次暴雷事件:瑞士信贷因为美国 Archegos 基金提供杠杆融资,在 Archegos 基金投资失败被强制平仓、基金宣告倒闭后,损失 40 多亿美元;瑞士信贷管理的 4 只供应链金融基金为 Greensill 这家供应链金融公司提供应收款支持票据,在 Greensill 流动性风险爆发、破产后,瑞士信贷亏损近 100 亿美元。同时,由于主要经济进入加息周期,叠加地缘政治风险凸显,2022 年以来,瑞士信贷投资银行业务收入大幅下滑,降幅达55%。

② 法律合规系列风险事件频发

由于频发系列法律合规风险事件,瑞士信贷承担了巨额诉讼和罚没费用。其法律合规风险事件主要涉及协助客户逃税、帮助客户洗钱、商业贿赂。举例来说,瑞士信贷2014年由于涉嫌帮助美国人逃税,向美国支付26亿美元。2012年,瑞士信贷被美国指控抵押贷款债券存在欺诈行为,最终在2016年被判罚款53亿美元,相当于当年收入的24%。瑞士信贷2022年一季度的诉讼费用也高达当季营收的15%。这些违法行为也对瑞士信贷造成了重大声誉风险。

③ 经营困境与声誉风险叠加引发流动性危机

2022年,瑞士信贷的负债由7 788亿美元收缩至5 116亿美元,其中存款减少1 773亿美元,占总负债减少总额的70%左右。在瑞士信贷宣布其财务报表存在重大缺陷后,叠加硅谷银行等危机事件的爆发,市场恐慌情绪进一步蔓延,大量现金存款被支取,到期定期存款也不再续存,最终引发流动性危机。

(2) 自救阶段

风险爆发之前,瑞士信贷采取了一系列自救措施,包括业务转型、降低成本和新增融资,以及发行债券、央行流动性支持等,以期解决资金短缺的流动性问题,恢复持续运营能力。

表1 瑞士信贷自救措施

自救措施	措施内容
经营转型	2021年以来,瑞士信贷缩减投资银行业务,将重心转向商业银行与财富管理业务
压缩经营成本	2022年11月,瑞士信贷公布集团战略及架构重组计划,包括精简人员、机构以降低经营成本等。子公司瑞士信贷国际拟利用债券价格低迷的机会,以不超过30亿瑞郎回购部分优先债券,进而降低利息支出
补充资本	2022年底前,瑞士信贷通过配股和配售增加资本约40亿瑞郎,其中包括沙特国家银行收购9.88%股份的14亿瑞郎
债券发行	2023年,瑞士信贷发行债券4只,募集资金50多亿美元
稳定市场信心	2023年3月15日,瑞士国家银行和瑞士金融市场监督管理局就市场不确定性发表联合声明,指出瑞士信贷作为全球系统重要性银行,满足比更高的资本和流动性要求,能够吸收重大危机和冲击的负面影响。如有必要,瑞士国家银行将向瑞士信贷提供流动性支持。瑞士金融市场监督管理局和瑞士国家银行正在密切关注事态发展,并与瑞士财政部保持密切联系,以维护金融稳定
央行流动性支持	2023年3月16日,瑞士信贷宣布拟通过担保贷款工具和短期流动性工具的方式,向瑞士央行借款500亿瑞郎

数据来源:根据瑞士金融市场监管局、瑞士信贷等公布的信息以及相关新闻研究报告整理。

(3) 行政力量主导的处置阶段

尽管瑞士信贷积极进行自救并寻求政府和央行救助,但市场信心难以恢复。多重压力下,瑞士政府迅速介入并宣布瑞士信贷进入处置阶段,瑞士政府、瑞士央行和瑞士金融市场监督管理局合力推进瑞银集团收购瑞士信贷。2023年3月19日,瑞银集团宣布同意以30亿瑞郎的价格收购瑞士信贷。为保证收购成功,瑞士政府和监管部门采取多项有力措施。一是修改法律,允许交易双方绕过股东表决,即股东不能在董事会通过后对收购价格提出质疑。二是提供流动性支持和损失担保,瑞士央行向瑞银集团提供1000亿瑞郎流动性援助贷款,瑞士政府为瑞银集团提供90亿瑞郎损失担保。三是减记额外一级资本债券,瑞士信贷160亿瑞郎的一级资本债券减记为零。

表2 瑞士信贷风险处置条款

处置条款	主要内容
交易对价	每股瑞士银行股票换取22.48股瑞士信贷股票,折合每股0.76瑞郎,总价30亿瑞郎
批准程序	1. 不需获得股东批准;2. 本次交易得到瑞士政府及金融管理部门的支持;3. 需要瑞士以外司法管辖区的监管机构的批准;4. 瑞士政府及相关监管机构之间应加强协作
管理层	瑞士银行董事长为合并后的集团董事长,瑞士银行首席执行官(Chief Executive Officer, CEO)出任合并后的集团CEO
损失保护	瑞士政府为瑞银集团提供90亿瑞郎损失担保,瑞银集团承担瑞士信贷不超过50亿瑞郎的损失
资本工具安排	瑞士金融市场监督管理局公告160亿瑞郎的瑞士信贷一级资本债券全部减记为0
流动性	瑞士央行向瑞银集团提供1000亿瑞郎流动性援助贷款,并由瑞士政府担保

资料来源:根据瑞士金融市场监管局、瑞士信贷、瑞银集团等公布的信息及相关新闻研究报告整理。

(4) 全球流动性救市阶段

2023年3月19日,美联储联合五大央行(加拿大央行、英国央行、日本央行、欧洲央行和瑞士央行)发布联合声明,宣布向全球市场提供更多流动性支持,通过常设美元流动性互换额度安排,即他国央行可以本币为抵押获取美元流动性,在约定的未来时间以同样汇率换回,并支付一定利息,以缓解近期金融业危机。

3.2.2 我国金融机构风险处置的实践经验

一是1990—2000年,中、农、工、建大型商业银行资本金严重不足,在财政部的主导下,通过剥离不良资产、注入外汇储备、发行上市等方式推进改革,资本充足水平得到恢复。二是1998年,中国人民银行决定关闭海南发展银行并成立清算小组,停止一切经营活动。三是在2018年启动的风险防范攻坚战过程中,采取"收购承接+破产清算"处置方案实现包商银行有序退出,对恒丰银行、锦州银行等采取战略重组的方式进行处置。从实践经验可以看出,我国金融机构风险处置的方式和路径逐步多样化,但市场化处置起步较晚,处置方案以"一事一议"为主。

3.3 案例启示

从瑞士信贷危机风险处置过程中的政策措施来看,瑞士监管当局风险处置迅速有力,其核心原因在于欧美国家已经具备完善的金融稳定制度架构和丰富的风险处置实践经验。为抑制系统性金融风险发生,瑞士政府采取修改法律豁免股东知情同意权、实施160亿瑞郎AT1债券减记等强制性措施推进处置,从而满足风险处置应急性需要,维护了本国和国际金融市场的稳定。

结合我国金融业实际情况,对我国金融机构风险处置政策的机制建设,提出以下建议。

一是推进金融稳定立法和制度建设进程。推动《中华人民共和国金融稳定法》等征求意见稿和修订案尽快落地实施,同时尽快出台配套制度及监管指引,为处置措施的实施提供法律依据和政策支撑;健全协调统一的金融稳定工作机制,明确界定金融机构、监管机构、政府部门等在金融机构风险处置过程中的职责分工,建立跨部门协调机制,确保风险处置过程中的报告路径和决策机制清晰,做到风险处置既规范又应急;明确关键处置工具的执行依据,保障风险处置有序开展,在法律层面明确当危机事件发生时,处置机构有权对被处置金融机构股东的股权、债权实施减记,对无担保债权人实施债转股;明确处置机构有权允许临时性的信息豁免披露和被处置金融机构的延期披露,以适应维护金融市场稳定、处置有序的需要;明确处置机构可以促成第三方机构或设立跨桥金融机构、特殊目的载体等承接被处置金融机构的部分或全部业务、资产和负债;明确处置机构在金融风险处置中有暂停合格金融交易项下提前终止合约的权力等。

二是推动建立早期纠正机制。进一步强化在风险暴露的早期纠正工作机制,建立健全金融风险早识别、早预警、早发现、早处置工作机制,探索建立金融机构风险预警体系,丰富完善早期纠正和化险措施工具箱,加强对国内外经济金融形势的科学研判,建立健全金融管理部门与金融市场的常态化沟通机制,丰富预期管理工具,引导微观主体合理审慎决策,持续增强早期纠正的强制执行力和限期执行的硬约束力,有效防范系统性金融风险。

三是强化"自救为本"的金融机构风险处置原则。以"先自救纾困、后外部救助"为原则开展处置,处置机构应推动危机金融机构以自有资金或资产变现,积极推进处置股东股权(如以股抵债、核销股权、缩股等)、减记或转股资本工具、实施债转股、推动原股东注资、引入战略投资资金、资产重组等工作。在自救阶段,明确安排资本和流动性紧急援助,及时恢复市场信心,避免引发市场恐慌情绪传染和危机的非线性恶化,审慎使用公共资金进行救助,有效防范道德风险;做好金融市场的沟通和预期引导工作,建立健全常态化的金融管理部门和金融市场沟通机制,丰富预期管理工具。

四是丰富金融机构风险处置的资源工具。在风险处置中明确经费来源和运用机制,减少对公共资金的依赖。在外部救助上构建存款保险基金、行业保障基金、地方政府资金、金融稳定保障基金以及中央资金等统筹有序使用的多层次处置资金保障机制。

课程思政点

理解信用的重要性。瑞士信贷内部合规风险事件频发导致经营窘况,外部金融市场动荡加速了危机演进,瑞士央行的流动性支持仍未能解除信用危机,股价一路下跌。

未雨绸缪。金融机构在经营过程中,应对潜在风险进行充分分析,避免出现"重资产、高风险"的业务战略和业务过度集中的现象,在风险出现前应有完善的战略及业务调整的措施,同时完善机构风险处置措施。

取长补短,且应避免拿来主义,结合我国金融业实际情况,完善我国金融机构风险处置机制的建设。

参考文献

[1] 黄建生,田甜.金融风险处置核心原则的借鉴与启示[J].中国金融,2023(2):29-32.
[2] 李关政,王子奇,魏蒙.瑞士信贷是如何走向衰亡的?[J].中国银行业,2023(5):72-75.
[3] 王中.危机银行恢复和处置机制建设:基于对近期欧美银行风险事件的分析[J].金融市场研究,2023(11):7-16.

第四篇 公司金融

案例1 绍兴百大高级管理人员持股案例

1.1 案例概述

绍兴百大(于1999年8月16日更名为"浙江创业",以下仍称"绍兴百大")主营商业零售业,同时也从事宾馆酒店业务。此外,公司还拥有三家经营性实体:绍兴百大房地产有限责任公司、绍兴市人民针纺厂、杭州兆兴商贸公司。1999年6月,绍兴百大发布公告称,公司的高级管理人员(简称"高管")已于近日陆续从二级市场上购入该公司的社会公众股,平均每股购入价格为10.40元左右。公告还显示,购入股份最多的是该公司总经理王学超,其持股数量达28 600股,而购入股份最少的高级管理人员也有19 000股。按照有关规定,上述人员只有在离职6个月后,才可将所购入的股份抛出。

资料显示,绍兴百大自1994年3月上市以来已经两度易主,股权几经变更。1998年11月,该公司第二大股东宁波嘉源实业发展有限公司(简称"嘉源公司")通过受让原第一大股东的股权,成为绍兴百大的第一大股东。嘉源公司承诺所持股份在三年内不转让。嘉源公司入主绍兴百大之后,经过半年多的清产核资,绍兴百大的不良资产基本上得到剥离,留下的都是比较扎实的优质资产。在此基础上,1999年6月3日,公司董事会提出,公司的总经理、副总经理、财务负责人和董事会秘书等在6个月之内,必须持有一定数量的公司发行在外的社会公众股,并且如果在规定的期限内,高级管理人员没有完成上述持股要求,公司董事会将解除对其的聘任。

据绍兴百大总经理王学超介绍,此次高级管理人员持股,可以说是公司董事会的一种强制行为,目的是增强高级管理人员对公司发展的使命感和责任感,让他们也来投资自己所管理的公司。公司取得好的发展,他们的资产就会增值。公司发展不好,也会直接影响他们的切身利益。把公司高级管理人员的个人利益与公司利益紧密结合起来,有利于企业的快速健康发展。

1.2 案例分析

1.2.1 从契约理论角度分析

报酬契约是指所有权与经营权两权分离的情况下,所有者为激励管理者为股东价值最大化尽最大努力而与经营者签订的以规范管理者报酬为主要内容的契约。现行的管理者报酬多是以根据公开的财务报表提供的数据计算的净利润或企业的市场价值来衡量公司的业绩,管理者只需调节账面盈余影响业绩评定,从而决定管理者的报酬。

绍兴百大推行的高管持股的股权激励方案,使得所有者与管理者两者间的契约模式由报酬契约转换成股权契约,管理者的收入不再单单就薪酬决定了,公司股值的浮动也影响管理者的实际收入和报酬。因此,管理者就不得不将自身利益和公司以及股东的利益相结合,实现两者共同利益最大化。

1.2.2 从激励—约束机制角度分析

绍兴百大推行的高管持股的股权激励方案,使得高级管理人员拥有企业的部分股权。用股权这个纽带将高级管理人员的利益与企业的利益和所有者的利益紧紧地绑在一起,能够使其积极、自觉地按照实现企业既定目标的要求,为了实现企业利益和股东利益的最大化努力工作,释放出其人力资本的潜在价值,并最大限度地降低监督成本。同时,这也使得高级管理者与所有者形成"一荣俱荣、一损俱损"的利益共同体。如果高级管理人员因不努力工作或其他原因导致企业利益受损,比如出现亏损,则经营者会同其他股东一样分担企业的损失。因此,案例中的股权激励方案对高级管理人员起到了激励和约束的双重作用。

1.2.3 从团队生产协作角度分析

作为理性经济人,在缺乏监督和激励的情况下,团队成员倾向消费更多的闲暇来代替工作的努力,也就是我们俗称的偷懒。因此,所有者不得不在监督与激励上花掉不少的成本,但是往往事倍功半,因为只要团队人员认为偷懒的机会成本小于偷懒者消费闲暇的边际效应,就很难消除团队成员的道德风险问题。绍兴百大推行的高管持股的股权激励方案,使企业与高级管理人员的利益建立更为紧密的联系,激励管理者实现考核目标,有利于提升公司业绩。高管持股也是稳定管理者团队的一个措施。将高管拥有的股权与企业的发展建立长期关系,有助于企业长远发展。此外,高管持股也表明管理人员对公司未来发展的信心,表明管理层对公司投资价值的认同程度。

1.2.4 从委托—代理理论角度分析

现代企业理论认为,企业是股东、管理者、债权人、供应商、员工、政府、社会公众等利益相关者参与的一系列契约的联结,所有者与管理者之间存在着委托代理关系。委托人和代理人作为理性经济人,必然都是自身效用最大化的追求者。股东追求经济利益最大化,而经营管理者也追求经济利益最大化,如更高的工资、更多的闲暇、更好的工作环境、更高的职位等。由于管理者不是企业的所有者,他们增加努力时将承担努力的全部成本,却只能获得由他们的追加努力所创造的部分收入增量。这就使得他们之间必然存在利益冲突,管理者必然存有机会主义,一有机会便侵害其他利益相关者的利益,以使自己受益。

绍兴百大推行的高管持股的股权激励方案缓和了这个冲突。高级管理人员持有公司一定的股票,其角色有了一定的转换,即由单独的企业管理者即代理人的身份向代理人和委托人的双重身份转变。这样就使得企业经营管理层的自身利益同公司的长期利益和股东利益相统一,以确保公司长期稳定的发展。

1.2.5 从财务管理与企业管理目标角度分析

财务管理是企业管理的一部分。企业管理具有全局性,是价值与使用价值的管理。财务管理具有局部性,侧重于资金运动即价值方面的管理。企业的管理目标是企业价值的最大化,而财务管理的目标是实现利润最大化。企业价值最大化是企业所有者追求的,而利润最大化则是管理者业绩的浮标,同时也关系到管理者的"腰包"。要使企业价值最大化,就一定有着三部曲,即生存、获利、发展。但对发展有着重要支撑作用的改善劳动条件、繁荣市场以及提高产品质量等的一系列举措对企业的利润有着很大的影响。于是,财务管理方向与企业目标方向就存在矛盾和冲突。

绍兴百大推行的高管持股的股权激励方案,增强了高级管理人员对公司发展的使命感和责任感,让其也来投资自己所管理的公司。公司做好了,其资产也会增值,公司做不好,也就直接影响其切身利益。把高管的个人利益与公司的利益紧密结合起来,有利于企业的快速健康发展。这样就解决了财务管理方向与企业目标方向存在矛盾和冲突的问题。

1.3 案例启示

1.3.1 高级管理人员持股的利弊

(1) 公司高级管理人员持股的利处

经营者持股激励机制的推出对公司财务管理起到积极的作用,主要体现在:

第一,将经营者的报酬与公司的长期利益"捆绑"在一起,实现了经营者与资产所有者利益的高度一致性,并使二者的利益紧密联系起来。通过赋予经营者参与企业剩余收益的索取权,把对经营者的外部激励与约束变成自我激励与自我约束。经营者要实现个人利益最大化,就必须努力经营。选择有利于企业长期发展的战略,可以使公司的股价在市场上持续看涨,从而达到"双赢"的目标,进而实现股东财富最大化这个财务管理目标。

第二,可以更好地保护中小股东的利益。管理层持有本公司的股份一般都只有万余股,占公司总股本的一个很小比例。由于管理层本身就是小股东,考虑事情和作出决策时必定会照顾到中小股东的利益。这样,公司也会更加容易赢得他们的支持。

第三,公司强制要求高级管理人员从市场上购买公司的股票,并在任期内锁定,通过股票将管理层的利益与公司的发展捆绑在一起。由于股票在任期内锁定,只有在离职半年后才能抛出,这样可以有效地减少管理层的短期行为。但高级管理人员持股也有一些消极方面,如当经营者持股比例上升到相当程度时,经营者侵犯所有者资产的可能性很大,由此而产生的问题是经营者可能对公司拥有实质上的控制权。

因此,公司高级管理人员持股对公司管理目标的影响是深远而巨大的。

(2) 公司高级管理人员持股的弊端

这种做法的目的是更有效地激励和约束高级管理人员,但也存在一些问题。二级市场收购价格一般比较高,高级管理人员持股成本较高。且高级管理人员所持股份不能流动,会造成高级管理人员冻结大量资金,这对于高级管理人员来说,也有失公平。

此外,由于公司高级管理人员手中持有公司大量股票,他们资产的多少很大程度上就取决于股票的价格。这样一来,他们就有可能尽力提升公司股票价值,然后大量套现,欺骗投资者,损及投资者的利益。

不管怎样,对于部分上市公司的创新做法,应该予以肯定。上市公司作为我国建立现代企业制度的先行者,在对企业家的激励机制方面应该起到积极探索和示范的作用。建立有效的长期激励机制,把高级管理人员的利益和公司的利益紧密地结合起来,将是一个必然的选择。

1.3.2　高级管理人员持股的注意事项

有效的激励机制能够极大地激发员工的潜能,调动员工的工作热情,为企业创造出更多的财富。激励是一项科学含量很高的复杂工作,企业要结合本企业的实际,建立科学合理的激励机制,运用有效的激励方法,提高员工的士气和忠诚度。

(1) 实施股权激励一定要注意对象与环境

股权激励尽管有效,但它绝不是万能的。股权激励有它自己的适用范围和适用对象,如果用错了,不仅收不到预期的效果,还可能产生相反的作用。

(2) 实施股权激励一定要与目标管理和绩效考核紧密结合

股权激励制度和实施方法一定要结合企业的目标达成情况以及激励对象本人、本部门的业绩指标完成情况与考核办法来制订和兑现。否则,再好的激励手段也不会产生令人满意的激励效果。同时,需注意股权激励一定要与其他激励手段合理配合使用。

(3) 实施股权激励要注意稳定性与灵活性有机结合

激励制度一旦颁布就要不折不扣地实施并坚持下去,否则企业将失去员工的信任。针对不同的激励对象,在不同的环境中,所使用的激励工具和激励方法的组合应该有所不同,所采取的每一个激励措施对于所要激励的对象而言都应是实用的、恰当的、高效的。

(4) 实施股权激励要注意在激励方式和方法上创新

任何股权激励工具都是人们在管理实践中创造和总结出来的,每一个激励工具都有其自身的适应性和适用条件,并不存在一个百分之百成熟、完善的股权激励方法,所以在借鉴别人的股权激励方法时，一定要进行改进、创新。

课程思政点

　　热爱工作岗位。各工作岗位都可能面临利益冲突。作为职业经理人，个人利益与公司利益在某些时候是相冲突的。应培养学生崇高的职业理想和高尚的职业道德。

　　用辩证的思维分析问题。股权激励既存在有利的方面，同时存在一定的弊端，而在实际实施中应注意如何发挥优势、减少弊端。

参考文献

[1] 余万芳,王琼.绍兴百大："绍兴板块"第一股[N].绍兴日报,2008-06-14(2).
[2] 王涛,梁静.激励机制的理性选择：绍兴百大经理人员持股方案浅析[J].时代财会,2003(4)：33-35.
[3] 马宪.管理层股权激励与企业价值[J].活力,2024(13)：169-171.
[4] 洪子祎.上市公司股权激励和员工持股计划激励效应的比较研究[D].镇江：江苏科技大学,2023.

案例 2　基于筹资决策的产融互动经营模式
——以滴滴出行为例

2.1　案例概述

滴滴出行(简称"滴滴")凭借其突破传统的商业模式和驱动创新的优势,成为共享经济领域的领军企业。通过股权融资、债务融资和资本市场融资等多种融资方式,滴滴出行获得了充足的资金支持,实现了快速发展。同时,滴滴出行通过共享经济模式、互联网技术的应用和多元化的服务,满足了用户的出行需求,并通过技术创新、资金实力和品牌影响力驱动行业的创新和发展。滴滴出行的成功经验为其他融资企业贷款提供了有益的借鉴和参考。

2012—2021年,滴滴一共进行了23轮融资,融资金额高达上千亿,阿里巴巴、腾讯、软银、红杉、高瓴等都成为滴滴的投资方。在强大的资本加持下,滴滴通过发放红包、高额补贴、广告推广等方式"攻城略地",迅速抢占市场。2015年,滴滴与竞争对手快的打车合并,2016年收购优步(Uber)中国,自此,滴滴成为网约车出行领域的行业巨无霸。近年来,随着互联网的快速发展,共享经济模式逐渐兴起。作为共享经济的典型代表,滴滴出行凭借其创新的商业模式和强大的资金支持迅速崛起,并在出行领域取得了巨大成功。滴滴的融资可以分为三个阶段:2012—2014年为早期发展阶段;2015—2016年为网约车大战阶段;2016—2021年为首次公开募股(Initial Public Offering,IPO)前阶段。

表1　滴滴出行历年融资情况

披露日期	交易金额	融资轮次	投资方
2012年7月1日	70万元人民币	天使轮	阿里系投资人王刚
2012年12月1日	300万美元	A轮	金沙江创投
2013年4月1日	1 500万美元	B轮	经纬中国
			腾讯
2014年1月1日	1亿美元	C轮	H Capital
			华兴新经济基金
2014年1月1日	1亿美元	C轮	CPE源峰
			腾讯
2014年12月9日	7亿美元	D轮	纪源资本
			腾讯

续表

披露日期	交易金额	融资轮次	投资方
2014年12月9日	7亿美元	D轮	DST Global
			淡马锡
2015年1月1日	未披露	D+轮	高瓴资本
			红杉中国
			国新科创基金
			正心谷资本
			阿米巴资本
2015年5月27日	1.42亿美元	E轮	新浪微博基金
2015年7月8日	30亿美元	F轮	Coatue Management
			淡马锡
			腾讯
			阿里巴巴
			中投公司
			平安创投
2016年2月25日	10亿美元	战略融资	中信资本
			民航股权投资基金
			赛领资本
			鼎晖投资
			春华投资
			中金甲子
			中投公司
			北汽产业投资基金
2016年6月16日	20亿元人民币	债权融资	中国人寿
	45亿美元	G轮	软银中国资本
			招银股权投资
			阿里巴巴
			腾讯
			蚂蚁金服
			中国人寿
			Apple
			加华资本

续表

披露日期	交易金额	融资轮次	投资方
2016年6月22日	4亿美元	战略融资	保利资本
2016年7月27日	2亿元人民币	战略融资	国机汽车
2016年8月16日	未披露	战略融资	中邮资本
2016年9月9日	1.199亿美元	战略融资	富士康
2016年12月31日	数千万美元	战略融资	律格资本
2017年4月28日	55亿美元	战略融资	银湖资本
			中俄投资基金
			高达投资
			招银股权投资
			交通银行
			软银中国资本
2017年12月21日	40亿美元	战略融资	SoftBank Capital
			Mubadala
2018年4月5日	2.648亿美元	战略融资	Mirae Asset
2018年5月10日	未披露	股权转让	软银愿景基金
2018年7月17日	5亿美元	战略融资	Booking Holdings
2019年7月25日	6亿美元	战略融资	丰田汽车
2021年4月10日	15亿美元	债权融资	高盛中国
			JPMorgan Chase & Co
			汇丰银行
			Morgan Stanley
			Citigroup
			Barclays Bank

2.2 案例分析

2.2.1 产融互动概述

(1) 产融互动的含义

产融互动是指产业资本与金融资本在经济运行中的相互合作模式,其通过参股、持股、控股和人事参与等方式实现两者的内在结合或融合。这种互动旨在实现和提高共同的发展目标和整体效益,通过股权融合和业务合作等各种形式,实现产业资本与金融资本的结合。产融互动的特点包括渗透性、互补性、组合优化性、高效性和双向选择性,旨在通过相互需求、相互利用、共谋发展、合作共赢,产生协同效应,实现"1+1>2"的效果。企业通过涉足产业与金融领域来实现产融互动,最大限度地提升企业价值。

(2) 产融互动的主要特征

双方各有所需,一方需求的正是对方拥有的,这种结合能产生协同效应。双方的结合是在相互沟通的基础上被双方认可的。结合后,原有管理层格局没有显著变化,各自原有业务没有发生急剧变化,彼此保持相对独立。

(3) 产融互动模式

产融互动的模式可以分为"由产到融"和"由融到产"两种路径。前者是产业资本旗下把部分资本由产业转到金融机构,形成强大的金融核心;后者是金融资本有意识地控制产业资本去获取回报,而不是纯粹的入股。这种互动不仅有助于提升企业价值,还能促进实业和金融的协调发展,提升企业风险管理水平,更好地传导宏观调控政策,以及促进创新创业。

2.2.2 滴滴的产融互动模式

作为中国网约车市场的主导者,滴滴出行深度结合产业资源与资本能力,高举高打,一度占据了90%左右的市场份额,成为大多数国民打车出行的首选,可谓是"风靡一时"。

(1) 股权融资助力抢占市场

2012年,滴滴什么都没有,就一份PPT。作为当时天使投资人的王刚,分两次投了70万元,是见证滴滴成长最早的一批人。此时,滴滴没有经营性现金流,没有债权型现金流,只有股权型现金流。

2013年和2014年,滴滴进行了4轮融资,每一轮融资都只有一个战略目标——与快的打车抢用户。手握充足弹药,滴滴快速占领打车市场。2013年,滴滴打车占市场份额59.4%,超过其他打车软件市场份额之和。2014年3月,滴滴的用户数已经超过1亿,日均订单量达521万,是当时中国移动互联网日均订单量最大的平台。

(2) 多元化融资促成合并竞争对手

2014年3月12日,优步在上海召开发布会,宣布正式进入中国大陆市场。于是,一场"烧钱大战"也拉开了帷幕。2014年12月,滴滴完成D轮共7亿美元的融资,创下全球级市场的融资纪录。2015年,滴滴与快的宣布完成合并,同时滴滴完成F轮共30亿美元融资,并且开始全面对标优步展开激烈竞争。从2015年到2016年8月前,滴滴融资了8轮,一路融到了G轮,仅2016年就融了7次,其中还包括战略融资和债权融资。

2016年6月,滴滴宣布完成了新一轮45亿美元的股权融资,投资机构包括苹果公司、阿里巴巴、招商银行、软银集团等。同时,滴滴向中国人寿发售了超过3亿美元的长期债权,完成10亿美元的滴滴供应链资产证券化,对应收账款和司机的消费金融进行了证券化。

最终在2016年8月,这场烧钱大战以滴滴收购优步中国而告终。优步将中国业务品牌、数据等卖给了滴滴,通过与滴滴换股成为滴滴的股东,并退出了中国市场。完成交叉持股后,滴滴完成了对中国专车市场的整合,占据了93%的市场份额,当时滴滴的估值达到350亿美元。

对于滴滴这样的互联网公司来说,股东的重要性不言而喻,这也成为其最终顺利并购优步中国的重要因素。在2014—2016年,各种国资股东也给了滴滴巨大的支持。

(3) 资本市场助力提升企业价值

从2016年8月至2021年,滴滴又融资了近10次。滴滴招股书显示,其2020年总收入约合216亿美元,亏损约16亿美元。2020年7月,滴滴的估值已经达到80亿美元,累计融资规模超过200亿美元。到了2021年第一季度,滴滴已扭亏为盈,盈利约合8.4亿美元。

2.2.3　滴滴产融互动模式成功的原因

传统的产品经营型现金流循环,是先把业务经营做好,再通过债务模式进一步扩大规模,最后完成上市的资本化,实现股权价值的放大。

而资本经营型现金流循环是基于未来的机会推动融资,完成业务布局与跑马圈地。当企业达到一定规模,企业又可以具备杠杆能力以及撬动更大的借贷,接着布局整个产业与产品或服务价值创造,从而获得新的经营性现金流,也就是用这些融来和借来的资金,进一步推动经营性现金流循环,这是一个"水多加面、面多加水"的正向循环过程,即以业务经营为牵引、以资本经营为助力。

滴滴到底是如何从一个融资举步维艰的创业公司,逐步扭转局面,持续推动资本运作并且拿到巨量资金的呢? 这与滴滴背后的一个管理者有关,那就是滴滴的联席首席执行官(Chief Executive Officer,CEO)柳青。柳青是联想集团创始人柳传志的女儿,本科毕业于北京大学计算机系,硕士毕业于哈佛大学,毕业之后任职高盛,一开始从事投资银行业务。在做了3年投资银行业务后,柳青去了高盛的股权投资部门做买方业务。5年之后,她成为高盛历史上最年轻的董事总经理。

2014年下半年,柳青结束了自己12年的高盛工作生涯,加入滴滴。她主要负责三个板块,一是公共关系,二是政府关系,三是投资者关系以及专车板块。

柳青进入滴滴之后,在一周之内约见了当时全球所有对出行领域投资感兴趣的投资机构负责人。在不到1个月的时间里,创纪录地完成了滴滴7亿美元的融资。6个月后,柳青成为滴滴的联席CEO,推动了滴滴和快的打车的合并,促进滴滴完成与优步中国的交叉持股,引入了苹果公司作为滴滴的战略投资者。

在柳青加入滴滴之前,滴滴的累计融资额是1亿美元。而在柳青加入滴滴之后,滴滴的累计融资数额超过200亿美元。也就是说,她加入滴滴之后促成的融资额超过了整个公司融资额的99%。由此,滴滴由一个互联网创业公司,转变为国际化的高科技互联网巨头。

2.3 案例启示

从滴滴发家的案例中,我们看到资本市场对企业的发展起到了决定性作用,启示如下。

2.3.1 产融互动的资本经营

产融互动的资本经营指企业在长周期中围绕资本波动进行相应的资本能力建设,进而发育出一套能够围绕并匹配企业经营管理的资本运作体系,建立一套基于资本的顶层设计,在不同的阶段匹配不同的资本经营动作。其核心逻辑在于产业和资本两者相生互动、互成循环。创业者从一开始就要思考产业格局。要想把产业做大,必须利用好资本市场,也就是得弄清楚融资规模、融资时间点以及融资方式;要想把资本规模做大,必须实现产业反哺,为产业提供产品市场和利润,从而可以从资本市场(借贷筹资与股权筹资)获得更大的资金与市值。投资滴滴的俄罗斯私募股权机构数码天空科技(Digital Sky Technologies,DST)的创始人尤里·米尔纳(Yuri Milner)对滴滴提出了三点建议:一是要尽快发展壮大,与优步竞争;二是要合并快的打车;三是如果能够成功合并快的打车,DST 就愿意再次投资 10 亿美元。综上所述,从滴滴打败优步、e 代驾等竞争对手可以看出,资本就是产业竞争中的生力军,能够改变整个竞争形式。谁能够获得资本的支持,谁就能在竞争中占据阶段性优势。

2.3.2 拥有极强资本操盘能力的人才

看到机会,把握机会,实现机会,是三个不同的能力。把握机会要求整个管理团队具备非常成熟的驾驭机会的能力、极强的思维能力,以及对产业和生意操盘的手感和经验。这些管理团队成员可以被称为"新一代企业经营者",他们可能是企业家、创业者、合伙人、高管,他们直接面对市场竞争压力,承担企业责任。相较于上一代创业者和高管,他们具备更系统的企业操盘能力、更专业化的经营认识、更立体的产业理解、更系统的资本运作经验、更强大的资源整合能力。他们深谙产业逻辑,了解组织规律,熟悉资本市场,具备战略思维。在当前经济环境下,创业难度较以往更大。进入创业 2.0 时代,已经很难看到几个大学生在毕业之后合伙创业成功的例子,或一个白手起家的创业者仅靠一个点子就平步青云,"草莽时代"已经过去了。但对于有极强资本操盘能力的经营者来说,他们的时代即将来临,他们的特色主要表现为具备极强的思考能力与战略落地能力。

课程思政点

在借鉴成熟市场发展经验并结合本国特色和具体实践的基础上,中国的资本市场发展方向和脉络已渐清晰,即在完善监管的前提下更加尊重市场在优化资源配置中的作用,更多地支持实体经济和促进产业结构转型升级,更好地服务于国家整体战略。所以,现在的任何企业想发展,就要会利用、使用和运用好产业与资本这两个市场,做到"产融互动、良性循环"。

现代企业看好前方的路后,仍然需要埋头做好企业在产业超体空间里的多维协同与发展,夯实基础。只有这样,才能拥有运用金融与资本手段的前提,否则,再好的金融市场与资本也帮不上任何忙。反之,在做好做强当前产业的基础之上,选择好而适用的战略,用好惬当的创新模式,运用好合适的金融手段,又可引发新一轮的企业高速增长。产与融之间不断互动,齐头并进,企业强力才能持久。

参考文献

[1] 何宇.产融结合以融助产[N].中国交通报,2024-07-11(8).
[2] 韩璐.产融结合背景下"商业银行+保险+期货"发展新策略[J].现代商业银行,2024(5):42-44.
[3] 高望.滴滴出行财务风险防范研究[D].兰州:兰州财经大学,2023.
[4] 王昱力.股权结构优化视角下滴滴出行回归路径研究[D].长沙:湖南大学,2022.
[5] 杨慧琳,张德红.企业并购风险防范研究:以滴滴出行并购优步中国为例[J].北方经贸,2021(6):128-130.
[6] 杨新利.浅析我国共享经济服务业的融资模式、商业模式发展现状:以"滴滴出行"为例[J].江苏商论,2020(9):7-8,12.
[7] 滴滴出行自动驾驶首轮融资超5亿美元[J].汽车与新动力,2020,3(3):5.

案例3 雅戈尔集团的过度金融化

3.1 案例概述

3.1.1 雅戈尔集团简介

创建于1979年的雅戈尔集团（SZ600177，简称"雅戈尔"），总部设于浙江省宁波市，是大众熟知的男装品牌。经过多年的发展奋斗，雅戈尔成为国内服装制造业的龙头企业，并逐渐形成以品牌服装为主业，业务涵盖地产开发、金融投资领域，服装、地产、投资多元化、专业化发展的经营格局。雅戈尔的金融化起始时间和规模，在制造业企业金融化案例中，可谓是典型的，其公司官网直接将地产、投资与服装板块一同列示。

1979年，青春服装厂在改革开放的大环境中诞生，这家小型工坊便是雅戈尔的前身，主要从事辅助国有服装厂缝制衣料的工作。雅戈尔音译自"YOUNGOR"，不单是对青春服装厂名号的沿袭，更预示着未来品牌服装具有青春永驻、无限生机的特质。1983年，青春服装厂与上海开开衬衫厂横向联营，推出公司第一个品牌"北仑港"。1990年，青春服装厂和澳门南光国际贸易有限公司共同出资，成立了雅戈尔制衣有限公司。1998年，雅戈尔在上海证券交易所挂牌上市，证券代码600177，首次公开发行股票5 500股，募集资金约6亿元。截至2023年12月，雅戈尔股本总额46.29亿元，总市值298.56亿元，在同行业可比公司中名列第一。

3.1.2 雅戈尔集团过渡金融化的经济后果

(1) 主业长期停滞不前

经过四十几年的发展，雅戈尔已成长为行业市值第一的企业，稳坐行业龙头企业地位。但是纵观雅戈尔发展历史，其服装主业并没有随着体量的扩张而得到很好的发展。其服装主业在近10年来并没有得到很好的营收增长，发展缓慢。2011—2013年，投资收益较低期间，雅戈尔投资板块与服装板块营收基本有相同的变化趋势，说明当金融化程度较低时，雅戈尔想通过金融投资收益来反哺主业可能是可行的。而在2013年之后，雅戈尔通过金融投资获得的收益大幅增加，且在此后高居不下，且投资收益与服装板块营收总体上是反向变动的，即投资所获高额收益并没有用于支持服装主业并产生良性的推动效益，这显然与雅戈尔进行金融化促进产融协同的初衷背道而驰。

(2) 债务压力和经营风险加大

配置金融资产的资金主要来自企业自有资金，而在一定时期，企业自有资金是有限的。过度的金融化除了对主营业务资源造成挤占之外，不足的部分可能还得通过举债获得补充。加大金融资产的配置力度，有时候会使公司债务累累。金融化行为尤其是过度的金融化行为整体上恶化了雅戈尔的财务指标情况,使雅戈尔在对外借款中面临较高的偿债能力要求,资本成本的提高加大了其债务负担。且雅戈尔将得到的一部分短期资金投向流动性较差的金融资产,如可供出售金融资产、长期股权投资和投资性房地产等,这类非流动性资产产生收益通常较慢,因此资金投入与回收之间形成期限上的错配,产生潜在的流动性不匹配风险。雅戈尔金融化涉及的房地产行业长期以来有着高杠杆的特点,这种特性拉高了雅戈尔整体债务水平。房地产属于资金密集型行业,特别经不起挤兑,当市场流动性紧张时,资金链可能会断裂,带来较大的风险。同时,房地产行业也是政策敏感性行业,去存货时常受政策影响,导致投入其中的资金无法按预期回笼。以上房地产行业的特性可能给雅戈尔带来潜在的财务风险,甚至在极端情况出现时带来流动性风险。此外,金融化行为通过加大金融资产配置和金融投资实现,而金融资产价格波动较大,影响因素复杂多样,其中包含市场因素,如利率。金融资产价值由资产未来现金流收入的贴现值决定,而贴现率通常采用无风险利率,因此,金融资产价值与利率负相关。在市场环境产生较大变化的时候,持有大量金融资产引致的过度金融化可能会使雅戈尔面临重大市场风险。

金融化行为给雅戈尔带来了较高的债务,使其长期处于过度负债状态。特别是在过度金融化期间,雅戈尔过度负债率高居不下,加大潜在债务风险。债务积累和资金投入与回收的期限错配、金融化涉及的房地产行业杠杆率高、资金回收周期长和周转速度慢使雅戈尔容易陷入流动性风险。且金融资产具有价格波动大和投资的不确定性的特点,过度的金融化使雅戈尔可能在资本市场发生突发情况的时候削弱偿债能力并加大经营风险。

3.1.3 雅戈尔集团金融化进程

雅戈尔金融化开端很早,甚至早于其上市时间,是国内最早涉猎房地产开发和金融投资领域的实体企业之一。几十年来,雅戈尔金融化的步伐从未停下。

(1) 房地产领域的金融化

2021年7月27日,杨倩在与杨皓然夺得2020年东京奥运会射击10米气步枪混合团体金牌后,成为本届奥运会上首个夺得双金的运动员。次日,同样"出生于"浙江的雅戈尔高调宣布要赠送冠军杨倩一套房子,作为对其给家乡和祖国争光的奖赏。此次的送房事件让很多人了解到,服装公司雅戈尔原来也做房地产。其实,早在1992年,即雅戈尔品牌成立的两年后,雅戈尔便成立雅戈尔置业控股有限公司(简称"雅戈尔置业"),进军房地产行业。2002年,雅戈尔发布的年报中已将房地产的开发销售作为主营业务之一,形成服装业务与房地产业务并行的发展模式。

2004年起,雅戈尔在苏州、宁波开发大型楼盘,随后不断扩展地产版图,频繁在上海、苏州、杭州等长三角城市出手拿地,地产业务集中在长三角地区。2007年,雅戈尔集团董事长李如成曾表示,要拿出"100亿找地"。在疯狂拿地的巅峰时期,雅戈尔于2010年分别以成交价11.65亿元和12.56亿元拿下杭州市申花区53号地块和56号地块两块地,合计24.21亿元,突破当地土地出让的单价纪录,地产变成了雅戈尔绝对的主业。雅戈尔置业不断建设产业链,以房地产开发为核心,同时布局酒店管理、旅游度假区开发和医疗养老地产等,逐渐演变成浙江乃至长三角地区具有重要行业影响力的地产开发商,其地产板块的营收几度超过品牌服装。从2012年追平主业营收,到2013年占据企业总营收超六成的比重,再到2015年成为企业利润的第一大来源,地产业务净利润已超过服装主业。即便在房地产行业受到宏观调控时,房地产业务仍是雅戈尔重要的利润来源之一。如2017年房地产市场受到国家更加严格的宏观调控,当年,雅戈尔地产销售严重下滑,库存积压,地产板块营收大幅下滑,净利润下降90.36%。即便如此,雅戈尔的房地产板块净利润在整体净利润中仍占据较大比重。雅戈尔一直对其房地产业务难以割舍,一方面,金融投资获利被用来加码地产业务;另一方面,雅戈尔仍坚持探索完善的地产产业链条。

(2) 投资领域的金融化

雅戈尔最早于1993年涉足股权投资领域。在宁波体制改革委员会的批准下,盛达公司和富盛公司(原名青春服装厂)共同成立雅戈尔集团股份有限公司,开启资本投资道路。起初,雅戈尔在宁波政府引导下,参股未上市的中小企业,从这些企业发展至上市中赚取收益。后来,雅戈尔开始积极主动地踏入金融投资领域,甚至一发不可收。就连雅戈尔的实控人李如成都毫不避讳地感慨,投资一下子就能赚制造业30年的钱。

2006年之后,雅戈尔加速金融资产配置。2007年,雅戈尔正式提出"三驾马车"的发展战略。当年,其金融资产占总资产比重飙升至几乎一半的水平。而后,受2008年金融危机的影响,股市大跌,金融资产价值缩水,雅戈尔也对金融资产进行了抛售。在此之后至2018年期间,雅戈尔金融化水平都高居不下。这期间,雅戈尔也都处于过度金融化的状态。因此,可以将2007—2017年视为雅戈尔过度金融化的阶段。

直到2018年,雅戈尔才开始抛售金融资产。其金融化程度没有下降可能是因为其将当年中信股份的股票,从可供出售金融资产转换为长期股权投资。2019年,雅戈尔集团的实际控制人李如成高调宣布将回归主业。公司称,对财务性股权投资的存量项目,除履行原有投资承诺外,将视不同的投资情况通过二级市场减持、协议转让、期满后退出、上市后退出等策略进行处置。即除战略性投资和按约定必须履行的投资外,雅戈尔将不再增加主业范围外财务性股权投资量,且将择机处置存量财务性股权投资项目。这才使得雅戈尔金融化水平在2019年有大幅的下降,并于此后两年间摆脱过度金融化身份。但值得注意的是,其过度金融化趋势在2021年又有所抬头。如果说,雅戈尔从成立不久甚至上市之前就涉及金融化,那2007年可谓是雅戈尔高速金融化的开端,从此,雅戈尔成为服装纺织企业过度金融化的典型案例。虽然雅戈尔在近两年明确提出要回归主业,但是是否能做到言行一致,而不是像2012年、2016年前两次一样,说了却没做到,还需要时间来观察。前期,雅戈尔金融渠道获利行业较少,但在2006年之后,其金融渠道获利开始大幅增加。2007年,雅戈尔开始大举进军房地产业,并通过抛售中信证券获利24.65亿元,雅戈尔金融化水平也迅速飙升,进入高速金融化阶段。

2018年起,雅戈尔逐步实施去金融化,先后出售浦发银行、宁波银行、中信股份可转换债券等金融资产。2019年,雅戈尔发布公告表明将进行重大战略调整,聚焦发展服装主业,并停止非主营业务领域的金融投资活动,同时选择合适的时机处置现有的金融资产。这可谓正式宣布雅戈尔将回归主业,其过度金融化水平也随之回归低点,金融化阶段的表现基本与基于金融资产计算得到的一致。

3.2 案例分析

3.2.1 数字金融对企业金融化的影响机制

(1) 融资约束机制

数字金融不断发展成传统金融服务的重要补充,应从多个方面优化企业融资环境。数字金融将一系列创新数字技术与传统金融服务结合起来,能够延伸金融服务的触达边界,丰富企业的融资渠道,增加企业获得融资的可能性,从而缓解企业面临的融资约束,加入数字技术的传统金融服务,能很大程度地优化授信技术流程,使信贷融资业务流程简化、效率提高、成本降低,并覆盖更大范围的融资群体,一定程度上解决了传统金融信贷给中存在的"规模错配"和"领域错配"等问题。此外,内嵌于数字金融的大数据、云计算等数字技术能够挖掘和分析海量标准及非标准的信息,增强企业的财务信息披露能力,使得外部融资机构能更有效地识别和评估该企业,增强对企业的信心,降低投融资双方的信息不对称情况,从而提高融资的可能性,并降低财务成本。数字金融的第三方支付和移动支付成为当今社会生产与买卖过程中越来越受欢迎的支付方式,对于使用移动支付的企业,数字金融的发展使其与交易对象的交易活动结算效率得到提高,交易费用降低。可见,数字金融的发展,在企业融资问题上能起到扩容、降本和增效的作用。企业金融化动机之一便是发挥"蓄水池"作用。随着企业受到的融资约束减小,企业将可能会因为外界融资变得更加可得而减少其为应对突发状况而进行储备的金融资产,降低对金融资产的"蓄水池"作用的依赖,从而降低过度金融化水平。

(2) 追求更高投资回报的机制

逐利是实体企业进行金融化的动因之一。在金融行业的高利润叠加实体经济下行的现实经济发展状况下,金融化的投资替代动机便会驱使企业将资金投向金融领域,呈现逐利型金融化。数字金融的出现与发展,改善了金融服务领域的规模错配等问题。一方面,数字金融引导资本要素流向高效率实体部门。企业获取发展所需的资源,提高了主营业务成绩,将可能不会那么强烈地觊觎金融获利。另一方面,数字金融利用强大的信息技术,为实体企业改善信息不对称问题,提高企业市场价值,缩小影子银行规模,促使企业将资金聚焦实体主业,助力实体经济发展。当实体收益率与金融收益率之间的差距不断缩小时,金融化的逐利动机将得到抑制。金融业对企业的吸引力降低,企业将愈不执着于金融投资,而是发展实业,从而使得企业的过度金融化得到抑制。

3.2.2 数字金融发展对雅戈尔集团过度金融化的影响

数字普惠金融指数的诞生,使数字金融的发展从一定角度得以量化。虽有一定的局限性,但目前其仍是充当数字金融代理变量较为理想且被广泛认可的一套指标。数字金融加快发展能够降低企业过度金融化的概率,降低企业过度金融化的程度。数字金融的诞生和发展,对改善雅戈尔过度金融化状态有着积极意义。在数字普惠金融指数起始之年,即 2011 年,雅戈尔过度金融化水平达到低点,自 2009 年以来首次退为非过度金融化企业。当年,雅戈尔多元化齐头并进的发展格局受到重创,三辆马车中的两辆被拴住。随后,雅戈尔也意识到自身对资本市场的依赖过高,开始缩减投资规模,加大对服装主业的投入,并于 2012 年喊出回归主业的口号。而后,雅戈尔的数字金融虽持续发展,但总体上增速下滑。相应地,雅戈尔过度金融化程度同期呈上升趋势。2015 年,中国战略文化促进会与西南财经大学互联网金融研究中心联合发布《中国数字金融发展报告》,"数字金融"被基于全球视角进行系统阐述,数字金融得到重视而重新快速发展。次年,雅戈尔的过度金融化程度也迎来新低点。2016 年,雅戈尔掌门人李如成喊出"五年再造一个雅戈尔"的口号。

随着数字金融发展转为相对稳定,雅戈尔过度金融化程度也处于较低水平。2019 年 4 月 29 日,雅戈尔发布公告称公司将做出重大战略调整,专注于品牌服装主业的发展,停止开展非主业领域的金融投资活动,并计划处置现有金融资产。可见,数字金融的发展有利于雅戈尔过度金融化情况的治理。

3.3 案例启示

雅戈尔金融化划分为三阶段。第一个阶段是 2006 以前的初步金融化阶段,此阶段,雅戈尔金融化进程还较温和。第二个阶段是 2007—2018 年高度金融化阶段,此阶段,雅戈尔加大金融化力度,绝大多数年份的金融化水平都处于过度金融化的状态。第三个阶段是 2019 年至今的去金融化阶段,2019 年,雅戈尔宣布回归主业,其金融化水平大幅降低,摆脱过度金融化。

3.3.1 逐利是雅戈尔过度金融化的主要原因

结合现有关于企业金融化动因的学术研究结论,本节认为雅戈尔对资本的逐利是其过度金融化的主要原因。在经济发展新常态下,经济增速放缓,经济发展动能转变,传统制造业面临着产能下降的问题。雅戈尔所处的服装纺织行业更是同时面临着国内外大环境的压力,利润空间受限。而与之相反,金融行业繁荣发展,一直以来都是公认的暴利行业。雅戈尔在上市之前就已经涉足金融、房地产行业,在尝到甜头之后,就没那么容易浅尝辄止了。当然,产业协同也是雅戈尔金融化的初心。过度金融化整体上不利于雅戈尔长远发展。关于金融化给雅戈尔带来的经济后果,本节在财务绩效、债务情况、破产风险、主业发展等方面展开分析。基本上,在初步金融化阶段,短期且较低水平的金融化程度能优化财务指标、缓解过度负债情况以及一定程度上反哺主业。而长期且过度的金融化则恶化雅戈尔财务绩效。通过借款来加持金融投资使得雅戈尔债台高筑,破产风险加大。而去金融化、放缓金融化进程从目前来看改善了雅戈尔因高度金融化而恶化的经营能力,增强了其发展的稳健性。将处置投资所得的资金用于主业,加大研发投入,将使服装主业得到有力的支持。

3.3.2 数字金融发展能抑制雅戈尔过度金融化

数字金融的发展降低了雅戈尔过度金融化的程度,在数字金融发展较快的年份,雅戈尔更容易摆脱过度金融化的身份。然而,雅戈尔面临的融资约束有所改善的情况似乎对降低其过度金融化水平没有明显作用。当前,对于我国 A 股企业来说,数字金融的发展能改善金融错配问题,优化企业外部融资环境,融资约束可能不是导致企业过度金融化的主要因素,因而"数字金融—融资约束—企业过度金融化"的中介影响路径并不能显著成立。这也和雅戈尔进行金融化的动机相对应。通过分析可以得到,雅戈尔金融化更主要是出于逐利的投机动机,而非由于融资难而产生的储蓄动机。但是,数字金融发展能通过降低雅戈尔财务费用率来降低融资成本,使出于这方面顾虑而进行的金融化得到抑制,有利于雅戈尔金融化水平回归最优,改善过度金融化现象。另外,数字金融通过发挥改善属性错配、行业领域错配等金融服务结构性错位问题的作用,助力实体经济发展,不断缩小金融活动与实体业务回报率之间的差距,从而改善出于投机动机而导致的过度金融化问题。此外,为适应数字经济时代,雅戈尔的研发投入也随着数字金融的发展而增加。这一方面能减少投向金融领域的资金,另一方面,技术进步带来的主营业务渠道获利增加,又能缩小企业从实体经济和金融领域获利的差距,抑制雅戈尔进行金融化的逐利动机,从而通过加强研发投入发挥数字金融对缓解过度金融化问题的作用。

课程思政点

制造业是实体经济重要的组成部分,经济体系"脱实向虚"已构成重大风险。我国制造业正处于关键的转型升级时期,金融要更好地为制造业服务,引导制造业企业合理金融化,避免过度金融化。

中国制造业不仅需要资金支持,更需要金融业发挥资源配置功能。金融体系不仅要为中国的制造业提供足够的高质量金融服务,还需要为中国的制造业赋能。中国的制造业需要金融业进行制度创新,包括组织结构创新、技术运用创新以及运营机制创新等。金融体系要建立一套专门促进中国制造业发展的体制机制,为中国制造业发展提供更高效以及更有针对性的金融服务。2019 年 10 月召开的党的十九届四中全会指出,要"健全推动发展先进制造业、振兴实体经济的体制机制"。要想振兴实体经济,就要推动建立制造业与金融业相互依存、相互促进、共同发展的关系,用新理念来解决制造业遇到的各种投融资问题。

参考文献

[1] 穆林娟,佟欣. 实体企业金融化及其经济后果研究:以雅戈尔集团股份有限公司为例[J]. 财务管理,2020(1):51-58.

[2] 王冰冰,杨蕊. 实体企业金融化的经济后果:以雅戈尔集团为例[J]. 企业观察家,2022(4):88-89.

第五篇　国际金融

案例 1　斯里兰卡国家破产事件

1.1　案例概述

1.1.1　斯里兰卡简介

斯里兰卡是位于印度半岛南端、印度洋海域中的一个岛屿国家,其北部接壤孟加拉湾,西部紧邻阿拉伯海,拥有 65 610 平方公里的国土面积。该国的总人口接近 2 200 万。族群构成中,僧伽罗族占据了 74.9% 的比例,而泰米尔族则占 15.3%。鉴于其处于印度洋航运路线的核心地带,斯里兰卡享有全球最为繁忙的海上贸易通道,展现了显著的区位优势。该国不仅生物与矿产资源丰富,还作为全球重要的茶叶生产国之一而闻名,同时也是宝石的盛产地。回顾历史,斯里兰卡、印度及巴基斯坦均曾受英国殖民统治。1948 年,斯里兰卡通过和平的途径成功摆脱了英国的殖民统治,实现了国家的独立,并平稳转型为议会民主制度。

在经济层面,由于岛屿经济体量相对有限及历史上英帝国殖民时期遗留的种植园经济结构,斯里兰卡相较于区域内其他国家,对国际市场的依赖程度更高。因此,自独立以来,其经济始终保持开放姿态。1977 年,贾亚瓦德纳上台,斯里兰卡开始借鉴"新加坡模式",设立经济特区,以吸引外国直接投资,并大力发展以服装制造为主导的出口加工产业。这一策略使得制造业在斯里兰卡国内生产总值(GDP)中的比重一度攀升至 22%。即便到了 2021 年,该比例仍稳定在 18%,高出印度 4 个百分点。在印度于 20 世纪 90 年代推行经济自由化改革之前,斯里兰卡 GDP 的平均增长率长期位居南亚前列。尤为值得一提的是,2019 年,斯里兰卡被世界银行归类为中高收入国家,其人均 GDP 达到 4 059 美元。此外,斯里兰卡在南亚地区保持着最高的人类发展指数(HDI),在 2019 年联合国对全球 189 个国家的排名中位列第 72。其中,其人均预期寿命(77 岁)与人均受教育年限(10.6 年)两项指标均优于众多同等收入水平的发展中国家。斯里兰卡经济发展的这些成就,很大程度上归功于长期执政的斯里兰卡自由党。该党秉持"中左路线",着重于社会公正。尽管这个由所罗门·班达拉奈克创立的政党经历了多次分裂,但它始终坚守国家引导经济发展的原则,重视社会财富分配的公平性,这一立场赢得了社会的广泛支持。

1.1.2 事件简介

2019年,斯里兰卡实行全国减税政策,极力增加国民福利。该国常年财政、贸易双赤字,却照搬西方"消费至上"的措施,实行广泛的社会福利政策,使很多本来应该用于投资产业升级、扩大生产的宝贵资金,都被用于民众福利和消费了。国家没钱,而大量粮食和能源等都需要进口。斯里兰卡不是狠抓发展,而是大量发行国债,大力印钞和大举借债。独立半个多世纪以来,该国巨大支出靠透支财政缓解,一直在借钱中度过。经济发展不振和财政支出不变,导致该国收入锐减、财政赤字严重、还债速度变慢。高赤字导致高利率、私人投资受挤压以及通货膨胀等,国家竞争力向下急速坠落,入不敷出。为了促进经济成长、提高福利与消化财政赤字,该国只能借新债还旧债,雪上加霜,恶性循环。

2020年,新冠疫情使斯里兰卡几乎唯一的创汇产业——旅游业遭受重创,脆弱的经济被推入深渊。其央行数据显示,2020年,斯里兰卡经济增长率为-3.6%。作为一个物资贫乏的岛国,斯里兰卡的大量物资依赖进口。当地工业基础薄弱,生活所需的能源、工业用品以及农业化肥都靠旅游创汇再进口。旅游业超过20万人失业,斯里兰卡一年失去近50亿美元外汇。

2021年4月9日,斯里兰卡政府在全国范围内开展环保活动,禁止所有化肥、杀虫剂和除草剂进口,全面推行有机农业,宣称要让有机农产品成为斯里兰卡的经济增长点。严重后果马上显示出来:2021年上半年,这个农业国家居然爆发粮食危机,水稻产量下降20%,稻米价格上涨50%。稻米自给自足的斯里兰卡不得不紧急进口了4.5亿美元的大米。同年11月,斯里兰卡出口的主打产品"锡兰红茶"产量随之大跳水,直接经济损失高达4.25亿美元,辣椒、肉桂和蔬菜减产30%。

斯里兰卡本是农业大国,农业出口是其外汇收入重要来源。但到了2022年,该国居然要动用外汇购买粮食。联合国粮食及农业组织将斯里兰卡列入急需粮食援助的国家清单中。偏偏此时因俄乌冲突,国际粮价大涨。该国三分之二以上的人口直接或间接依赖农业,很多人重新陷入贫困。同年5月31日,斯里兰卡正式宣布放弃"绿色农业革命",鼓励全国人民按照原有方式多种粮食,但为时已晚。

2021年下半年,斯里兰卡旅游业复苏,但其薄弱的财政体系已坚持不下去了,政府不得不宣布因食品短缺而进入紧急状态。近几年,斯里兰卡不断扩大国债规模。2022年开始,美国不断加息,斯里兰卡只能跟着加息。美元加息之后,很多外资开始大量抛售斯里兰卡国债。斯里兰卡央行加息,再加上资本外流,国债收益增加,偿还压力巨大。斯里兰卡货币信用面临破产,只能加印本国的货币,导致本国货币大幅度贬值,以美元为首的外汇储备汇率则越来越高。

2022年,俄乌冲突爆发,成为压垮斯里兰卡经济的最后一根稻草。战争触发了能源危机,石油和天然气价格迅速上涨。斯里兰卡用于进口能源的外汇预算消耗完毕,陷入缺油停电的原始状态。斯里兰卡需要进口燃油、粮食、燃煤,而外汇已经所剩无几了。该国背负了510亿美元的外债,而可用的外汇储备到同年5月,已经不到5000万美元。外债是外汇储备的一千倍,严重"资不抵债"。

2022年7月5日,斯里兰卡总理正式宣告国家破产,并陷入自1948年独立以来最严重的经济危机。根据债券评级机构穆迪的统计,斯里兰卡由此成为21世纪以来,首个外债违约的亚太国家,上一次发生这种情况的是1999年的巴基斯坦。

1.2 案例分析

在新冠疫情及欧陆地缘冲突外溢效应双重冲击之下,全球大宗商品价格猛涨,让斯里兰卡这个高度依赖进口的国家因外汇储备不足,导致燃油、煤炭、奶粉等生活物资严重短缺。其破产主要有以下原因。

1.2.1 高负债发展模式难以为继

一直以来,纺织品制造和出口占据了斯里兰卡经济的重要地位。2000年以来,斯里兰卡的成衣出口一直占全国出口总额的40%左右。但随着孟加拉国、越南、印度等经济体快速切入国际纺织品加工市场,斯里兰卡出口结构单一、竞争力不足的问题越来越突出。2005—2015年,时任总统马欣达·拉贾帕克萨将目光转向新加坡,试图学习后者经验,推动斯里兰卡经济转型。2006年和2010年,斯里兰卡国家计划部根据马欣达·拉贾帕克萨的竞选纲领,先后两次制定了国家中长期发展计划——《马欣达愿景》。在2006年的这份愿景中,斯里兰卡政府提出:未来十年,要大幅提高投资率,确保实现年均9%以上的经济增长目标。当时斯里兰卡的国内储蓄率还不到20%,国内资源捉襟见肘,于是政府开始降低对经常账户赤字目标的管控,允许经常账户赤字与GDP的比率从1.8%扩大到3.5%~4.5%。为了鼓励外资流入,斯里兰卡加快资本账户开放,鼓励外国投资者大量购买政府或企业发行的卢比债券,放宽国内企业向海外商业银行借款的限制。2010年出台的第二份《马欣达愿景》提出:作为已进入"中等收入国家之列"的斯里兰卡,能够争取到的低端制造业机会已经不多,因此有必要对标新加坡,"将斯里兰卡打造成为国际海运、空运、商业和知识的中心,发挥连通东西方关键节点的作用"。

为实现上述转型愿景,斯里兰卡在国际上大举借债,筹资建设了一批港口、高速路、铁路、机场等大型基础设施。大型基础设施建设在改善斯里兰卡交通、通信及电力状况的同时,也显著拉动了国家的经济增长。这段时期正值次贷危机爆发,发达国家纷纷推出宽松的货币政策,使得刚刚结束内战的斯里兰卡很容易从国际市场上获得资本,从而得以维持较高的对外负债水平。但从2012年开始,随着人口老龄化程度上升,人口红利减少,加之投资的边际收益开始下降,斯里兰卡的全要素生产率和资本对经济增长的贡献逐步下降,昔日高速增长的经济难以为继,《马欣达愿景》所寄望的经济转型也付诸东流。

然而,为了偿还旧债和维持经济运转,斯里兰卡政府仍然按照过去的套路继续举借外债,导致国际债务与GDP比率居高不下。根据国际货币基金组织(International Monetary Fund,IMF)报告公布的数据,截至2019年底,斯里兰卡的外债总额达到

546亿美元,其中中央政府的欠债达到341亿美元;而当年斯里兰卡的GDP总量为839亿美元,全年出口创汇额为119亿美元,外汇储备仅有76亿美元。在斯里兰卡中央政府的外债构成中,国际私人投资占47.5%,其余部分为来自亚洲开发银行等多边机构以及日本、中国、印度等国家的贷款。这样的债务构成使得斯里兰卡经济更易被国际资本市场所左右。

面对斯里兰卡不断下滑的经济增速以及日渐枯竭的财政和金融资源,国际社会开始对其经济前景失去信心,国际资本闻风而逃势所难免。

1.2.2 经济改革举步维艰

斯里兰卡的这场"破产"危机多年前就曾经有过一次预演。2015年1月,迈特里帕拉·西里塞纳当选新一届总统,政府财政支出较上年增加了两个百分点。虽然当年经常账户赤字没有明显扩大,但金融账户中流入的资金明显减少,财政支出上升导致外汇储备大幅降低至62亿美元,外债偿付能力几近"归零"。面对迫在眉睫的"国家破产"危机,2016年初,西里塞纳政府不得不向IMF求援,获得了15亿美元的纾困贷款,暂时渡过了难关。这笔贷款附加的条件是斯里兰卡必须进行经济改革,包括严格财政约束、加快以扩大税基为目标的税收改革、推进私有化进程等举措。然而,囿于党派利益,西里塞纳总统与来自另一党派的总理维拉勒马辛哈相互拆台,导致经济改革演变成党派之间的一场拉锯战。

2019年,戈塔巴亚·拉贾帕克萨当选总统并于第二年任命自己的哥哥马欣达·拉贾帕克萨为总理,斯里兰卡的政治权力再度回到了拉贾帕克萨家族。为了提振2019年科伦坡连环恐怖袭击后斯里兰卡低迷的市场信心,也为了吸引海外直接投资,新政府上台伊始就宣布大规模减税以及实施更加开放的贸易政策。与此同时,为了兑现竞选时的承诺和刺激消费,新政府开启了政府雇员的新一轮加薪。这些刺激性的经济政策大都与前政府对IMF承诺的改革相违背。

然而,新政府寄望的经济高增长并未如期而至。更不幸的是,随着新冠疫情在全球蔓延以及全球贸易链受阻,以低端制造品出口为支柱的斯里兰卡很快陷入经济萎缩,卢比大幅贬值。据统计,2020年,斯里兰卡的经济萎缩了3.6%,而政府巨额的防疫支出又使财政赤字与GDP的比率扩大到12.8%。尽管2021年斯里兰卡经济开始复苏,GDP增长率达到3.6%,但作为两大外汇收入来源的旅游业和海外劳工汇款都没有恢复到疫情前的水平。加之防疫物品进口大幅增加,斯里兰卡经常账户赤字持续扩大(相当于GDP的3.8%)。与此同时,随着美国联邦储备系统进入加息周期,国际资本开始从新兴经济体撤出,令斯里兰卡的国际收支形势雪上加霜。

1.2.3 俄乌冲突效应外溢

随着2022年初俄乌战争的爆发,飞涨的国际粮食、燃油价格成为压垮斯里兰卡经济的"最后一根稻草"。2022年4月,联合国危机处理小组曾发布报告指出,俄乌冲突已在全球产生连锁反应,全球17亿人口及以发展中国家为主体的107个国家都面临食品、能源短缺及金融动荡的风险。在报告所列出的107个国家中,全球46个欠发达国家就有35个名列其中,全球58个岛国也有40个名列其中。在这些国家中,经济基础脆弱的国家甚至可能面临三种危机叠加而至的风险,而仅在亚太地区,类似的经济体就有25个,其中便包括斯里兰卡。

斯里兰卡原油完全依赖进口,每年还要进口一部分粮食作为补充。2022年3月末,斯里兰卡的外汇储备降至10亿美元,已经无力支付日益昂贵的进口必需物资。面对陷入泥潭的斯里兰卡,国际资本市场更是落井下石,纷纷出售卢比资产,卢比大幅贬值。2022年4月12日,斯里兰卡宣布暂时中止偿还全部外债,成为今年首个债务违约的国家。2022年7月,新任总理拉尼尔·维克勒马辛哈对国会表示,斯里兰卡已经遭遇"国家破产"。

1.2.4 美元加息

从2020年以来美国不断的宽松货币政策之下,超发的美元外溢,流向了各个新兴市场国家,许多国家货币供应远远大于货币需求,大宗商品价格上涨,形成了恶性通货膨胀。

首先,美元加息会导致债务风险的加剧。新兴市场国家在过去几年中大规模借债,以实施基础设施建设等项目。随着美元加息,全球资金会流向美国,导致全球性的资金紧缺和成本上升。早在2022年5月19日,斯里兰卡外债突破510亿美元,已无法偿付7800万美元的到期债务利息。斯里兰卡的外债规模庞大,外债偿还压力巨大,一旦无法按时偿还债务,将会引发债务违约的风险,丧失借新债的能力,进一步加剧债务危机。其次,美元加息还会引发资产价格泡沫破裂。美元加息会导致全球金融市场动荡和全球资本流动的重新配置,引发斯里兰卡利率上升和货币贬值,投资者将资金从新兴市场撤回,转向美国等发达国家,以获取更高的收益,而新兴市场国家的资产价格可能会下跌。斯里兰卡的股市和房地产市场都有可能受到冲击,投资者信心下降,企业利润下降,就业机会减少,资产价格暴跌,进一步加剧斯里兰卡经济的困境。再者,美元加息还会导致斯里兰卡的外汇储备减少。斯里兰卡的外汇储备主要依赖于出口收入和外国直接投资。然而,美元加息会导致全球需求下降,斯里兰卡的出口受到压力。同时,由于对斯里兰卡经济前景的担忧,外国直接投资可能会减少,进一步削弱斯里兰卡的外汇储备。2022年,斯里兰卡的外汇储备下降到不足5 000万美元,外汇储备的减少使斯里兰卡难以维持货币稳定,出现严重的货币危机。最后,美元加息可能导致斯里兰卡的经济不稳定。斯里兰卡的经济高度依赖出口和旅游业,工业基础相对薄弱,而美元加息可能导致全球经济增长放缓,进而影响斯里兰卡的出口和旅游收入。此外,美元加息还可能导致全球金融市场动荡,引发资本外流和货币贬值的风险。这将使斯里兰卡的经济面临压力,包括通货膨胀加剧(2022年5月,斯里兰卡通货膨胀率达到了创纪录的39.1%,其中食品类同比通胀率上升至57.4%)、贸易逆差扩大、外汇储备减少等问题,进而导致斯里兰卡经济衰退和破产的风险增加。

1.3 案例启示

由于无力偿还126亿美元到期债务,斯里兰卡构成主权债务违约,成为21世纪以来首个外债违约的国家,推倒全球债务违约的多米诺骨牌。全球债务风险再上新台阶,脆弱性经济体或将引爆债务危机。21世纪以来,全球债务风险不断上升,在新冠疫情冲击下,全球债务规模高速增长。2021年底,全球债务规模达到303万亿美元,约为全球GDP的3.51倍。如此高的债务密集度,着实令人担忧。随着美元进入新一轮强势周期,全球金融条件收紧,脆弱经济体面临严峻的主权债务违约风险。一方面,部分新兴和发展中经济体将面临主权债务危机。25%的新兴经济体正处于或接近债务困境,约2370亿美元债务正面临违约风险,占所有新兴经济体外债的五分之一,而60%以上的低收入国家也陷入债务困境。特别是外债负担沉重、能源资源匮乏且经济结构单一的阿根廷、埃及、黎巴嫩、巴基斯坦等10余个新兴和发展中经济体,正在债务泥潭中挣扎。另一方面,部分欧洲国家或再陷入主权债务困境。随着欧洲央行的激进加息,低增速、高负债的意大利、希腊、西班牙、爱尔兰等欧洲国家偿债负担明显上升,其债务率和赤字率均超过2010年欧债危机时期,债务"灰犀牛"引发经济危机的风险骤增。

有效应对债务风险,显然是2023年全球经济面对的主要挑战。各国需高度警惕主权债务风险,采取主动、精准、有效的前瞻性措施,防范主权债务危机。一是尽可能保持外债的合理规模。根据自身经济发展阶段、经济增长水平及外汇储备等多元因素设定政府外债上限,将主权债务规模动态调整到合适的区间,持续优化债务结构,提高以本币计价的政府债务占比,有效规避主权债务风险。二是加强主权债务风险管理。加强债务周期性变化对本国偿债能力影响的研判和前瞻性预警,强化中长期财政规划管理,实施逆周期的债务管理机制,熨平主权债务风险的周期波动。三是做好通胀风险防范和财政收支平衡。坚守财政纪律,以负债率红线对政府债务进行约束,强化财政预算硬约束,尽可能防止财政赤字货币化,并对各种可能的结果做出应对预案。四是强化短期资本流动管理。加强对短期资本流动的监测、预警与评估,制定可靠的危机应对预案。关注主权债务的货币错配风险,定期组织现场检查,设置短期债务比重的预警线,防范对外汇储备的短期冲击。

◆ 课程思政点

斯里兰卡的经济结构相对单一,过度依赖旅游业、农业和海外劳务汇款等。这启示我们,在经济发展中要注重多元化和可持续性,不能过度依赖少数产业,要不断推动产业升级和创新,以增强经济的韧性和抗风险能力。

政府在经济管理、财政政策制定和债务管理等方面的决策失误,可能是国家破产的重要原因之一。这强调了政府治理能力的重要性,包括科学决策、有效监管、合理规划和风险防控等,以保障国家经济的稳定和发展。

通过对比,可以凸显社会主义制度在集中力量办大事、宏观调控、保障民生等方面的优越性,增强对中国特色社会主义制度的自信。

参考文献

[1] 孟祥青.2022年国际安全:撕裂中寻求弥合[J].当代世界,2023(1):22-27.

[2] 王雪莹.主权债务偿债次序的政治经济学分析[J].太平洋学报,2023,31(9):50-68.

[3] 项松林,苏立平.扩大高水平对外开放的理论思考[J].财经问题研究,2023(5):3-13.

[4] 周玉渊.从"重债穷国倡议"到"缓债倡议":主权债务救助的影响与反思[J].太平洋学报,2023,31(4):47-61.

[5] 朱海华,杨奕凡.乌克兰危机下的全球粮食供应链安全:基于"一带一路"沿线国家的分析[J].俄罗斯东欧中亚研究,2023(5):39-60+163.

案例 2　2023 年巴基斯坦外汇储备危机

2.1　案例概述

随着巴基斯坦的食物和能源价格猛烈上涨,以及大宗商品价格飙升和信贷条件收紧,巴基斯坦是 2023 年新兴市场经济体中债务发行表现最差的国家之一。投资者担心该国最终会债务违约,纷纷大幅抛售债券。从 2022 年底至 2023 年初,巴基斯坦的外汇储备就已经出现了急剧下滑,且出现过卢比兑美元下跌超过 15% 的情况。惠誉国际、穆迪和标准普尔三大信用评级机构均下调巴基斯坦的展望到负面。另外,不断飙升的通胀导致巴基斯坦的贸易赤字扩大,流动性危机迫在眉睫。

巴基斯坦国家银行发布的最新数据显示,截至 2023 年 8 月 5 日,巴基斯坦国家银行持有的外汇储备为 78.303 亿美元,比 7 月 29 日的 83.854 亿美元减少了 5.55 亿美元,为 2019 年 10 月以来最低水平。巴基斯坦国家银行表示,巴基斯坦持有的总流动外汇储备为 135.611 亿美元,银行持有的净准备金达 57.308 亿美元。目前,国家持有外汇水平降低是由外债和其他支付导致的。巴基斯坦国家银行预计未来 3 周的债务偿还将放缓。

从 2021 年 8 月的 270 亿美元降至 2023 年 1 月的 83 亿美元,巴基斯坦出现了严重的外汇储备危机。如果巴基斯坦不能及时解决其外汇危机和经济困境,可能会产生以下影响:(1)债务违约风险增加,信用评级下降;(2)本币卢比大幅贬值,进口成本上升;(3)通货膨胀加剧,民生恶化;(4)投资者信心下降,资本外流;(5)社会不稳定性增加,安全局势恶化。

针对巴基斯坦出现的外汇储备危机,与其有密切贸易往来的国家或国际组织纷纷做出表态。

国际货币基金组织(International Monetary Fund,IMF):IMF 对巴基斯坦提出了一系列改革要求,包括削减能源补贴、提高税收、加强反洗钱监管等,并表示只有在达成共识后才会恢复拨款。

中国:中国作为巴基斯坦最大的贸易伙伴和投资者,在 2023 年 3 月批准向现金短缺的巴基斯坦提供 13 亿美元的展期贷款。

美国:美国则对中巴经济走廊项目表示关切,并敦促巴基斯坦与 IMF 合作解决其经济问题。

欧盟:欧盟是巴基斯坦主要出口目的地,也是巴基斯坦享受最惠国待遇的重要市场。欧盟对于巴基斯坦的改革要求主要集中在人权、民主、法治等方面,同时也提供了一些技术和金融援助。

阿拉伯国家:阿拉伯国家是巴基斯坦重要的能源供应商和投资者,也是巴基斯坦在地区安全和外交上的重要支持者。阿拉伯国家对巴基斯坦的改革要求相对宽松,主要关注维护两国之间的友好关系和合作。

日本：日本是巴基斯坦最重要的进口来源国之一，也是长期向巴基斯坦提供官方发展援助（Official Development Assistance，ODA）的重要捐助国。日本对于巴基斯坦的改革要求主要涉及经济结构调整、社会发展、环境保护等方面，同时也支持巴基斯坦与 IMF 达成协议。

韩国：韩国是巴基斯坦重要的贸易和投资伙伴，两国在制造业、能源、交通等领域有广泛合作。韩国对于巴基斯坦的改革要求较少，主要关注扩大双边贸易和促进经济增长。

2.2 案例分析

外汇储备危机主要是由进口增加、出口减少、海外汇款减少、债务偿还压力增大等因素所致。为了稳定外汇市场和防止本币卢比贬值，巴基斯坦采取了减少非必要进口、提高利率、寻求友好国家援助等措施。此时，巴基斯坦面临着严重的外汇短缺和经济衰退的双重挑战。一方面，外汇储备低于安全水平，难以满足三个月的进口需求和债务偿还义务。另一方面，经济增长放缓，高企通货膨胀，民生困顿。此外，巴基斯坦还受到地缘政治风险和恐怖主义威胁的干扰。

巴基斯坦之所以出现外汇储备危机，是因为巴基斯坦经济长期面临贸易逆差、赤字、通胀等问题，外汇储备不断下降。

（1）结构性问题。巴基斯坦的经济结构存在一些深层次的问题，如出口依赖低附加值的纺织品和农产品，缺乏多样化和竞争力；制造业投资水平低，生产力低下；税收基础狭窄，政府收入不足；能源供应不足，导致轮流停电和成本上升。

（2）外部冲击。巴基斯坦的经济受到国际市场波动和地缘政治风险的影响。例如，新冠疫情导致全球需求下降，出口受挫；国际油价上涨，进口成本增加；美国撤军阿富汗，恐怖主义活动增加。

（3）政策失误。巴基斯坦政府在应对经济危机时也存在一些政策失误。例如，在 2018 年至 2020 年期间，为了满足 IMF 的贷款条件，巴基斯坦央行大幅提高利率至 13.25%，以稳定汇率和抑制通胀，但这也导致了经济增长放缓、企业融资困难、债务负担加重等后果。

（4）改革不及时。2018 年，巴基斯坦向 IMF 申请了 60 亿美元的紧急贷款，以避免债务违约和外汇危机。但由于各种原因，巴基斯坦未能按时完成 IMF 的改革要求，导致后续拨款一再延期。当时，IMF 向巴基斯坦提供贷款的改革要求主要有以下几个方面：①财政政策；②货币政策；③能源政策；④结构性改革。但是巴基斯坦并未及时完成，导致贷款资金未能到位。

2.3 案例启示

巴基斯坦经济危机和外部财政援助的争议引发了一系列关键问题和启示。

首先，国家债务积累不可持续，需要采取措施来降低债务负担。政治不稳定和频繁的政府更迭导致经济政策连续性不足，这需要政治精英的团结和一致性。另外,地方政府的强势和中央政府的弱势造成了税收问题,需要实施更有效的税收政策。教育、人口素质和劳动生产率也需要改善,以促进经济增长。最重要的是,巴基斯坦可以从中国的发展中吸取经验教训,鼓励更多的自主发展,减少对外援助的依赖。

其次,军队在政治和经济领域的过度参与也是巴基斯坦所面临的问题之一。军队经商、参政,以及在一些领域的垄断,限制了正常市场竞争并降低了政治透明度。要解决这一问题,需要加强监管机制,确保军队在军事事务以外不干涉政治和经济领域。

再次,地缘政治因素同样对巴基斯坦的经济和安全产生重大影响。巴基斯坦与印度之间的紧张关系一直存在,而阿富汗局势的不稳定也使巴基斯坦面临恐怖主义威胁。这不仅加剧了巴基斯坦国内安全风险,还对投资和贸易造成了负面影响。因此,稳定周边地缘政治环境是实现经济稳定和发展的关键。

最后,巴基斯坦可以借鉴中国的成功经验。中国在20世纪经历了自己的经济困境,但通过坚定的改革和开放政策,以及在国内外政策的一致性下,取得了巨大成功。中国的经验表明,自主发展、注重教育和技术创新、吸引外资、稳定政治环境以及加强国际合作都是实现经济增长和稳定的关键要素。

总之,巴基斯坦面临着严重的经济和政治挑战,但这也是一个机会。巴基斯坦可以通过采取综合性的政策来实现长期的经济繁荣。这需要政府、政治精英和社会各界的合作,以及对各种问题的积极应对和改革。同时,与友好邻国和国际社会的合作也将对巴基斯坦的经济稳定产生积极影响。只有坚决采取措施,巴基斯坦才能摆脱目前的困境,实现国家的繁荣和稳定。

这个事件对中国的启示可能有以下几点。

中国作为巴基斯坦的友好邻邦和战略合作伙伴,应该继续支持巴基斯坦的经济发展和金融稳定,通过提供贷款、援助和投资等方式,帮助巴基斯坦增加外汇储备,缓解其外债压力。中国与巴基斯坦的经济贸易合作应该更加注重互利共赢和可持续性,通过推进中巴经济走廊等项目,促进巴基斯坦的产业升级和提升其出口能力,增强其自主发展的能力和信心。中国应该密切关注巴基斯坦与IMF等国际金融机构的谈判进展和结果,防止出现不利于中巴合作的条款或条件,维护中巴在金融领域的战略协调。

课程思政点

经济结构与发展模式:巴基斯坦外汇储备危机反映出其经济结构可能存在问题,如过度依赖某些产业或外部资金,导致经济脆弱。这启示我们要注重经济结构的多元化和合理性,推动产业升级和创新,减少对单一产业或外部因素的过度依赖,以增强经济的稳定性和抗风险能力。

外汇储备不足可能与政府的财政政策、债务管理等有关。这凸显了政府在经济管理中的重要责任,包括合理规划财政收支、有效控制债务规模、制定科学的经济政策等,以确保国家经济的健康运行。

中国与巴基斯坦一直保持着良好的双边关系。在巴基斯坦面临外汇储备危机时,中国伸出援手，提供了贷款等支持。这体现了两国之间的深厚友谊和互助精神，也反映出在国际合作中，互相支持、共同发展的重要性。

参考文献

[1] 尤铭. 巴基斯坦：在困境中迎接希望的曙光[EB/OL]. (2024-01-08)[2024-04-21]. https://baijiahao.baidu.com/s？id=17874718824326516&wfr=spider&for=pc.

第六篇　金融衍生品

案例1　青山集团镍期货事件

1.1　案例概述

1.1.1　背景介绍

青山控股集团有限公司（简称"青山集团"）是一家专门从事不锈钢生产的民营企业，有"镍界扛把子"之称。2022年，其位列《财富》世界500强企业第238位，中国企业500强第74位，中国民营企业500强第13位。随着新能源汽车的发展，镍已经成为动力电池不可或缺的材料之一，如镍镉电池中就含有镍，能够提高电池的能量密度。结合美国地质调查局和青山集团自身披露的数据可知，2021年全球矿山镍产量达270万吨，其中青山集团的产量就达60万吨，在全球占比约22%。青山集团在全球镍产业链中具有举足轻重的影响力，这也让其天然就有通过套期保值来做空镍价的动力。

期货本身作为套期保值的有效工具，并不必然造成风险和损失，但青山集团此次持有镍期货空头合约的交易策略存在超额套期保值或投机之嫌，且忽视了基差风险和交割风险，缺乏对市场的高度敏感度，导致蒙受巨额损失。因此，对青山集团镍期货事件这一案例进行系统性梳理，并剖析其原因，有助于中国企业强化风险意识，合理利用金融衍生工具提高大宗商品风险管理能力。

1.1.2　事件发展

受俄乌冲突影响，占全球精炼镍产量超过20%、镍矿产出近10%的俄镍被禁运。需求持续攀升，但供应端却出了问题，市场自然开始担忧全球镍资源供应不足，进而反映到伦敦金属交易所镍期货的价格上。2021年年底之前，伦敦金属交易所（London Metal Exchange，LME）镍期货价格基本稳定在2万美元/吨以下。

作为全球最大镍生产商之一的青山集团为防止长期镍价下跌对企业造成经营波动，在LME重仓持有约20万吨的镍期货空头合约（其中通过场内交易持有的约3万吨左右，其余都是通过一些金融机构和经纪公司场外持有），交割日期为2022年3月9

日。如此一来,如果镍价下跌,那么青山集团可以用期货市场的盈利弥补现货市场的亏损;如果镍价上涨,青山集团则可以用现货市场的盈利弥补期货市场的亏损。

2022年初,随着俄乌局势日益紧张,LME镍价出现明显上涨趋势,到1月中旬,已攀升至2.4万美元/吨。2月24日,俄乌冲突升级,欧美国家对俄罗斯的制裁进一步加强(包括将俄罗斯部分银行踢出国际资金清算支付系统),导致市场担忧俄罗斯镍产品无法出口,LME镍价加速上涨。2月24日至3月4日,LME镍价累计上涨约19.4%,于3月4日收于约2.9万美元/吨。

2022年3月7日,LME镍价放量急速上涨,从开盘约2.9万美元/吨上升到最高5.5万美元/吨,日内涨幅最高达89%。与此同时,当日LME镍库存降至7.68万吨,同比下降约70%,接近两年来的新低,但镍合约持仓量则高达117.78万吨,持仓库存比明显失衡。

2022年3月8日,LME镍价延续暴涨行情,一度攀升至10万美元/吨以上,两个交易日累计涨幅近250%,青山集团面临因无法进行现货交割而被强制平仓进而亏损上百亿美元的风险。在这种情况下,LME紧急停止镍交易并宣布当日交易无效,并接连发布6份公告,公布了包括镍在内的所有主要合约增加递延交割机制、头寸转移机制、涨跌停限制等一系列稳定市场的措施。

2022年3月15日,青山集团公告已经与由期货银行债权人组成的银团达成一项静默协议。在静默期内,青山集团和银团将积极协商落实备用、有担保的流动性授信,主要用于青山集团的镍持仓保证金及结算需求。各银行同意不对青山集团的持仓进行平仓,或对已有持仓要求增加保证金。作为协议的重要组成部分,青山集团应随着异常市场条件的消除,以合理有序的方式减少其现有持仓。其实这个静默协议就是由银团为青山集团兜底。假如未来镍期货价格继续上涨,这些银团将不再追加保证金或者不进行平仓,言外之意就是由这些银团自己出钱追加LME的保证金,以此来保证青山集团的空单不被强制平仓。与此同时,青山集团在那段时间必须想方设法筹集现货,一旦筹集到足够多的现货,危机自然就解除,因为当时镍现货价格只有3万多美元,这个价格要远比期货低很多。而且青山集团作为全球最大的镍供货商之一,只要时间充足,有很大的机会可以筹集到现货。到时,多头就会很被动,因为这些多头大约是在3万美元左右建仓的。如果青山集团交割现货,期货价格越高,这些多头亏损越大。也正是出于这种担心,在青山集团跟银团签署静默协议之后,镍期货价格就开始回落,然后逐渐跟现货价格趋向统一。在LME期货价格逐渐下降的过程当中,青山集团也开始逐渐平仓。

截至2022年3月22日收盘,LME镍价下跌至约2.8万美元/吨。LME镍逼空行情暂时得以缓解,但是对于具体平仓了多少,是在什么价位平仓的,亏损几何,青山集团没有透露具体的数据。

1.2 案例分析

"青山镍"事件的"多逼空",就是常见的逼仓行为,或许已经布局良久。操纵者预期市场上能够交割的现货不足,凭借自己有大量资金的优势在期货市场上做多,持续抬升价格。于是,现货的价格和期货的价格同时上涨。这样,合约临近交割时,空头的持仓者要么就是没有现货,高价平仓出局;要么就是以高价买入现货,再去交割。

但是,空头对于市场是看跌的,也就是说,现价2万美元,未来可能降到1万美元,但现在多头强行把未来价格抬升到了10万美元,那么空头方青山集团就不得不面临这8万美元/吨的亏损。

此前,青山集团开出了20万吨的空单,若是被逼仓成功,公司亏损或将超过100亿美元。这和2020年"原油宝"事件原理类似,只不过方向相反,一个是暴涨,一个是暴跌。

首先,青山集团存在超额套期保值或投机之嫌。青山集团一年的镍金属产量约60万吨,而青山集团持有空头头寸约20万吨,做空规模没有超过镍金属产量,是合理的。但基于市场已披露的信息进一步分析,我们发现在青山集团镍产品中,只有高冰镍和LME镍关联度较高,而青山集团高冰镍月产量约为1万吨,折合年产量约12万吨。青山集团空头头寸已超过其相关产品的年产量,存在超额套期保值或投机之嫌。

其次,青山集团在交叉套保下,忽视了基差风险和交割风险。同一种大宗商品类别下不同品种的商品在品位、纯度等指标上往往存在较大差异,商品品种之间不能相互替代或者价格关联度不高,因而相对于利用金融衍生品进行套期保值交易,利用大宗商品衍生品进行套期保值更容易出现交叉套保进而产生基差风险和交割风险。青山集团生产的主要产品为镍铁(含镍量较低)和高冰镍(含镍量70%左右),并不符合LME镍期货合约(交割品镍含量不低于99.8%,俄罗斯出口的精炼镍可以达到这个标准)的交割条件。青山集团所称套期保值实际上是典型的交叉套保。

从事件经过来看,青山集团并未对该交易策略产生的基差风险和交割风险预先采取足够的应对措施。一是青山集团持有的巨量空头头寸反映出其可能未考虑基差风险。在进行交叉套保时,应反复检验被套期商品(高冰镍)与套期工具(LME镍期货)价格的关联度,据此确定期货空头头寸并根据价格关联度的变化进行动态调整。但到目前为止,青山集团并未公开说明其重仓LME镍空头头寸是如何确定的,镍价上涨以来是否进行过头寸调整。二是青山集团在持有的期货空头合约集中临近到期前,既没有对头寸进行移仓,也没有准备足够的库存现货用于交割,一旦发生逼空,其将面临巨大的基差风险和交割风险。在没有现货用于交割的情况下,青山集团只能被迫平仓或进行现金交割,承担期货交易的损失。假如青山集团可以以相对应价格立即在现货市场上出售和其LME镍空头头寸相对应数量的高冰镍,则其可以通过赚取现货市场利润弥补期货市场损失。但现实情况往往是,巨量空头持有者如青山集团很难立即出售如此货量的现货(一是没有足够的货量,二是实物市场流动性较差),未来现货能否完全销售、在什么时间内完成销售和以什么价格销售都存在不确定性。这主要取决于市场波动情况和现货买家的履约能力等一系列因素。

最后,青山集团缺乏对市场的高度敏感。期货市场的一大特点是零和博弈,且大宗商品期货市场相较金融期货市场波动性往往更大,市场任何的风吹草动都可能引起价格的剧烈变化。因此,大宗商品期货市场参与主体应时刻保持对一切风险因素的高度警觉。2022年以来,镍库存持续下降,镍价已出现明显上涨趋势。俄乌紧张局势升级,境外相关消息已经发出可能发生战争的警告。青山集团持有巨额期货空头合约的消息在业内已被传开。只要对以上事件或信号进行认真分析,结合历史上多次逼空案例教训,基本就能得出青山集团存在被逼空风险的结论。从控制风险的角度而言,青山集团更好的做法无疑是尽早减仓或移仓,提前准备好足够的现货以供交割,但青山集团似乎并未采取上述行动。

1.3 案例启示

回顾此次事件,固然有 LME 未根据经济发展形势变化及时更新交易所规则(LME 镍交割品种不足)、国际资本利用交易所规则(持仓限制和信息披露要求不够严格、无涨跌停限制)进行恶意逼空等原因,但是青山集团在套期保值风险管控、交易策略和市场敏锐性等方面可能存在的不足,也无疑给了对手可乘之机。期货本身作为套期保值的有效工具,并不必然造成风险和损失,关键在于工具使用者如何科学有效管理,趋利避害。我们也应从历史和此次事件中总结经验和教训,不断提升大宗商品风险管理的能力。具体启示如下。

第一,强化风险意识,坚持套期保值和完善风控系统。中国企业或机构应时刻保持强烈的风险意识,坚持套期保值和防止投机的总原则;建立并不断完善包括前中后台分离的岗位体系、分级审批授权的流程体系、多点触发的监控体系和兜底的风险指标体系在内的"四位一体"风险管控系统;风险管理部门应对套期保值交易进行独立评估和监督,严防衍生品交易从套期保值演变为投机;尤其应对于利用做空衍生品进行套期保值的交易保持高度警惕,建立综合考虑自身所处业务链环节和市场定位、现货和期货两方面特点、市场流动性和自身流动性等诸要素的做空头寸限额机制,严防逼空风险。

第二,合理制定交易策略,严格管理基差风险。中国企业或机构在制定套期保值策略时,应基于现货产销计划建立不同交割期限的头寸,尽可能在时间和数量上与现货匹配;要认真研究基差变化规律,选择合适的期货品种并动态管理持仓头寸,努力将基差风险最小化;要持续关注上下游客户履约能力,动态评估和测试重要客户的履约风险;对于套期保值策略(尤其是交叉套期保值),风险管理部门应深入识别其是否真正符合套期标准,要切实控制好基差风险。

第三,做好流动性管理,防范交割风险。中国企业或机构应充分关注所经营大宗商品的库存、仓单等基础数据的变化,在头寸限额管理的基础上适时调整衍生品仓位,尤其针对"小品种"大宗商品应确保有充足的现货来源进行交割,防范逼空情形下的交割风险;期货合约进入交割月后,通常会出现流动性下降、保证金比例提高等情况,逼仓风险也会加大,应特别关注临近到期的衍生品合约,适时采用移仓等方式对头寸进行灵活管理;应定期(频率越高相对越安全)做好保证金压力测试,确保在极端行情下保持流动性充足,防范无法及时足额追缴保证金的流动性风险。

第四,坚持底线思维,保持对市场的敬畏。中国企业或机构应坚持底线思维,保持对市场的敬畏,全面收集和掌握全球范围内与衍生品交易相关的政治、经济、市场库存、交易对手等各方面信息;深入研究相关衍生品交易所的规则,及时关注规则变化,对于规则中存在的可能被利用的漏洞做到底数清、预案足；要关注和预判包括地缘政治变化在内的"黑天鹅"事件，据此提前对企业持仓盈亏进行敏感性分析，对交易策略、持仓总限额和止损限额、流动性管理等风险管理措施进行定期或不定期检视，并做好极端情况下的应对预案。

课程思政点

该事件凸显了企业在参与期货市场时面临的巨大风险。这提醒人们在经济活动中要具备强烈的风险意识，不能只看到潜在的收益而忽视风险。企业需要建立完善的风险管理机制，对市场变化保持敏锐的洞察力，提前做好风险应对预案。对于个人来说，也应该在生活和投资中有风险意识，不盲目冒险。

青山集团原本进行镍期货空头头寸的目的可能是套期保值，但实际操作中是否超出了合理的边界引发了争议。这启示我们在使用金融工具时，要明确自己的目的，遵循合理的规则和策略，不能偏离初衷，避免过度投机。同时，也教育人们在做任何事情时都要守住底线，不越过道德和法律的边界。

镍期货事件涉及巨额资金和市场波动，可能对国家的金融稳定产生一定影响。这启示我们要更加重视国家金融安全，加强对金融市场的监管和风险防范，确保金融体系的健康运行。对于个人而言，可以增强对国家金融政策和法规的了解，支持国家维护金融安全的措施。

参考文献

[1] 甘居鹏.青山控股称已调配到足够现货交割"镍王"被逼空事件波及多家A股上市公司[EB/OL]（2022-03-09）[2023-03-05]. https://baijiahao.baidu.com/s？id＝1726832599226553442&wfr＝spider&for＝pc.

案例2 中金花呗资产证券化案例

2.1 案例简介

中金花呗资产证券化指中国金融国际资产管理有限公司（简称"中金国际"）将其旗下的花呗分期业务的消费金融资产进行证券化，发行了一系列资产支持证券（ABS）。该证券化项目于2019年12月成功发行，总规模达到100亿元人民币。其中，A级证券规模为60亿元，B级证券规模为40亿元。该项目的发起人是中金国际，承销商为中金公司、中信建投证券和招商证券，主要投资者为各类机构投资者，包括基金公司、保险公司、银行、证券公司等。证券化结构为典型的资产支持证券结构，即将花呗分期业务的消费金融资产打包成特定的资产池，再将该资产池划分为不同等级的证券，以不同的优先级进行发行和交易。该项目的证券化发行成功，为中金国际拓展了资金来源渠道，同时也为投资者提供了多样化的投资选择。该项目也为中国资产证券化市场的发展提供了有益的经验和借鉴。

中金花呗作为一家互联网金融公司，拥有大量的债权资产，包括消费信贷、小额贷款等。通过资产证券化，中金花呗可以将这些债权资产打包成证券，并发行给投资者，从而获得资金，同时也可以将风险分散给投资者。资产证券化是一种金融工具，通过将资产转化为证券，可以帮助企业融资、降低资金成本、优化资产负债结构，释放资产潜在价值，提高资金利用效率。

中金花呗资产证券化主要源于金融市场的需求和中金花呗自身的发展需求。首先，金融市场对多样化、高效率金融产品和服务的需求日益增长，资产证券化是一种创新的金融工具，可以满足市场对多元化、个性化投资品种的需求。其次，作为一家互联网金融公司，中金花呗的业务规模不断扩大，资产规模逐渐增大。为了提高资金使用效率，降低融资成本，减少资产负债风险，中金花呗需要寻求更多的融资渠道，资产证券化成为一种有效的融资方式。再次，中金花呗资产证券化可以提高公司的透明度和信用度，增加投资者对中金花呗的信任，有利于公司的品牌建设和市场竞争。最后，作为中金花呗资产支持证券的基础资产，蚂蚁花呗是与消费场景结合紧密且应用范围较为广泛的一种互联网消费金融产品。它由头部互联网金融公司蚂蚁集团自设子公司重庆市蚂蚁小微小额贷款有限公司（简称"蚂蚁小贷公司"）开发，并由蚂蚁集团给予先进技术支持。根据最新报告，目前花呗的用户规模超3亿人，同为互联网消费金融平台的京东白条用户规模仅0.578亿人，故选择"中金花呗2017年第一期消费授信融资资产支持专项计划"作为案例具有一定的行业代表性。

2.2 案例分析

蚂蚁花呗作为蚂蚁集团的金融板块之一，拥有良好的用户基础。同时，其与淘宝系列互联网购物平台联系紧密,可在用户规模上获得竞争优势。用户规模的庞大意味着蚂蚁小贷公司必须持有足够的资金来满足业务的正常运作。对于在未来经营中有持续性巨额资金需求的蚂蚁小贷公司来说,如何盘活账上大量的应收款才是解决问题的关键。资产证券化作为一种新型金融工具,可帮助企业将固定资产转化为流动资金,提高资金利用效率,降低融资成本,扩大企业融资渠道。对于中金花呗来说,资产证券化可帮助其更好地管理债权资产,提高资金使用效率,降低资金成本,从而更好地促进业务发展。首先,中金花呗资产证券化可以帮助其优化资产负债结构。中金花呗是一家互联网金融公司,其主要资产是债权资产。通过资产证券化,中金花呗可以将这些债权资产进行打包和转让,从而获得资金,优化资产负债结构,提高资金使用效率。此外,资产证券化可以帮助中金花呗降低融资成本。通过发行证券募集资金,中金花呗可获得更低成本的资金,降低融资成本,提高企业盈利能力。其次,中金花呗资产证券化可帮助其拓宽融资渠道。通过资产证券化,中金花呗可将债权资产转化为证券,通过证券市场进行发行和交易,从而拓宽融资渠道,吸引更多投资者参与,为企业提供多元化融资渠道。同时,资产证券化可帮助中金花呗降低对传统银行融资的依赖,减少融资风险,提高融资的灵活性。最后,中金花呗资产证券化可提升其资产流动性。通过资产证券化,中金花呗可将债权资产进行打包和转让,提高资产流动性,提升资金使用效率,降低资金成本,从而更好地支持其业务发展。

蚂蚁小贷公司选择与中金国际合作,看中的是中金国际证券承销的资质与经验以及在资产支持计划中的管理能力。中金国际作为发行载体,从蚂蚁小贷公司获得基础资产的真实出售。当然,这种选择并非单向,发行载体对原始权益人的基础资产资质有专门的评价。首先,资产支持专项计划的基础资产在转让时有完全的独立性,意味着原始权益人的入池资产与非入池资产能够做到明确分离。其次,资产支持专项计划的发行规模并非由原始权益人一方决定,中金国际作为计划管理人有权利参与决定发行规模的体量,故对基础资产的规模有一定的要求。最后,基础资产入池需要具备可识别规律性,以确保发行的证券收益能够合理预测。同时,中金国际作为资产服务机构负责管理基础资产,包括但不限于联合会计事务所、律师事务所以及评级机构对基础资产进行增级、资金划付、贷款后续管理、处置违约资产、后续投资等。民生银行作为托管银行,根据计划管理人的指令进行相应的资金划拨。

2.3 案例启示

近年来,随着金融科技的快速发展,互联网金融产品层出不穷,其中包括一系列消费信贷产品。中金花呗作为一款消费信贷产品,通过创新的商业模式和科技手段,成功地实现了资产证券化,为金融行业带来新的启示。

其一,中金花呗资产证券化的成功,表明了金融科技对传统金融业务的颠覆和创新。传统的金融业务往往依赖于传统金融机构,而金融科技的发展让更多的金融产品得以通过互联网平台进行发行和流通。金融工具的创新不仅为投资者提供了更多的选择,也为企业提供了更多的融资渠道,促进了金融市场的发展和经济的增长。特别是中金花呗资产证券化的成功,为金融科技的发展提供了一个有力的案例,为实体经济提供更多的支持和服务,也为其他金融科技产品的发展提供了借鉴和启示。

其二，中金花呗资产证券化的成功，为金融行业提供了一种全新的融资方式。资产证券化是指将一定的资产进行打包和转让，通过发行证券的方式来融资。中金花呗通过资产证券化，成功地实现了对其消费信贷资产的转让和融资，为其业务拓展提供了更多的资金支持。这种融资方式不仅能够降低企业的融资成本，还可以提高资金利用效率，为金融行业提供了一种新的融资渠道。

其三，中金花呗资产证券化的成功，为金融行业的风险管理提供了新的思路。资产证券化可以将资产进行分散化，从而降低特定资产的风险。对于中金花呗这样的消费信贷产品来说，资产证券化可以将消费信贷资产进行打包和转让，从而降低信贷风险。通过这种方式，金融机构可以更好地管理和控制风险，提高其业务的可持续发展能力。

其四，中金花呗资产证券化的成功，也提示了金融机构应注重合作和共享。资产证券化过程中，中金花呗不仅需要与消费金融公司合作，还需要与证券公司、投资者和监管机构等多方进行合作，共同推动资产证券化项目的实施和发展。此种多方合作和共享的模式，不仅可有效整合资源，降低成本，还可提升效率，增加透明度，减少风险，实现多方共赢。只有打造更加开放、包容的金融生态，才能更好地发挥金融科技的作用，为金融市场和实体经济创造更多价值。

其五，中金花呗资产证券化的成功，也给投资者带来了更多的投资机会。资产证券化可以将资产转化为证券，从而为投资者提供了更多的投资选择。对于中金花呗的消费信贷资产证券化来说，投资者可以通过购买这些证券来参与消费信贷市场，从而实现资产配置和风险分散。这为投资者提供了一个新的投资渠道，也为金融市场的发展带来了更多的活力。

总而言之，中金花呗资产证券化的成功，为金融行业提供了新的启示。它不仅表明了金融科技对传统金融业务的颠覆和创新，还为金融行业融资方式、风险管理和投资机会提供了新的思路。相信随着金融科技的不断发展，资产证券化将会成为金融行业的重要趋势，为金融行业发展带来更多机遇和挑战。

课程思政点

资产证券化是一种金融创新手段，能推动金融市场的发展。相关机构和企业应承担社会责任，确保创新不会带来过度的金融风险，从而影响社会经济的稳定和损害广大民众的利益。

中金花呗资产证券化涉及众多参与者和复杂的信用评估，应从诚信原则出发，强调在金融活动中建立健全的信用体系的重要性，以及失信行为可能带来的严重后果。

从金融从业人员的角度，应探讨在参与资产证券化业务时应秉持的正确价值观和职业道德，防止为追求个人或机构利益而损害公共利益。

参考文献

[1] 盛安琪. 中金花呗资产证券化案例研究[D]. 保定：河北金融学院，2022.

案例 3　我国基础设施 REITs

3.1　案例概述

不动产投资信托基金(Real Estate Investment Trusts，REITs)，是通过发行受益凭证的方式汇集特定多数投资者的资金，交由专门投资机构进行投资经营管理，并将投资综合收益按比例分配给投资者的一种金融投资产品。而基础设施 REITs 顾名思义是以基础设施为底层资产的 REITs，即专门对基础设施资产进行投资、经营和管理的一种金融产品。

不动产投资信托基金产生于 20 世纪 60 年代的美国。彼时，美国国内资源集中投向军工领域，导致财政资金匮乏，无法满足民生领域高速公路、保障性住房等基础设施项目建设的资金需求，财政收支缺口较大。与此同时，美国的城镇化率、人口增长率、居民储蓄率均保持在较高水平，大量资金沉淀在社会领域。为此，美国时任总统德怀特·戴维·艾森豪威尔(Dwight David Eisenhower)提出"广泛吸引社会资本，支持基础设施建设，共享投资收益"的政策主张，融合公募基金、信托及现代公司制度优势，设计并推出了基础设施 REITs 产品。随后，美国又通过《国内税收法典》修正案，确立了 REITs 的合法身份。产品一经推出，市场反响强烈，迅速解决了美国财政收支失衡、债务居高不下的"燃眉之急"。基础设施 REITs 迅速发展成国际金融市场的"新宠"。

在国际金融市场中，REITs 主要作为房地产金融的投资产品。综合全美房地产投资信托协会(National Association of Real Estate Investment Trusts，NAREIT)和欧洲公共房地产协会(European Public Real Estate Association，EPRA)的统计数据，截至 2023 年末，全球已上市的 REITs 近 1 千只，分布在 40 多个国家和地区，总市值超过 2 万亿美元。美国在发行量与发行规模上均居领先地位，其 REITs 总市值约 1.5 万亿美元，占全球 REITs 市场规模的近 70%，底层基础资产种类丰富，涉及写字楼、农田、工业园、购物中心、数据中心等，是当今世界 REITs 市场最为发达的国家。澳大利亚、日本、英国和新加坡的 REITs 市场规模排名紧随其后，市场规模均超过 500 亿美元，底层资产相对集中于写字楼、批发市场、购物中心等传统商业地产。

国内基础设施 REITs 市场起步较晚，相关政策框架齐备，但均处于试点阶段，如表 1。

自 1994 年我国实行分税制改革以来，中央财权上收、事权下放，地方财权和事权不匹配的矛盾日益凸显。在建设资金不足而又迫切需要改善城市面貌的情况下，地方政府普遍通过成立融资平台公司举债的途径，筹集资金用于基础设施建设。特别是近年来城乡建设规模不断扩大，各地在短期内形成了大量基础设施资产。但此类资产往往流动性不强，地方政府及其融资平台公司因此也背负了大量债务，导致部分地区政府性债务水平上升，偿债风险加大，潜在影响区域财政和金融稳定。

2014年以来,中央和地方政府已经意识到债务风险累积的隐患。为了防范化解风险,各地纷纷制定出台了地方债务化解方案,以期分年度逐步消化存量债务。根据当前情况来看,各地存在着化债形式单一、创新化债方式不多、化债过于依赖财政性资金的情况,盘活处置在手资产用于化债的力度明显不足。因此,盘活存量资产的迫切需求进一步提升,在一定程度上推动了基础设施 REITs 试点政策的出台。

表1 我国 REITs 相关事项

时间	文件	相关事项
2020年4月30日	《中国证监会 国家发展改革委关于推进基础设施领域不动产投资信托基金(REITs)试点相关工作的通知》	国内基础设施 REITs 试点工作的启动
2022年1月26日	《财政部 税务总局关于基础设施领域不动产投资信托基金(REITs)试点税收政策的公告》	明确基础设施 REITs 的配套税务处理规则,对资产剥离入池环节涉及的底层资产转让收益、特殊目的公司股权转让收益等提供企业所得税递延纳税优惠
2022年5月24日	《中国证监会办公厅 国家发展改革委办公厅关于规范做好保障性租赁住房试点发行基础设施领域不动产投资信托基金(REITs)有关工作的通知》	针对底层资产为保障性租赁住房的基础设施 REITs 作出了具体规定
2023年3月1日	《国家发展改革委关于规范高效做好基础设施领域不动产投资信托基金(REITs)项目申报推荐工作的通知》	明确基础设施 REITs 试点资产范围拓宽至消费基础设施项目,但写字楼及公寓类商业地产项目仍未被纳入试点范围

地方政府在手的大量基础设施建设资产中,很多资产是有一定收益的,如收费公路、轨道交通、污水处理、产业园区等。特别是 2020 年以来,受新冠疫情影响,中央财政赤字率的提升、地方政府专项债券发行量的增加和抗疫特别国债的发行,将直接为地方基础设施建设项目提供大量的资金,项目资产在未来几年内将持续稳定增加。

基于宏观经济形势,中央正式启动基础设施建设 REITs 试点,为盘活地方政府性债务形成资产进行上市交易、助力地方政府性债务的化解提供了较好的市场和政策基础,机遇难得,效果可期。

在政策鼓励和多方支持下,国内 REITs 市场的表现亮眼。截至 2023 年末,沪深交易所已上市的基础设施 REITs 共 32 只,发行规模合计约 1 005 亿元,在我国公募基金市场(27.3 万亿元)占据一席之地,投资收益表现相对于股票市场有相当的竞争力。从原始权益人所在地看,北京、深圳占比最高,均达到 18%。从项目所在地看,北京占比最高,达到 18%;深圳次之,达到 16%;上海位居第三,达到 11%;其余 23 个省市占比合计 55%。从资产类型看,园区基础设施占比最高,达到 30%;仓储物流次之,占比 19%;保障性租赁住房位居第三,占比 15%;交通基础设施位居第四,占比 11%;其余消费类、环保类、能源类基础设施占比合计达到 25%。除项目原始权益人、项目公司、运营管理公司这些实体企业之外,REITs 的产品搭建还需要多种类金融机构参与,包括基金管理人(通常为基金公司)、基金托管人(通常为银行)、ABS专项计划管理人(通常为证券公司),三者缺一不可。可以说,REITs既盘活了实体企业,也带动了金融机构发展,还加深了实体经济与金融产业的融合。市场主体参与范围广,对经济活动的调动力极强。

3.2 案例分析

中央正式启动基础设施建设REITs试点以来,我国基础设施REITs的基本流程包括四个阶段:一是基金管理人向中国证券监督管理委员会(简称"中国证监会")申请注册公募基金REITs;二是公开募集基础设施证券投资基金用80%以上基金资产持有资产支持证券,并持有其全部份额;三是项目公司进行重组;四是由资产支持专项计划或另设私募基金100%收购项目公司股权。涉及四类主体:一是原始权益人;二是基金管理人;三是基础设施运营管理机构;四是公众投资者。

建设的目的主要是:(1)防范债务与经济周期共振风险,平稳宏观经济运行;(2)拓展居民投资新渠道,助力缩小居民收入差距;(3)盘活且再投资于保障性租赁住房,助力缩小居民财富差距;(4)盘活与再投资于县城市政基础设施,助力缩小城乡发展差距;(5)盘活且再投资于交通基础设施,助力缩小区域发展差距。但现实中仍存在以下问题。

第一,税收优惠政策不足。我国尚未针对基础设施REITs产品在税收方面出台相应法律法规。尤其是基础设施REITs在融资过程中未实质转让不动产,却需按照转让不动产的条件缴纳高额税收,导致资产剥离成本较高,不利于盘活社会存量资产。基础资产税收设计的复杂性,使基础设施REITs项目持有人面临税负过高与双重征税的压力,在很大程度上制约了我国基础设施REITs的发展。

第二,基础设施资产转让政策不完善。基础设施REITs项目的形成,不仅要求证券投资公募基金拥有基础资产的独立权和排他权,并且要求原始权益人必须实现对基础资产所有权和特许经营权的转让。目前,基础设施REITs试点项目所涉及的标的资产大多为国有资产,而国有资产监管部门对与国有资产交易相关的规定如审计评估、内外部决策审查、股权转让程序等,尚未明确。关于特许经营权,我国现有法律强调企业不得擅自转让、出租,这表明我国尚未放宽对特许经营权的限制。而基础设施REITs是否能通过特殊目的载体收购项目公司的股权,这个问题也没有明确的规定。同时,我国关于基础资产完全转让方面的法律法规和部门之间的相关配套政策也尚未出台,导致基础资产不能实现排他性和独立性,不利于准确评估基础资产的价值,严重制约基础资产的转让,使得基础设施REITs的发展受阻。

第三,基础设施REITs监管制度尚未完善。基础设施REITs的业务新、链条长、涉及主体多、结构复杂,需监管部门在项目审核、登记、上市交易和退出方面发挥监督管理作用。但现阶段,我国尚未出台专门针对基础设施REITs监管的正式文件,导致试点工作在各个环节存在一定的操作风险。且《国家发展改革委关于进一步做好基础设施领域不动产投资信托基金(REITs)试点工作的通知》(发改投资〔2021〕98号,简称"985号文")中放宽基础资产的行业范围,使得监管部门任务加剧。建立完善的监管制度成为基础设施 REITs 试点工作顺利进展的迫切需要。

第四,基础设施 REITs 项目筛选难度升级。从首批基础设施 REITs 的发行来看,项目的地理位置主要是京津冀、长江三角洲、粤港澳大湾区等经济发展重要区域,涉及的基础设施类型包括交通基础设施类、环保类、产业园类和仓储类等主流基础设施类型。"985 号文"中提到扩容基础设施 REITs 的行业范畴,新增清洁能源、保障性租赁住房、旅游和其他基础设施类型,同时基础设施 REITs 的范围也从首批试点发行的重点区域转向全国。对于首批成功发行的项目,项目所处的优越地理位置也发挥了作用。而全国范围内的项目审核筛选将不再具备这项优势,导致项目审核内容增多,审核难度提高。对于新涉足的项目类型,需要花费更多的人力物力对其进行审核评估,以保障投资人的稳定收益。

第五,各类中介服务机构业务能力欠缺。当前,基础设施 REITs 存在较大的发展难题,即缺乏具备基础设施领域运营管理经验的基金管理人和缺乏具备项目实际操作经验的专业性人才。包括银行在内,各类中介服务机构对基础设施 REITs 及其底层资产选择方面的相关研究甚微。不仅如此,专业的基金托管人、资产评估机构、验资机构、审计机构等对基础设施 REITs 的上市条件仅仅处于初步了解阶段,专业的机构和人才较为匮乏。另外,二级市场特定基金资格认定的做市商数量不足,将会对后续基金的申购和交易产生影响。

第六,基础设施 REITs 二级市场流动性不足。将公众投资者大量闲置的资金投入基础设施建设当中,缓解基础设施建设投融资的压力,这是发展基础设施 REITs 的目的之一。但在首批挂牌上市的基础设施 REITs 中,投资者依旧以战略投资者为主,封闭式运作和投资结构带来的锁定期问题,导致二级市场缺乏流动性。以上两点是基础设施 REITs 的本质特征,而二级市场机制问题才须重点关注。当前,我国基础设施 REITs 正初步探索做市商机制。"985 号文"规定基金管理人须选定不少于 1 家流动性服务机构,做市商制度的引入对于二级市场活跃度的提高十分关键。

3.3 案例启示

我国当前基础设施 REITs 试点预示着须从以下几方面入手进行完善。

第一,强化顶层设计。省级层面在制定出台加快基础设施 REITs 发展实施的意见,明确具体工作方向、工作要求。加大政策宣传、引导,引导国有企业、地方政府将基础设施 REITs 作为盘活存量资产、扩大有效投资、破解当前财政困境的有力方式和有效途径。

第二,加强项目储备。全面梳理交通、能源、市政、生态环保、园区等领域符合基础设施 REITs 项目要求的存量资产,建立全省基础设施 REITs 项目库,应入尽入,动态更新。强化项目培育辅导,成熟一个,推进一个,重点关注高速公路、高新技术园区等资产规模较大、经营效益较好的领域。

第三,完善配套措施。考核激励方面,积极支持各类市场主体参与项目申报,对成功发行的国有企业、地方政府于年度考核中进行加分。财政奖补方面,对参与发行的原始权益人按其融资规模的一定比例给予一次性激励补助。要素保障方面,将成功盘活存量资产、发行REITs产品的新基础设施项目,纳入省级重点工程项目名单,给予用地、能源等要素保障。

第四,健全工作机制。进一步完善项目申报发行机制,强化国家发展和改革委员会、财政部、中国证监会等部门协作,加强工作衔接指导。建立与沪深交易所信息互通机制,加强沪深交易所对发行REITs产品的前期策划指导,加快推进项目合规性审查和上市交易。进一步完善REITs运营机制,明晰基金管理人、权益人权责分配,保障基金稳健运营。

课程思政点

基础设施REITs有助于筹集资金用于基础设施建设,这既能促进经济增长,又能改善民生条件。可以引导思考如何在经济发展中实现人民生活质量的提升,体现以人民为中心的发展思想。

探讨REITs如何促进资金在基础设施领域的优化配置,提高资源利用效率。同时,思考如何确保这种资源配置方式能够兼顾不同地区、群体的利益,实现社会公平。

基础设施REITs投资的项目往往具有长期的社会和环境影响。可以从社会责任的角度出发,思考如何通过这种金融工具推动可持续发展,实现经济、社会和环境的协调发展。

参考文献

[1] 吉翔.向基础设施REITs要财政效益[J].银行家,2024(5):89-92.
[2] 赵红梅.公募REITs对消费基础设施的价值挖掘及影响因素[J].现代营销(下旬刊),2024(4):47-49.
[3] 孙月琳,陈晨.住房租赁REITs的国际经验与本土探索[J].产业创新研究,2024(8):46-49.

案例4 中国银行"原油宝"风险事件案例

4.1 案例概述

2020年上半年,全球重大风险事件频发,继3月份的"灰犀牛"事件和美股创纪录的10天内4次熔断的"黑天鹅"事件出现后,北京时间4月21日凌晨,又一只"黑天鹅"横空飞出,美国纽约原油WTI05期货合约的价格因持续下跌而出现负值,最低跌至每桶−40.31美元,最终现货交割价格为每桶−37.63美元。而以−37美元结算该合约的中国银行(简称"中行")"原油宝"出现穿仓(穿仓是指客户账户上客户权益为负值的风险状况,即客户不仅将开仓前账户上的保证金全部亏掉,而且还倒欠期货公司的钱),致使国内所有投资者遭受巨大损失。这一风险事件教训极为惨痛,不但使中行百年大行的清誉受损严重,而且使所有投资者损失惨重。为了避免类似风险事件再次发生,市场各方均有必要对此进行深层反思并引以为戒。

4.1.1 案例背景

2020年2月24日,新冠疫情全球蔓延,全球股市暴跌,国际金融市场经历"黑色"一周,国际原油市场也受到影响。2月24日,WTI原油主力4月合约收盘价51.34美元/桶,WTI05合约收盘价报51.49美元/桶,结算价为51.58美元/桶。2月28日当周结束,WTI原油主力4月合约收盘价45.26美元/桶,WTI05合约收盘价报45.49美元/桶,结算价为44.94美元/桶。受新冠疫情全球蔓延影响,WTI原油主力合约收盘价2月底最后一周下跌11.8%。3月6日,石油输出国组织及盟友谈判破裂。3月7日,沙特阿拉伯宣布降价并增产,掀起全球最大产油国间的原油价格战,令国际油价跌幅扩大。3月9日,原油期货市场开盘后暴跌,WTI原油主力4月合约收盘价为30.24美元/桶,5月合约收盘价为30.6美元/桶,日间最低价下跌过30%。3月9日,全球股市遭遇"黑色星期一",全美证券市场面临史上第二次熔断,此后于3月12日和3月16日又分别发生了两次熔断。这三日,道琼斯工业指数的跌幅分别达到7.79%、9.99%、12.93%。在国际金融市场恐慌情绪蔓延的情况下,原油供需失衡导致库存高位运行,令原油价格进一步承压,原油市场上出现供给过剩而供应量急剧下降的现状。同时,储存世界原油的空间也日渐萎缩、原油的运输成本也在日益增加。

4.1.2 案例导火索

自中国银行2018年1月份推出"原油宝"产品以来,近两年的时间里,其一直无功无过,虽没有带来太大的利好,但也没有任何的损失,然而这种微妙的平衡在2020年初便被破坏了。在诸多因素影响下,自2020年3月份开始,国际原油期货交易价格开始不断下跌,大部分国内投资人也因此发现了原油的巨大投资机会,并因此产生了大规模抄底原油的情况。他们在还没有完全了解"原油宝"的详细规则以及潜在风险的前提下,就争相买入。

而芝加哥商品交易所(简称"芝交所")在2020年4月15日发布通知,宣布将改变交易规则,并准许在原油期货交易市场上开展负石油价格的买卖,即无论发生任何情况(零抑或是负成交值),所有的交易系统和清算系统都将继续运行而不会自行终止,任何常规交易和指令都会被执行。这种特殊的交易背景和特定的交易机制,无论是对于国际原油期货市场还是与其挂钩的"原油宝"来说,都是一次前所未有的挑战,进一步扩大了原油期货市场交易和"原油宝"产品交易的风险。

4.1.3 事件发生的过程

中行"原油宝"交易在北京时间2020年4月20日22:00停止。中行根据相关规定停止交易系统,此时"原油宝"的WTI05合约原油价格降低至10元以下。虽然中行停止交易,但芝交所交易并未受到影响。次日凌晨,美国WTI原油市场出现历史以来最大幅度的下跌,价格跌至零下。当天价格最低值为-40.32美元/桶,结算价为-37.63美元/桶。这次价格波动是芝交所原油期货上市后首次出现负值结算价,还刷新了原油交易史上的单日跌幅纪录。

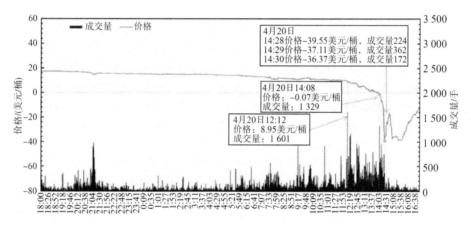

图1 "原油宝"事件当日4月20日WTI2005合约的价格和成交量

在美国原油快跌破0美元/桶时,中国建设银行(简称"建行")、中国工商银行(简称"工行")等多家商业银行纷纷向进行"纸原油"投资的投资者作出风险警示,大多数投资者都避免了更进一步的损失。然而,中行却迟了一步。所以,在4月20日,当原油期货价格跌破底价并出现负值时,中国银行及其投资者都遭受了较大的损失。4月21日,中国银行"原油宝"理财产品的购买者的交易账户的持仓损益为负值,不但意味着其初始本金全部赔光,并且还需弥补负价格的亏损。

4.1.4 事件发生的规模及事件处理结果

"原油宝"产品在推出两年多的时间后发生穿仓:"原油宝"于2018年1月推出,于2020年4月21日穿仓。据财新新闻报道,中国银行"原油宝"客户6万余户,客户损失分布如下。

表 1　原油宝客户损失金额区间

损失金额	1 万元以下	1 万～5 万元	5 万元以上
客户数	2 万户	2 万户	2 万户

按照协议-37.63 美元/桶的结算价统计,6 万余客户的 42 亿元保证金全部损失,中国银行垫付逾 58 亿元保证金。据估计,中行"原油宝"产品多头头寸约 2.4 万手至 2.5 万手(一手为 1 000 桶油),此次总体损失在 90 亿元左右。

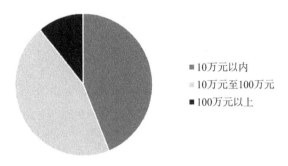

图 2　投资者损失分布图

2020 年,穿仓事件发生后,4 月 21 日,中国银行第一时间作出回应:从即日起暂停"原油宝"相关业务。4 月 22 日、24 日、29 日,中国银行连续发布公告,表达会积极承担责任,实事求是,切实保护好投资者权益。5 月 5 日,中行发出和解意愿,在客户自愿的前提下进行协商,若不同意和解,可以申请诉讼的形式解决。据财新新闻报道,一部分投资者已达成和解:中行承担全部负值亏损,对于保证金的损失,中行进行差异化赔偿,保证金金额高于 1 000 万的由投资者自行承担所有损失,而保证金金额低于 1 000 万的由中行给予投资者 20％的补偿,剩余部分自行承担。

2020 年 5 月 1 日,中国银行保险监督管理委员会(简称"银保监会")针对"原油宝"事件启动立案调查,全面督促中行落实并解决问题,并且对银行业提出新要求,进一步加强账户类产品风险管理。5 月 4 日,国务院金融稳定发展委员会强调,面对动荡的国际市场,要高度重视商品市场价格的波动,加强风险管理。

2020 年 12 月 5 日,银保监会对该事件调查之后指出,中国银行销售的"原油宝"产品违法违规操作重点在于:一是产品销售管理工作不合规,涉及的保证金与合同条文不明晰,产品销售发行后评估工作不完善,未进行产品销售压力检测等有关工作;二是风险管理失误,包含交易市场资金风险限额设定上出现重大问题、交易市场风险调节控制和管理与超限运营失衡、交易系统功能上存在缺陷,发现问题后又没有及时按规定纠正等;三是内控管理不健全,包含考评和激励制度不合理、对消费者利益的维护履职缺失、全行内部控制合规管理工作未能覆盖全市场部对私募产品的销售管理等;四是营销管理工作中出现不合规情况,涉及客户年龄不符合准入条件和部分营销文字信息出现了夸大传播、采取赠送实物等方式推销产品等。

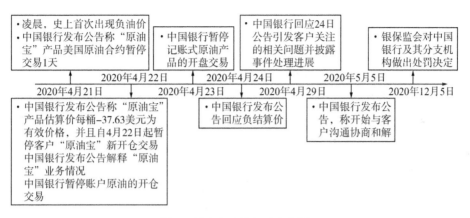

图 3　原油宝事件经过示意图

银保监会对中行及其分公司合计处罚 5 050 万元,对中行国际市场部两任负责人均予以严重告诫并处罚金 50 万元,对中行国际市场部的有关副总经理和资深交易员共两名工作人员予以严重告诫并处罚金 40 万元。除法律实施行政惩罚措施外,银保监会还暂停了中行的有关业务、各分支机构备案登记等事项,并责令中行依法依规全方位整合有关工作人员责任范围和严格责任追究,同时责令中国银行及时采取相应措施对有关问题作出修正,吸取教训,举一反三。

4.2　案例分析

4.2.1　"原油宝"产品设计存在缺陷

"原油宝"交易的渠道是多样化的,可以通过中国银行的网上银行、手机银行等多种渠道进行交易。此次"原油宝"事件的发生,与"原油宝"产品本身所存在的缺陷密不可分。无论是"原油宝"的设计,还是产品的流程与风险管理,都存在一定的问题。"原油宝"实际上是类似期货的账户商品,在设计时未考虑极端情况,在移仓以及平仓事件设计方面不合理,风险管理流程也不审慎。

(1) 交易时间设置不合理

从交易时间来看,中国银行的交易时间是早上 8 点至第二天凌晨 2 点,而同类型产品中,中国工商银行的交易时间为早上 9 点至第二天凌晨 4 点,中国建设银行的交易时间为早上 8 点至第二天凌晨 4 点,中国银行的交易时间是短于其他两个银行的。由于其交易的最后时间为凌晨两点,若为合约的最后交易日,则交易时间为当日 8 点至 22 点,"原油宝"会在 4 月 20 日 22 点就停止交易了。那么对于原油期货在 22 点后发生的价格波动,投资者是无法进入市场进行相应操作的,是无能为力的,必须等到第二天早上 8 点才能交易。而 WTI 原油的交易时间为早上 6 点至次日凌晨 5 点,一天交易 23 个小时。"原油宝"与其相挂钩的标的产品交易时间相差较大,很容易发生风险。在此次原油穿仓事件中,令投资者没有想到的是,在 22 点停止交易时,结算价格为正值的原油期货会在 22 点后发生巨大损失,最终只能以 −37.63 美元/桶的价格结算。

除此之外,中国银行还设置了一个非常接近到期日的结算日。根据WTI期货合约,如果第25个公历日不是工作日,则应在合约月前一个月的第25个公历日之前4个工作日终止交易。由于2020年4月25日是周六,不是工作日,2020年5月的期货合约理论上将于4月21日终止。如果专业机构计划展期期货合约,通常至少会在到期日的3至4天前进行。例如,中国工商银行在4月14日对5月份的期货合约进行了展期。然而,中行计划在4月20日进行展期,这显然是一种不专业的行为。

在平仓、移仓方面,中国银行要晚于工行以及建行两周。中行将平仓和移仓的时间定在了原油期货合约到期前的2个交易日,这意味着可以有更多的期限对原油价格的走势作出判断来获取更高的收益,但是,高收益也同时意味着高风险。在此次原油穿仓事件中,由于临近交易日,原油期货合约的流动性不足,当原油价格发生大幅度波动时,就会缺少对手方,面临着较大的风险。在"原油宝"事件中,合同结算日期为2020年4月20日,中国投资者不可能退出合同。再者,中国银行也未能及时将石油期货合约展期至5月份,没有在时间上对投资进行全面和广泛的风险缓解分析。

虽然中国银行在设置"原油宝"产品时,将最后的交易日期定在到期日前两天,给了投资者足够多的时间来减少原油期货价格波动所带来的风险,但是没考虑此设置在临近交割日原油期货缺乏流动性,给投资者和中国银行自身造成了巨大的损失。

(2) "原油宝"产品定位不清晰

中国银行的"原油宝"产品采用100%保证金交易形式,可以进行多空操作。中国银行在宣传"原油宝"产品时,称其为风险相对可控的非杠杆金融产品。"原油宝"业务的性质一直存在两极分化的争议,一方认为是理财业务,另一方认为是期货交易产品。中国银行也一再强调"原油宝"是一种理财产品,但其将"原油宝"定义为理财产品是为了躲避监管。实际上,"原油宝"是一种账户商品业务,类似期货投资,但是交易方式更加灵活,无杠杆,一般不涉及实物的交割。中国银行宣传"原油宝"为账户交易类产品,不能提取实物,相当于现金结算,不能交割,投资属性极强;"原油宝"的交易起点门槛低,为1桶,与原油期货相比,原油期货的开户门槛为50万元;"原油宝"产品与原油期货相似,采用"T+0"交易模式,可以最大限度提高资金使用效率。中行"原油宝"除了杠杆为1:1以外,其产品机制与原油期货极为相似。但实质上,根据规定,中国银行是不被允许从事这种高风险的期货产品交易的,这也是中国银行对于"原油宝"产品的定位一直模糊不清的根本原因。

(3) 产品宣传及客群定位不合理

2018年,中行发布了新的投资产品"原油宝",并在其社交媒体上发布了这样一句话:"对于没有专业金融知识的投资小白,是否也有好玩有趣又可以赚钱的产品推荐呢?当然有啦!那就是原油金!"此外,2020年3月,中行微信官方账号上还发布了原油比水便宜的广告,这可能会误导那些缺乏金融知识和投资经验的投资者。显然,中行对"原油宝"的宣传,对客户不负责任,存在漫不经心的态度。然而,工行对"原油宝"目标客户的态度要比中行严谨得多。对于原油期货账户产品,中国工商银行声称该产品的目标客户需要满足三个要求:第一,投资者应该具有完全的民事行为能力;第二,投资者必须能够承担该产品的相关风险；第三，投资者应该通过这项服务的健康评估，这可以保护他们不购买不符合他们财务能力的产品。显然，工行对这项服务的进入设置了一定的门槛，这意味着只有符合上述要求的人才有机会进入这个市场。毫无疑问，工行在选择目标客户方面做得很好，而中行却没有做到这一点。工行在选择目标客户方面的谨慎，大大降低了原油穿仓的风险。

(4) 风险管理存在漏洞

虽然中国银行的"原油宝"产品需要缴纳100%的保证金，并且中国银行也是国内在信誉、规模等各方面都名列前茅的商业银行，但此次事件也暴露了中国银行在对自身产品的风险管理控制方面有较大的问题。

一方面，对于石油此类波动性较大的项目进行投资时，银行是有义务对投资可能面临的风险进行广泛的市场调查的。一项完整的研究可以确定油价下跌的风险，有效减少风险。中国银行既没有对投资原油期货的风险进行全面研究，也没有在官方紧急公告发布时采取措施。另一方面，芝加哥商品交易所于4月15日宣布，原油期货合约的负价格有效。作为一个有着成熟审慎的风险管理的金融机构，中国银行应该能体会到文件背后的内容，并采取有效措施应对近期可能出现的负原油价格。然而，中国银行并没有作出反应。国内的工行以及建行在感知到原油期货的隐患后，及时提前撤离，大大减小了损失。但是中国银行的反应相比于其他银行要显得迟钝，其并没有针对当前供大于求、沙特阿拉伯与俄罗斯谈判失败等形势，将价格波动的风险告知客户。可以说，中国银行对于原油期货市场上的信息的变化并没有重视，缺乏对信息感知的灵敏度。除此之外，中国银行并没有建立良好的止损机制。中行在设置"原油宝"产品时规定交易时间为早上8点至第二天凌晨2点，但可以在其产品介绍中发现，其未对非交易时间的极端价格波动情况进行设置，也未考虑到原油期货合约价格的剧烈波动情况。而事实上，4月21日发生了原油价格为负的情况，可是其却没有进行任何的操作，在事前也没有作出发生此类风险的相关规定，造成了巨大的损失。中国银行未能履行其义务，证明其在业务领域不够专业。作为专业机构，中国银行应该为投资启动适当的风险缓解措施，充分向客户披露风险，并在投资开始出现亏损的时候替客户承担巨大的损失。

4.2.2 监管存在"灰色地带"

实际上，"原油宝"产品就是监管"灰色地带"的产物，是中国银行在监管漏洞中所创新出来的理财产品。2011年的《银行业金融机构衍生产品交易业务管理暂行办法》规定，不允许金融机构和个人投资者做场外衍生品的交易对手方。但是，从根本上来说，"原油宝"产品就是中国银行作为中间做市商，代替投资者进行原油期货的交易，实际上这是违反此规定的。近年来，我国监管机构在商业银行创新个人理财业务、从事衍生品市场交易方面出台了很多文件，但实际上还是存在着灰色地带的。

此次事件的发生，监管部门应该作出反思。从"原油宝"的交易方来看，根据规定，银保监会应依法对商业银行理财业务活动实施监督管理。但是，从交易所涉及的产品以及交易的特质来看，中国证券监督管理委员会（简称"中国证监会"）应该对其进行监管。实际上,中国银行就是在监管的漏洞中,创新出了"原油宝"产品。

4.2.3 投资者投资的盲目性

虽然"原油宝"事件的最终判决为中国银行承担大部分损失,但是,也不能将此次的损失完全归于中国银行,投资者也需要为自己的盲目投资付出代价。许多投资者对原油行业知之甚少甚至一无所知,大多数散户投资者甚至不知道自己在购买什么,不能自己分析市场行情,并对是否购买产品作出明智的决定。

现如今,随着社会经济的发展,越来越多的人持有闲散资金欲用于投资,因为投资是发挥钱生产性用途的好方法。与此同时,金融市场上也出现了各式各样的投资对象,银行的理财产品就是选择之一。大多数普通投资者对于理财产品的关注太过于狭窄,只会局限性地关注理财产品推出机构的状况、理财产品的收益、投资于此种理财产品的人数的多少等,甚至还有一些投资者会出现盲目从众的不谨慎行为。"原油宝"是中国银行推出的理财产品,作为中国大型的国有银行,其在中国的银行体系甚至金融体系中都具有较高的地位。因此,大多数投资者因"原油宝"是中国银行所推出的产品就放松了警惕性,再加上推销产品的工作人员针对产品的收益情况进行一些暗示或明示,在自己对所购买的产品的情况不完全了解之前,就进行了此类产品的购买。从根本上来说,还是投资者所具备的相应的专业知识太少了,有些投资者甚至都不太了解购买此种产品所具有的风险,仅仅把它当作一般的理财产品来投资。

4.3 案例启示

此次"原油宝"事件的发生,众多银行不仅意识到了金融衍生产品的巨大风险,与此同时,也意识到银行内部所存在的问题,即在金融创新,产品设计,产品事前、事中、事后的管理,风险管理上都存在着漏洞。

4.3.1 商业银行需要完善内部管理机制

中行"原油宝"事件的发生暴露了中行在风险管控方面的工作完成得还远远不够。同时,对商业银行来说,风险管理建设还有很长的路要走。"原油宝"穿仓事件的发生让我们清醒地意识到风险是无处不在的,对于像"原油宝"这种金融创新领域的产品,其背后所隐藏的风险更应该引起金融机构的警觉。我国金融业发展较缓,与国外发达国家相比也占据下风,所以我国在借鉴国外先进经验的同时,也要注意这些金融创新背后的风险。

随着互联网金融的不断深入发展,各大银行推出的创新型产品层出不穷,而且在瞬息万变的市场环境下,银行需要对每一关键节点会引发的风险保持高度敏感,加强自身的风险识别能力。在这方面,银行在对员工进行日常培训时,应重点树立员工的风险管理与防范意识,像信用风险、流动性风险以及交割风险等。中国银行作为境内的合格投资者,有资格进入境外市场进行石油期货交易,但是其必须确保日常工作中相关的一线员工能够在保证基本专业水平的基础上,对风险作出准确识别,以及在紧急情况下对潜在的风险提出应急预防措施,进而可以确保投资者获得相关的合法权益。

不仅如此，银行应该加大对各类金融产品熟悉的复合型专业人才的培养力度，以便其可以从专业角度多方面审视产品创新，力求避免产品创新中的瑕疵。与此同时，消费者权益保护的理念也应该深入融合进业务的全过程。因为维护消费者权益是国有银行的社会责任，坚持以客户为中心更是国有银行不变的经营理念。所以，金融市场中，商业银行尤其是国有银行，需要将消费者权益保护的理念与经营业务深度融合。

4.3.2 个人投资者需要增强风险意识

自"原油宝"事件发生以来，各方都在指责中国银行没有做好风险控制工作才导致投资者巨亏，但从事件本身来说，这也是对投资者进行期货知识科普和风险识别教育的一次好机会。

投资者要培养对自己的风险承受能力合理预估的习惯。因为投资就有风险，所以无论是对于银行的理财产品还是其他衍生品交易，在投资之前，一定要做好对自己资产的风险评估以及明确所能承受的最差结果。"原油宝"交易的客户群体就是因为对底层标的缺乏了解，认为产品规模小最多也就是亏损本金，并没有主动了解背后隐藏的风险，而是将其当成普通的理财产品去投资才造成巨亏。即使是银行的理财产品也不是一定安全的，所有投资都一样风险和收益并存，投资者一定要在衡量自己需要承受的风险区间和可以获得的收益大小之后再决定是否要进行投资，而且在选择适合自己的理财产品时要确保自己有承担相应损失的资金实力。另外，要促使投资者养成分散投资的习惯。市场上的金融产品种类繁多，对于投资者来说有很多的选择机会，所以应该逐渐学会通过资产组合来分散风险。首先，从产品类型上，投资者有很多选择：像有杠杆的和没有杠杆的相搭配、股票投资与债券投资相结合、公募和私募相结合等，投资者可以根据自己设定的风险收益目标和自身的风险承受能力，通过相关的分析去构建一个合适的风险组合。其次，就投资本身而言，可以采取多头方与空头方相组合的方法以保持适当的比例。这样不仅自己能获得长期投资带来的丰厚回报，还能使自己手中始终保持一部分流动性现金，以便应对各种突发情况。过去的一段时间，中国的房地产市场和股票市场分别经历了低迷和上升期，对于有远见的投资者来说，这就是一个既可以保持资产流动性又能保证有稳定收入的好机会，但却很少有人抓住。就像"原油宝"的大部分投资者，他们就是因为没有分散投资，一次性选择了做空，这才造成这么大的损失。所以，对于个人投资者来说，要学会合理配置自己的资产，适当地购买一定比例的、不同类型的、长短期理财产品。

4.3.3 监管机构需要加强市场监管

"原油宝"事件的发生不仅让商业银行认识到其内部管理的重要性，而且让投资者学会谨慎投资、增强风险意识，更让监管机构发现了其当下监管模式的疏漏。作为专业的监管机构，应该反思的是"原油宝"这种金融产品是否应该在银行这类金融机构存在，这种产品的存在到底责任归咎于谁。从交易特质来看，这种产品隶属于期货产品的一种，应该服从于中国证监会。然而从交易方来看，这种产品是银行内部推出的，应该在银保监会的管辖范围内。另外,从事这种期货投资交易的风险性极大,只有具有一定专业资质的金融机构才可以从事这类业务,并且这项业务对于投资者的风险承受能力方面也有很高的要求。那些不具备经营能力的金融机构以及那些不具备相应知识储备和风险承受能力的投资者参与到市场中的行为,到底该由哪个部门尽职监管。这些问题都是在分开监管的模式下产生的。如若没有发生特殊情况,各监管部门可以各司其职,一旦这种期货产品在银行内部交易时发生类似"原油宝"的事件,那么最终该由哪个监管机构承担责任就成为一种难题。就像这次"原油宝"事件,从发生到结束,中国证监会完全没有参与其中作出评判,银保监会也是在投资者提出诉讼后才对这次事件作出判定,在此之前并没有任何发声。监管机构如果可以把中行"原油宝"事件当成是一种特定版本的资管新规事件,那么就会发现这种分开监管的模式不仅会大大降低监管的效率,而且会加剧这种擦边球业务的频繁发生。对于这种边缘类的产品,银保监会和中国证监会应该明确其相应的监管责任,争取从各自的角度切实保障投资者利益。不仅如此,监管机构应该吸取股票市场的管理经验,对期货市场逐渐形成统一监管的模式,不给金融机构打这种擦边球的机会。我国目前正处在扩大金融开放的阶段,面临的金融创新挑战也会越来越多。随着混业经营的发展、金融竞争的加剧、金融产品复杂度的上升,对金融监管的能力要求也越来越高。所以,监管机构应该加强跨监管部门之间的合作,推动和完善金融市场一体化监管体系,改进对金融产品的监管方式,提升跨市场监管能力。

课程思政点

针对投资者对金融产品风险的认知不足,须促进投资者教育。可借此强调增强金融风险意识的重要性,以及加强金融知识普及和教育的必要性,使投资者能够更理性地作出决策,避免盲目跟风。

市场规则与监管责任。探讨在金融市场中,完善的市场规则和有效的监管机制对于保障市场公平、公正、透明的重要意义。监管部门应思考如何履行职责,预防和处理类似的风险事件,保护投资者的合法权益。

金融机构的诚信。诚信对金融机构来说是至关重要的,它直接影响金融机构的声誉和业务发展。首先,金融机构需要与客户建立长期稳定的合作关系,只有通过诚信行为才能获取客户的信任和合作。其次,金融机构作为金融市场的主要参与者,必须树立良好的形象,以维护金融市场的稳定和可持续发展。最后,金融机构与其他机构之间的互信是金融业务顺利进行的基础,只有具备诚信才能建立良好的信任关系。

参考文献

[1] 张继德,王梦宇,刘凡旗.从中国银行原油宝事件看金融企业操作风险防控[J].财务管理研究,2022(1):1-12.

[2] 何婷.中国银行"原油宝"风险事件引发的深层反思[J].现代商业,2022(2):68-70.

第七篇 保 险

案例 1　2022 年第三支柱养老保险改革

1.1 案例概述

1.1.1 个人养老金提出的背景

养老保险是社会保障体系的重要组成部分,关系到国家的经济稳定和社会安全。在基本养老保险基金收入端压力逐渐增大的背景下,根据中国社会科学院《中国养老金精算报告(2019—2050)》的预测,在 2019 年,我国城镇职工养老保险基金当期结余总额为 1 062.9 亿元,在 2022 年出现短暂的增长后,于 2023 年开始下降,到 2028 年,当期结余开始转为负数,到 2050 年,当期结余会下滑到 −11.28 万亿元。这个测算将财政补助也算入了收入口径内,数据上相对乐观,通过当期结余计算的累积结余会在 2035 年下降到 0。《中华人民共和国国民经济和社会发展第十四个五年规划和 2035 年远景目标纲要》提出,实施积极应对人口老龄化国家战略,以"一老一小"为重点完善人口服务体系,发展普惠托育和基本养老服务体系。积极应对人口老龄化包含方方面面的工作,其中最重要的领域之一是养老金,而个人养老金政策的出台就是落实积极应对人口老龄化的一个举措,有助于实现养老金制度的可持续发展。

1.1.2 个人养老金的主要内容

2022 年 10 月 26 日,人力资源和社会保障部(简称"人社部")、财政部、国家税务总局、中国银行保险监督管理委员会、中国证券监督管理委员会联合发布《个人养老金实施办法》(简称《实施办法》),对个人养老金参加流程、资金账户管理、机构与产品管理、信息披露、监督管理等方面作出具体规定。

《实施办法》指出,个人养老金是指政府政策支持、个人自愿参加、市场化运营、实现养老保险补充功能的制度。个人养老金实行个人账户制,缴费完全由参加人个人承担,自主选择购买符合规定的储蓄存款、理财产品、商业养老保险、公募基金等金融产品,实行完全积累,按照国家有关规定享受税收优惠政策。

《实施办法》适用于个人养老金的参加人、人力资源和社会保障部组织建设的个人养老金信息管理服务平台、金融行业平台、参与金融机构和相关政府部门等。

《实施办法》明确,参加人参加个人养老金,应当通过全国统一线上服务入口或者商业银行渠道,在信息平台开立个人养老金账户;其他个人养老金产品销售机构可以通过商业银行渠道,协助参加人在信息平台在线开立个人养老金账户。

根据《实施办法》,参加人每年缴纳个人养老金额度上限为12 000元,参加人每年缴费不得超过该缴费额度上限。人力资源和社会保障部、财政部根据经济社会发展水平、多层次养老保险体系发展情况等因素适时调整缴费额度上限。

《实施办法》规定,个人养老金资金账户封闭运行,参加人达到领取基本养老金年龄、完全丧失劳动能力、出国(境)定居以及国家规定的其他情形,可以按月、分次或者一次性领取个人养老金。参加人领取个人养老金时,商业银行应通过信息平台检验参加人的领取资格,并将资金划转至参加人本人社会保障卡银行账户。

《实施办法》规定,个人养老金产品销售机构要以"销售适当性"为原则,依法了解参加人的风险偏好、风险认知能力和风险承受能力,做好风险提示,不得主动向参加人推介超出其风险承受能力的个人养老金产品。

1.1.3 个人养老金试行情况

个人养老金产销持续扩容。2022年11月25日,个人养老金制度在全国36个城市和地区先行实施。到2024年初,个人养老金产品试点已有一年多。根据国家社会保险公共服务平台公开数据,截至2024年3月31日,共有746只个人养老金产品发行,其中储蓄产品465只,保险产品71只,理财产品23只,基金产品187只。

个人参保意愿不够强烈,群众对第三支柱养老金的认识不足。由于时机不够成熟,与推进时的轰轰烈烈相比,个人养老金政策实施一年来的现实结果是观望者多、参与者少、实际缴存者更少,政策效果不够理想。数据显示,截至2022年末,开立个人养老金账户的人数(简称"开户数")为1954万人,全国基本养老保险参保人数约10.5亿人,36个先行地基本养老保险参保人数约2.5亿人,全国和36个先行地的开户渗透率分别为1.9%、7.9%。截至2023年11月25日,在我国7亿多的就业人口中,个人养老金开户人数达5 280万人,占就业人数的7.5%。在开户人数中,实际缴费人数不到开户人数的30%,且缴费金额距年均1.2万元的缴费上限有不小差距。截至2024年1月末,超5 000万人,在36个先行地的开户渗透率达20.2%。

1.2 案例分析

1.2.1 个人养老金制度存在的问题

个人养老金制度实施以来,取得了一定成绩,同时实际操作过程中也存在不少问题。

(1) 覆盖人群有限

扣除已领取养老金的人群,实际共7.52亿人符合个人养老金参保条件。根据《实施办法》，在中国境内参加城镇职工基本养老保险或者城乡居民基本养老保险的劳动者可以成为个人养老金参加人。根据人社部数据，截至2022年末，我国参加基本养老保险人数为10.53亿人，其中参加城镇职工基本养老保险人数为5.04亿人，参保离退休人员为1.36亿人，参加城乡居民基本养老保险人数为5.50亿人，实际领取待遇人数为1.65亿人。

(2) 税收优惠政策吸引力不大

个人养老金税优政策对不同收入居民的吸引力差异较大，居民参与意愿不强。税优政策基于个人所得税，覆盖人群有限。截至2022年末，我国个税缴纳人数约6 890万至11 627万人，在当前实际符合个人养老金参保条件的人数中占比仅约9.2%、15.5%。但我国当前个税起征点为年收入6万元、年收入6万至9.6万元的人群原本就适用于3%的个税税率（无论是否参与个人养老金）；年收入6万元以下的人群原本免征个人所得税，如参与个人养老金并缴费后，在退休提取时反而需要额外缴纳3%的个税。因此，在当前税收优惠政策下，符合条件的中低收入人群对养老金需求强烈，但实际无法享受税优政策，吸引力有限。对于符合条件的中高收入人群而言，税优限额为12 000元/年，但我国并无资本利得税，个人养老金在"EET"模式下，领取时需补交3%个税，若投资收益积累较多会增加额外税负。

(3) 领取条件较严格

相关调查显示，22.1%的居民不考虑开通个人养老金账户的原因是账户实施强制储蓄，不能随意取出，资金流动受限。必须达到退休年龄才能领取的制度设计对工作期人群而言流动性过低，吸引力不足。个人养老金制度缺乏退出机制，封闭期长达数十年，没有应急的退出机制，也会影响参保者的积极性。

1.2.2 经济不景气影响个人养老金的发展

首先，个人养老金政策的理念目标、具体措施不够清晰，参加人员的购买能力与风险偏好不够相符。与会人士认为，金融产品具有高度复杂性，对于非金融领域的投资人而言，其金融素养并不足以支撑其作出正确的投资决策。目前，市场上有几百只个人养老金产品，投资者教育显得尤为重要。

其次，个人收入预期不容乐观。虽然当前就业形势总体稳定，但是个人对于未来风险的不确定性、收入的不稳定性影响了群众参与个人养老金的积极性。

最后，权益、债券等资产价格波动加剧，影响个人养老金基金产品购买意愿。我国居民金融资产配置风险偏好较低，对银行存款和理财产品更为信任，股票市场波动剧烈。尽管个人养老金基金产品均为FOF、风险相对可控，但净值下跌和宽幅波动将影响新增个人养老金资产购买名录内基金产品的意愿，也导致金融机构不愿销售养老产品。此外，个人养老金基金费率偏低，客户经理销售意愿有限，可能影响个人养老金基金产品的推广力度和产品购买结果。

1.3 案例启示

个人养老金是多层次养老保险体系的重要组成部分，是社会保障事业高质量可持续发展的重要举措,其制度建设意义重大。第三支柱个人养老金制度优化将直接影响养老金融的资金来源、市场需求和发展空间。目前,中国还处于制度建设初期,可以从以下六个方面进行创新和优化。

1.3.1 完善缴费激励机制

在个人养老金制度发展初期,政府支持政策是核心。中国居民收入差距较为显著,高收入群体往往具备前瞻性的退休规划意识和足够的养老资产储备。因此,个人养老金主要的功能定位应是为中低收入群体提供补充养老保障。根据现行规定,个人养老金制度设计采取 EET 模式,不能覆盖中低收入群体,与制度目标定位的匹配程度不高。在此背景下,一方面可以探索 TEE、EEE 模式作为第三支柱个人养老金的补充选项。另一方面,在财政状况允许的背景下,可以尝试借鉴德国里斯特养老金改革经验、实施税收优惠与财政补贴并行的激励政策来鼓励低收入群体缴费。完善制度设计,提升制度吸引力,建立科学合理的个人养老金缴费限额和税优政策调节机制,适当提高税前的抵扣标准。根据不同的收入水平和年龄段,实行差异化缴费和税收优惠政策,充分提高低收入群体和年轻人的参保积极性,进一步提升制度的公平性和积极性。对低收入或者不缴纳个税的人群,可以考虑在政策上给予更多的选择性或财政补贴;对缴纳个税且能够享受抵扣好处的人群,要尽可能地扩大优惠,提高扣除限额;对已经开户且足额缴费的人群,可以加大领取环节的灵活性,也可以考虑将税收政策与现行投资产品、金融产品的相关税收政策结合起来,保证一定的收益。

1.3.2 拓展制度覆盖面

在覆盖群体方面,政策规定个人养老金账户开户群体必须参加基本养老保险,且不包括已退休人群和未成年人。这样的制度设计是为了激励未参保基本养老保险的人群参保,但也很大程度上限制了其覆盖范围。为更好地发挥个人养老金的补充养老效应,一方面,可以鼓励退休人群建立个人养老金账户。在领取方面,可以考虑设计到达退休年龄后灵活领取的方式。另一方面,允许未参保基本养老保险的人员建立个人养老金账户。未参保基本养老保险的群体主要包括农民工、灵活就业人员、城乡居民中的低收入者等,他们绝大多数可能都是出于工作不稳定、收入低下等客观原因未能参保。允许这部分群体参加个人养老金,可以发挥其基础性保障作用,体现个人养老金的普惠性与普适性。

1.3.3 探索支柱间的转移接续机制

未来,随着个人养老金计划的不断完善,可以考虑打通第二、第三支柱个人账户。第二、第三支柱个人账户在投资管理、收益累计、待遇领取条件等方面均存在共性,因此两支柱间的个人账户衔接相对容易实现。第二、三支柱的转移接续可以使个人账户中的资金积累不受缴费地区、公司等因素限制,便于劳动力跨区流动,从而提高制度的灵活性。

1.3.4 提高领取灵活性

个人养老金计划在满足投资者长期养老规划的同时,也应尽可能地兼顾短期重要需求。可以考虑将重大疾病、长期失业、支付购房首付款、支付教育费用等重要开支也列入个人养老金账户的领取许可范围,当这些情况发生时,可以提前支取部分个人养老金并免受罚款,这样的制度设计可以提高年轻人群的缴费积极性。

1.3.5 完善个人养老金平台服务

在产品、开户等问题得以解决的前提下,发展个人养老金的重点在于完善平台服务。一方面,重视平台服务与平台建设,通过行业内不同金融机构间的合作、跨行业的合作将市场净值波动等问题留给专业人士解决,消除投资者的后顾之忧。另一方面,以个人养老金信息管理服务平台为依托,完善个人养老金数据监测与共享机制。允许金融机构、社保部门、金融监管部门、税务部门等共享个人养老金账户开户、缴存信息等相关数据,畅通各部门数据通道,建立健全数据应急处理机制,优化政府部门与金融机构的对接流程,全面提升个人养老金业务办理效率。

1.3.6 设置默认投资机制,积极开展投资者教育

相关调查显示,86.3%的居民在购买养老金融产品时更倾向于自主选择、自主决策的服务模式,然而中国居民平均金融素养水平偏低是制约家庭养老金融资产配置的主要因素。对此,可以借鉴美国经验,引入合格默认投资选择机制来解决因金融素养不足而造成的"投资惰性"问题。一方面,应当优化产品,提高产品的保值增值能力,建立统一的个人养老金金融产品平台,向符合条件的养老金产品统一开放,便于参加人自由选择购买。另一方面,要强化宣传教育,提高公众养老金融规划的意识,全方位开展金融投资知识教育和普及,提高公众金融素养和投资风险意识。

◆ 课程思政点

国家推动第三支柱养老保险改革是为了应对人口老龄化挑战,更好地保障人民晚年生活,体现了国家对民生的关注和社会责任的担当。这可以引导人们思考个人与社会的关系,以及如何共同应对社会问题。

第三支柱养老保险旨在为更广泛的人群提供养老保障机会,使不同群体都能在一定程度上减轻养老压力。可以探讨改革如何促进制度的公平性和普惠性,让更多人受益,进而思考社会公平的重要性以及如何实现共同富裕。

结合我国人口老龄化的现状,探讨这一社会变迁对养老保障体系提出的新要求,以及每个人在适应社会变迁中应承担的责任和角色。

参考文献

[1] 平安证券研究所.养老金融观察系列(一):个人养老金制度将推进全面实施[EB/OL].(2024-02-02)[2024-04-07].https://pdf.dfcfw.com/pdf/H3_AP202402041620268731_1.pdf?1707039769000.pdf.

[2] 平安证券研究所.养老产业专题研究(六):个人养老金试点首年追踪与展望[EB/OL].(2023-11-23)[2024-04-07].https://pdf.dfcfw.com/pdf/H3_AP202311241612217067_1.pdf?1700814379000.pdf.

[3] 朱文佩,林义.养老金融创新与个人养老金制度优化研究[J].云南财经大学学报,2024,40(5):35-52.

[4] 齐鹏.促进个人养老金大众化[N].经济日报,2024-04-30(5).

案例 2 2022 年长沙市职工医疗保险改革分析

2.1 案例概述

2021 年 4 月 13 日,《国务院办公厅关于建立健全职工基本医疗保险门诊共济保障机制的指导意见》(简称《意见》)。该意见指出,为进一步健全互助共济、责任共担的职工基本医疗保险制度,更好地解决职工医保参保人员门诊保障问题,切实减轻其医疗费用负担,制定该《意见》。该意见提出了以下几点举措:一是增强门诊共济保障功能;二是改进个人账户计入办法;三是规范个人账户使用范围;四是加强监督管理;五是完善与门诊共济保障相适应的付费机制。

湖南省在 2022 年 3 月按照国家的文件精神出台了该省职工医保门诊共济保障改革的实施意见。2022 年 7 月 29 日,长沙市人民政府办公厅发布了《关于印发〈长沙市职工基本医疗保险门诊共济保障机制实施细则〉的通知》,提出了十八条关于长沙职工基本医疗保险在门诊部分的政策调整和说明。细则颁布之后,一石激起千层浪,引发了全民对医疗保险的关注与讨论。

其实,不只是长沙,全国范围内有多个地区都陆续进行了一系列关于医疗保险的改革,改革范围之广、力度之强,都是相当大的。改革变动了哪些内容?为什么要改革?改革又有哪些影响?此次职工医疗保险改革主要包括以下内容。

建立健全门诊共济保障机制,改革职工医保个人账户。建立职工医保普通门诊统筹;完善个人账户使用管理;统一职工医保门诊慢性病、特殊疾病医疗保障,按照省级医疗保障行政部门的相关规定执行。

建立职工医保普通门诊统筹(简称"职工门诊统筹")制度,参保人员在门诊统筹定点医疗机构就诊的门诊医疗费用,职工医保统筹基金按规定予以支付,职工门诊统筹待遇享受期与职工医保待遇享受期一致。

职工门诊统筹支付范围与基本医疗保险支付范围一致,即国家、省规定的基本医疗保险药品目录、医疗服务项目目录和医用耗材目录范围,基本医疗保险支付范围外的不予支付。

参保人员在门诊统筹定点医疗机构就诊结算时,只需支付个人自付部分,应由职工医保统筹基金支付的部分,由医疗保障经办机构与门诊统筹定点医疗机构按相关规定结算。参保人员在非门诊统筹定点医疗机构就诊,或未在定点医疗机构直接结算的门诊费用,职工医保统筹基金不予支付。

职工医保个人账户按以下方式计入:第一,在职职工的个人账户,由个人缴纳的基本医疗保险费计入,计入标准为职工本人参保缴费基数的 2%,单位缴纳的基本医疗保险费全部计入统筹基金。第二,退休人员(含单位退休人员及灵活就业退休人员)的个人账户,由统筹基金按全省统一标准定额划入,划入额度为 75 元/月。职工医保参保人员从完成医疗保险退休手续的次月起,按照退休人员方式计入其个人账户。

个人账户本金和利息为参保人员个人所有,可以结转使用和依法继承。

符合规定的"互联网＋"门诊医疗服务纳入职工门诊统筹支付范围,按照互联网医院依托的实体定点医疗机构结算政策进行报销。参保人员持定点医疗机构门诊医师处方或医保医师电子流转处方,到门诊统筹定点零售药店的配药费用,按开具处方的定点医疗机构结算政策进行报销。

本实施细则自2022年10月1日起施行,10月1日至12月31日为政策过渡期,过渡期内个人账户按原方式计入,过渡期后,即从2023年1月1日起,个人账户计入方式按本实施细则执行。

2.2 案例分析

2.2.1 医保新模式主要变革

此次改革最大的变动是将普通门诊费用纳入职工医保统筹基金支付范围。则在此之前,我们的医保模式是怎样的呢?

1993年,党的十四届三中全会提出:"城镇职工养老和医疗保险金由单位和个人共同负担,实行社会统筹和个人账户相结合。"我国从1998年开始建立城镇职工基本医疗保险制度,实行的是统筹基金和个人账户相结合的保障模式。统筹账户主要是保住院、门诊大病,个人账户的主要功能是保门诊小病和药品的费用支出。就是我们通常理解的,"统筹基金(指医保基金)保住院,个人账户(指医保卡)保障门诊"。之前,个人账户资金主要来自两部分,一是职工医保中个人缴费的部分,即职工社保缴费基数的2%;二是从统筹账户中划出部分资金,由个人看病就医使用。大部分地方职工医保的普通门诊费用医保统筹基金是不能报销的,只能通过个人账户的方式,用于参保人门诊就医的费用。

而这次改革,统一了个人账户计入办法。原则上,用人单位的缴费率(不含生育保险)为本单位职工工资总额的8%,职工个人缴费率为本人工资收入的2%。也就是在职职工个人账户由个人缴纳的基本医疗保险费计入,计入标准原则上控制在本人参保缴费基数的2%,单位缴纳的基本医疗保险费全部计入统筹基金。退休人员个人账户原则上由统筹基金按定额划入,划入额度逐步调整到统筹地区实施改革当年的基本养老金平均水平的2%左右。

简单地讲,以后划入个人账户的就只有参保基数的2%了。退休人员(含单位退休人员及灵活就业退休人员)的个人账户,由统筹基金按全省统一标准定额划入,划入额度为75元/月。75元/月是怎么来的呢?

依据《湖南省医疗保障局 湖南省财政厅关于明确全省参加职工医保的退休人员个人账户划入定额的通知》(湘医保发〔2022〕32号),2021年度,湖南省企业退休人员和机关事业单位退休人员基本养老金平均为3 675元/月,所以由此确定退休人员个人账户划入额度统一为:$3\,675 \times 2\% = 73.5 \approx 75$(元/月)。

2.2.2 医保旧模式存在的主要问题

从医疗保险制度实施至今,随着经济的发展,人民生活水平、生活方式的变化,以及年龄结构、地区差异等,湖南省乃至我国的医保制度在履行的过程中,都体现出了一系列问题。湖南省原有的职工医疗保险模式存在的主要问题有以下几点。

一是个人账户门诊保障有限,无法满足门诊报销需求。湖南省从2000年启动职工医保起,实行的是社会统筹和个人账户相结合的保障模式,即"统筹基金管大病、个人账户管小病"。随着社会经济的发展和个人医疗需求的变化,个人账户的局限性也逐步凸显。随着疾病谱的变化、老龄化趋势的加重、人们健康管理意识的增强,门诊量呈上升趋势。旧模式下,门诊费用是不能进行报销的,导致"小病拖成大病""小病大养"。群众如果想要报销,就想尽办法住院,导致一些"挂床住院"现象,也造成医保基金与医疗资源的浪费。

二是个人账户基金大量沉淀,导致基金共济性不强。从湖南省的数据来看,2021年,统筹账户基金占48.60%,而个人账户基金占51.40%。由此可以看到,个人账户基金比统筹账户基金占比要更高一些。在学术包括理论研究过程中,这种结构是不够合理的,容易导致基金的共济性不强:有病的不够用,没病的不去用,年轻人用得少,但是个人账户基金沉淀多,老年人用得多,但是个人账户基金少,不够用。也就是健康人群和非健康人群的个人账户积累差距很大,家庭之间个人账户也不能通用,有病的不够用,没病的不能用。这种情况,就是基金共济性不强。

医疗保险不同于养老保险,养老保险更多强调需要个人去积累,解决的是参保人未来的养老风险,但是医疗保险更多解决即期的、当期的医疗健康风险,所以不需要远期储蓄功能。个人账户累积过多会削弱医保基金当期的、即期的互助共济能力,对沉淀基金规模较大的个人来说,甚至是一种医疗损失。

数据显示,截至2021年,全国参加职工基本医疗保险的人数为35 422万人。2021年末,全国基本医疗保险(含生育保险)基金累计结存36 121.54亿元,其中统筹基金累计结存17 834亿元、个人账户累计结存11 575.43亿元、居民医保累计结存6 712亿元。其中,个人账户上的资金过万亿,占了全国基本医保累计结存总额的32%。而2021年湖南省全省职工医保基金累计结余767.39亿元,其中统筹基金为373.01亿元,占48.60%;个人账户基金为394.38亿元,占51.40%。个人账户基金占比超过了统筹基金占比,结余基金结构明显不合理。

三是老百姓的个人账户存在违规使用情况。有一些零售药店使用个人账户购买日常生活用品,或者套取个人账户资金。这种虚刷、空刷、套刷医保卡等行为,造成医保基金浪费与监管压力。另外,虚构医疗项目、过度医疗等现象也屡禁不止。

2.3 案例启示

2.3.1 对于这次的医保改革,很多人直接称之为"共济改革",什么是共济?又如何共济?

共济,顾名思义,共同挽救、共同度过,犹言互相帮助。那怎么实现共济呢?共济的实施,包括大小两种模式。第一种是"小共济",就是家庭共济,即改革个人账户计入方式,在职人员个人缴纳的医保费返还至个人账户,退休人员统一按定额划入,同时拓宽职工医保个人账户使用用途,实现个人账户家庭内部的小共济。也就是说,个人账户可用于支付职工本人及其配偶、父母、子女在定点医疗机构就医时发生的药品器械等费用及参加居民医保等个人缴费,实现家庭成员之间的共济保障。要知道,以前医保卡外借给他人,包括家人,严格意义上来说都是违法的。

第二种是"大共济",将单位的参保缴费部分全部划入职工医保基本医疗保险统筹基金池(简称"统筹基金"),报销大家的门诊、住院等医疗费用。这种大共济方式,超越了单个的家庭,实现了不同家庭、不同人群、不同地区的相互共济,在更大的范围内实现互帮互助,这也是保险的初始特点,是其与投资、储蓄等的重要区别。它可以使健康的人帮助生病的人,年轻的人帮助年老的人,收入高的人帮助收入相对低的人,在全社会范围内实现共济。

2.3.2 实施新政后,职工门诊和住院起付标准及报销比例如何?

新政下,门诊报销按定点医疗机构级别区分起付标准和报销比例:一级及基层无起付标准,按70%报销;二级起付标准为200元,按60%报销;三级起付标准为300元,按60%报销。计算公式为:实际报销金额=(门诊总费用-政策范围外门诊费用-起付标准)×报销比例。以一个年度为时间单位,起付标准(即门槛费)累计总共不超过300元,在职职工最高报销1 500元,退休人员最高报销2 000元。

住院报销的情况,大病支付为经职工基本医保按规定支付后,个人负担的政策范围内医疗费用,扣除大病保险起付线以后,支付比例为90%。职工大病保险年度最高支付限额统一为50万元。具体情况如下表。

表1 职工住院起付标准及报销比例

支付顺序	支付段	分段额	在职					退休				
			省部级医院	三级医院	二级医院	一级医院	基层卫生院	省部级医院	三级医院	二级医院	一级医院	基层卫生院
1	第一次住院	起付标准年度累积2 000元	1 600元	1 100元	800元	500元	200元	1 600元	1 100元	800元	500元	200元
	第二次及以上住院		800元	550元	400元	250元	100元	800元	550元	400元	250元	100元
2	基本医疗保险	起付标准>2 000~150 000元	80%	85%	90%	92%	93%	82%	87%	92%	94%	95%
3	大病保险	起付标准>150 000~600 000元	90%	90%	90%	90%	90%	90%	90%	90%	90%	90%

2.3.3 个人账户使用范围扩大了,具体能用在哪里?

改革之前已经划入个人账户的金额依然在,还能在家庭成员之间共济使用。改革之后,个人账户主要用于以下几个方面的支付:参保人员本人及其配偶、父母、子女,在定点医疗机构就医发生的由个人负担的医疗费用,以及在定点零售药店购买药品、医疗器械、医用耗材发生的由个人负担的费用;参保人员本人及其配偶、父母、子女,购买普惠型商业补充医疗保险的费用;参保人员本人需缴纳的大额医疗费用补助费;参保人员为其配偶、父母、子女购买城乡居民基本医疗保险的个人缴费费用;其他符合国家、省有关规定的费用。个人账户不得用于公共卫生费用、体育健身或养生保健消费等不属于基本医疗保险保障范围的支出。

需要特别注意的是,根据国家和湖南省有关规定,个人账户不能用于公共卫生费用、体育健身或养生保健消费等不属于基本医疗保险保障范围的支出。

2.3.4 只有长沙市实施了门诊共济改革吗?

自国务院办公厅2021年4月发布《国务院办公厅关于建立健全职工基本医疗保险门诊共济保障机制的指导意见》以来,迄今已有30多个省级行政区建立了职工医保门诊共济保障机制,哈尔滨、南京、无锡、济南、珠海、泸州、绵阳、运城、西安等地都发布了共济保障机制的实施细则。湖南省2022年3月发布了《湖南省人民政府办公厅关于建立健全职工基本医疗保险门诊共济保障机制的实施意见》(湘政办发〔2022〕12号),并于同年12月在全省范围内建立职工医保门诊共济保障机制。

2.3.5 本次改革的利益影响分析

大家最关心的是,职工医保个人账户计入办法调整后,个人账户划入的部分变少了,广大职工的利益是受损了吗?

改革后,短期来看,个人账户划入金额会减少,长期来看,大家并不吃亏。医保改革提高了此前没有的门诊待遇,个人缴费额度不变、个人账户的历史积累也不变且仍归个人使用,同时支付范围进一步扩大,家庭成员之间共济使用,惠及更广范围。

改革前,参保职工在定点医疗机构发生的普通门诊费用只能由个人账户支付。改革后,部分参保人员个人账户当期计入会减少,但门诊统筹的建立使门诊待遇更全面,真正患病的群众更受益。第一,建立门诊统筹后,改革增加的统筹基金可用于普通门诊,能实现整体参保人员的互助共济,保障更加充分。第二,保留个人账户,且可用于个人及配偶、父母、子女在门诊就医购药等,实现了家庭成员间的共济。第三,个人账户计入办法更加公平,全省退休人员全部按定额标准划入,没有年龄、身份、性别、单位、职业、级别等差异,实现了同一地区内的公平统一,实现了更高层次的互帮互助。

当然,改革涉及利益的重新分配。从1999年7月1日起,单位和个人按当地人民政府规定的比例缴纳基本养老保险费,建立基本养老保险个人账户。1999年7月1日前的连续工龄视同缴费年限,不再补缴养老保险费。所以从短期来看,有人认为,短期受损的群体是"80后""90后""00后"。曾经有这样一段话——我们对于社保,要从大局上来看,按照目前及以后的情况,20世纪80年代后的群体不一定能享受到多少社保的红利。但是,他们的父母享受到了,正是他们的付出,才使他们的父母今天能够安享晚年,能够老有所依。每个时代都不一样,每个时代的中坚力量需要承担的责任也是不一样的。我们能享受今天这么丰富的物质生活、这么强大的基础建设，也是靠着父辈们拼搏而来的。改革初期，很多劳动者都是义务参加城市建设，无酬劳出工，社保部分的"视同缴费"也是应当的。而且，从国家发展的长远来看，每个人都会变老，今天的贡献者，也是明天的受益者。

课程思政点

探讨改革如何在保障职工医疗权益的同时，促进资源分配的公平性，使不同收入、不同职业的职工都能享受到合理的医疗保障，体现社会的公平正义原则。

强调政府在推动医疗保险改革中的主导作用，以及为民众提供优质、可及、可持续的医疗公共服务的责任，思考政府如何更好地履行职责，满足人民对健康的需求。

医保改革是对现有制度的改进和创新，体现了勇于探索、敢于突破的精神，激励人们在面对问题时积极寻求创新的解决方案。

参考文献

[1] 湖南省医疗保障局.关于调整优化职工基本医疗保险普通门诊统筹政策的通知（2023-05-11）[2024-04-27]. https://www.xxs.gov.cn/1941/1943/4668/4674/content_1257422.html.

案例3　湖南省湘潭市长期护理保险制度试点

3.1　案例概述

3.1.1　案例背景

自二十一世纪以来，随着我国生活水平、医疗水平的提高，人均寿命由1990年的68.55岁增长到2022年的78.3岁。加之新中国成立以来的三次"婴儿潮"（中华人民共和国成立初期"婴儿潮"的高峰、二十世纪六十年代初"婴儿潮"的最高峰和二十世纪八十年代"婴儿潮"的小高峰）虽然为我国二十世纪六十年代中后期、二十世纪八九十年代和二十一世纪初的三次经济高速增长提供了重要的劳动力支撑，但是前两次的"婴儿潮"导致了现在人口结构中老年人占比增加。另外，不可忽视的一点是，由于育龄人口生育意愿不断降低，我国出生率也在持续下降。三种因素的叠加导致我国老龄化进程加速，程度也不断加深。按照联合国衡量人口老龄化的标准，65岁及以上人口占总人口比重达7%，说明已处于初级老龄化阶段；当占比达14%时，说明已处于深度老龄化阶段；而当占比达20%时，就已处于高级老龄化阶段。按照此标准，我国于2006年已处于初级老龄化阶段。而根据2020年公布的第七次人口普查数据，65周岁及以上人口数量已超2亿人，占总人口的14.2%，中国已经进入深度老龄化阶段。在我国老龄人口中，又有高达4 000万的老人因衰老、疾病、伤残而失去生活自理能力，并且这类人群（我们称之为"失能老人"）的数量会因为我国老龄化的加剧而逐年上升。如何关爱和照护失能老人成为社会不可忽视的一个问题。在分析和研究其他国家应对措施后，我国于2016年印发了《人力资源社会保障部办公厅关于开展长期护理保险制度试点的指导意见》，确定规划了15个试点城市，于是，长期护理保险制度在我国应运而生。

2020年9月，国家医疗保障局会同财政部发布《关于扩大长期护理保险制度试点的指导意见》，提出扩大试点范围，增设更多长期护理保险试点城市。湖南省湘潭市老龄化程度较高，不但人均寿命高于湖南省平均年龄，而且65岁以上人口占比达到了16.89%，因而成为2020年增设的试点城市中唯一一个位于湖南省的城市。湘潭市在那两年的时间内积极实践，在评估时最先采用国家标准，建立多渠道基金筹集方式，探索长期护理保险制度的可持续发展之路，效果明显，获得了社会的关注，故选择了湖南省湘潭市作为长期护理保险制度的典型案例进行分析。

3.1.2　湘潭市长期护理保险制度实施现状

（1）湘潭市失能老人现状与定点护理机构情况

《2013年度湖南省老龄事业发展统计公报》的数据显示，2013年，湘潭市已有完全失能老人 3.1 万人，十年后的今年这数量必然只增不少。

湘潭市医疗保障事务中心发布的数据显示，截至 2022 年 12 月，湘潭市长期护理保险定点护理服务机构已有 49 家，包含医疗机构 7 家，养老机构 24 家，上门护理机构 19 家。尽管如此，长期护理保险的机构床位数与失能老人人口需求不平衡的问题依旧突出。

（2）湘潭市长期护理保险制度

根据《湘潭市长期护理保险制度试点实施方案》以及《湘潭市长期护理保险制度实施细则》，此处以表格的形式总结介绍了湘潭市试点长期护理保险制度的一些要点，见表1。

表1 湘潭市试点长期护理保险制度的要点

序号	试行标准	湘潭市试点内容
1	保险性质	社保性质
2	施行时间	2020 年 12 月 10 日
3	参保对象	湘潭市城镇职工基本医疗保险的参保人员
4	筹资渠道	以单位和个人缴费为主，单位和个人缴费原则上按同比例分担。试点启动阶段，从我市城镇职工基本医疗保险统筹基金一次性划拨 500 万元作为长期护理保险启动资金
5	筹资标准	单位缴纳部分以用人单位上年度职工工资总额（单位基本医疗保险年缴费基数）为基数，按 0.12% 的费率缴纳；个人缴纳部分以本人上年度工资收入（个人基本医疗保险年缴费基数）为基数，按 0.12% 的费率缴纳。退休人员长期护理保险费以本人上年度养老退休金收入总额为基数，由个人按 0.24% 的费率缴纳。灵活就业人员长期护理保险费以上年度湖南省全口径城镇单位就业人员平均工资为基数，由个人按 0.24% 的费率缴纳
6	待遇支付条件	长期护理保险参保人员中因年老、疾病、伤残等导致生活不能自理，经医疗机构或康复机构规范诊疗、重度失能状态持续 6 个月以上，经申请通过评估达到重度失能标准的人员。 城镇职工基本医疗保险参保人员在本市连续参加长期护理保险缴费 2 年（含）以上，可申请享受长期护理保险待遇
7	待遇支付范围	主要用于支付符合规定的机构和人员提供基本护理服务所发生的费用。长期护理保险待遇不得与基本医疗保险住院待遇同时享受
8	护理服务形式及支付标准	不设起付标准。 医疗机构护理，二级及以上医疗机构支付限额为 100 元/(人·天)，一级及以下医疗机构支付限额为 80 元/(人·天)，其中长期护理保险基金承担 70%，个人承担 30%。 养老机构护理，支付限额为 50 元/(人·天)，其中长期护理保险基金承担 70%，个人承担 30%。 机构上门护理，支付限额为 40 元/(人·天)，由长期护理保险基金承担 80%，个人承担 20%
9	评定机构	医保经办机构分别负责本辖区内参保人员的失能评定工作，委托承办机构或第三方评定机构负责失能等级评定的具体业务

续表

序号	试行标准	湘潭市试点内容
10	失能等级评定结果有效期	2年,失能人员或其监护人应在有效期届满前60天内重新提出失能等级评定申请
11	模式	按政府购买服务的方式,通过招投标形式,确定经办机构和评估机构
12	定点护理机构准入条件	医疗机构:设置独立的长期护理服务专区,床位数不少于20张;具备获得执业资质的医生、护士和规范化培训的专职护理员;医护人员与床位数配比不低于1:10,专职护理员与床位数配比不低于1:4。 养老机构:可为老年人提供全日集中住宿和照料护理服务,床位数在30张以上;内设医务室或就近与我市基本医疗保险定点医疗机构签订医疗合作协议;具备规范化培训的专职护理员与床位数配比不低于1:4。 上门护理服务机构:具备居家上门护理基础硬件设施和服务能力;具备规范化培训的专职护理员不少于5人;医疗护理机构须具备相关专业资质的医护人员
13	商业保险机构	参与长期护理保险经办服务

截至2020年9月,湘潭市已享受长护险待遇2 269人,累计待遇支出费用共2 100余万元,有效缓解了重度失能人员家庭经济和照护负担。

3.1.3 湘潭市试行模式运行机理分析

如图1所示,政府管理机构成立第三方失能评定机构负责制定失能评定标准,指导、监督全市失能评定工作。而社保经办机构在政府管理机构管理下负责参保人员的失能评定工作,制定行业准入资格条件,对商业保险公司进行公开招标,并向政府管理机构汇报工作进展的情况。公开招标、竞标结束后,社保经办机构与中标的商业保险公司签订合同,约定双方的权利与义务。中标商业保险公司负责失能等级申请受理与

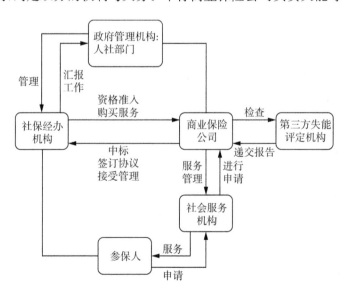

图1 政府购买模式的运行机理

核查,商业保险公司另寻第三方机构承担失能等级鉴定工作,进行失能评定,并将失能评定报告反馈给商业保险公司,由商业保险公司进行复核。而社会服务机构向商业保险公司提出申请,服务参保人。

3.2 案例分析

3.2.1 参保范围狭窄

在湘潭市试行长期护理保险的这两年里,参保范围仅限于湘潭市城镇职工基本医疗保险的参保人员,不包括农村参保人员,也不包括城镇居民基本医疗保险参保人员,范围非常狭窄,这在某个层面上意味着承认潜在的城乡发展不均衡和身份不平等,与社会保险的公平性、普惠性原则相悖。

3.2.2 多渠道筹资机制对医保依赖较大

虽然长期护理保险资金来源以单位和个人缴费为主,采取政府补助和社会互助相结合的多渠道筹资方式,但实际支出已达1 800余万元,收不抵支,对医保基金的依赖性太大。这种资金筹集方式加重了医保基金负担,也使长期护理保险基金的持续性无法得到保障。

3.2.3 政策宣传力度不够

就像上述个案中的胡女士,大多数人对长期护理保险不够了解。据统计,截至2022年12月31日,湘潭市已有2 044位重度失能人员享受长期护理保险待遇。与湘潭市医保局摸查的职工医保中重度失能人员为1.2万人相差甚远,主要问题在于政策宣传较少,没能让符合条件的参保人了解到这项政策。

3.2.4 定点护理机构依旧缺乏

湘潭市被准入的定点护理机构已有50多家,增速喜人,但目前所有定点护理机构的床位数依旧无法满足现在已有失能老人的需要,所以要继续鼓励社会力量,鼓励更多的商业保险公司、定点护理机构的加入。

3.3 案例启示

3.3.1 增强长期护理保险市场吸引力,培养专业护理人员

针对护理人群设计量化评估,制定个性化护理服务方案,因人而异,因人而定。完善护理服务人员队伍,提高准入门槛,定期开展技能培训,举办资格证考试等,提升护理人员个人素质、服务能力及服务质量。制定相关的服务标准和行业考核机制,规范市场,接受来自服务对象和全社会的监督。提高护理专业毕业生级别待遇,护理机构可与高校协同合作,培养专业技术人才。

3.3.2 利用高新技术建立网络健康管理平台,实现定制化服务

利用"互联网+",打造网络健康管理平台。收集每位接受长期护理服务人员的个人信息以及身体状况详情,建立"预防+应急"模式,预防有基础性疾病的人员突发事件的发生,以迅速及时针对发病人员进行医疗救助,缩短了解个人身体状况的时间,给护理服务提供保障。

3.3.3 扩大参保范围,关爱弱势群体

目前,湘潭市长期护理保险覆盖人群狭窄,仅针对城镇职工社会医疗保险参保人员。建议逐步将参保人员扩大至城乡,并针对特殊群体诸如"未富先老"(低保户老人)、"少子老龄化"(隔代年龄差异大的家庭)、"无子"(空巢老人)等,设计专有政策福利(实物福利、现金福利或分类提高报销比例),以减轻他们的家庭负担。

课程思政点

长期护理保险制度试点体现了对失能人员的关爱,关注他们的生活质量和尊严,彰显了社会的人文关怀,有助于培养人们的同情心和关爱他人的意识。

这一试点是对社会保障体系的补充和完善,强调政府在构建更全面、更公平的保障网络中的努力。

思考如何实现社会保障的全覆盖和可持续发展。

探讨政策制定过程中的民主参与,即如何倾听民意、汇聚民智,才能使政策更符合人民的需求和利益,增强公民对政策制定的理解和参与意识。

参考文献

[1] 陈伟.我国长期护理保险制度化建设的路径选择:基于失能的"社会模型"[J].江海学刊,2023(3):121-129.
[2] 朱铭来,何敏,马智苏.长期护理保险的模式选择与体系构建研究[J].中国人口科学,2023(1):3-20.

第八篇　金融科技

案例1　湖南股交所：依托区块链促进多维数据应用，赋能多层次资本市场高质量发展

1.1　案例概述

作为我国多层次资本市场的"塔基"，区域性股权市场积累了大量中小微企业股权转让、质押、资产等市场数据。但作为私募、非标市场，区域性股权市场数据治理不规范、数据沉淀未挖掘，难以满足中国证券监督管理委员会（简称"中国证监会"）监管及赋能企业综合金融服务的要求。

湖南股权交易所（简称"股交所"）积极开展国家区块链创新应用试点工作，自建联盟链"湘股交链"，并打造了"湘股交链"综合服务平台输出应用服务。一是创新引入区块链技术。自建联盟链，拓展联盟成员，实现数据可信共享，于智能合约链上部署数据模型，于探索链上进行数据交叉验证，挖掘企业多维数据价值，推动技术与数据应用高度融合。二是创新数据监管模式。完成本市场13亿+的企业市场数据治理，将涉及主体、交易等15大类、1 800余个字段、超243万余条的业务数据通过区块链跨链自动报送中国证监会，实现T+0报送时效。三是创新数据共享模式。拓展政府机构、金融机构等9个区块链联盟单位，区块链记录数据共享、调用记录，各参与方发布数据目录总量153项、涉及1 683个字段，汇聚企业部分政务、风险评级等多维数据，形成企业可信数字档案。四是创新数据应用场景。第一，建设"湘股交链+企业数字档案+"场景，赋能企业综合金融服务。建立智能合约股权价格参考模型和企业画像模型，打造"+股权质押融资""+企业数字画像"场景，为8 693家企业形成数字画像，新增股权质押笔数279笔，新增股权质押融资85.16亿元。第二，探索企业上市申报数据交叉验证，提高企业上市审核效率，提升企业上市信息披露质量，有效防范企业上市信息造假或带病闯关等问题。

自2022年底该功能上线以来，平台服务企业新增融资总额116.2亿元，其中新增股权融资约29.85亿元、质押融资额85.16亿元、其他债权融资1.27亿元，有效发挥了市场数据乘数效应，赋能多层次资本市场高质量发展。

1.2 关键问题

区域性股权市场作为多层次资本市场的"塔基",积累了大量中小微企业股权转让、质押、资产等市场数据,但作为私募、非标市场,却存在数据治理不规范、数据沉淀未充分挖掘等问题,难以满足中国证监会监管要求及利用数据赋能企业综合金融服务的需求。监管层面,中国证监会科技监管的要求日益迫切,期望通过智能监管手段,统一市场标准,提高区域性股权市场规范程度和运行效率,以了解市场动态,赋能区域性市场创新发展。应用场景方面,区域性股权市场需充分挖掘市场数据价值,创新融资场景及服务手段,促进企业融资、成长,有效发挥区域性股权市场企业的培育孵化功能。

1.3 解决方案

2021年11月,湖南股交所获中国证监会区域性股权市场区块链建设试点资格。2022年2月,湖南股交所获"区块链＋股权市场"国家区块链创新应用试点资格,试点为期2年。湖南股交所自建"湖南区域性股权市场联盟链"——"湘股交链",并建设了"湘股交链"综合服务平台输出应用服务。

第一,打造"湘股交链＋科技监管"场景,完成数据治理以满足科技监管报送。湖南股交所完成本市场13亿＋的企业市场数据治理,规范数据标准,并基于跨链技术与中国证监会"监管链"的联通对接,实现数据自主跨链智能报送。目前,湖南股交所将涉及主体、交易等15大类、1 800余个字段、超243万余条的业务数据通过区块链跨链自动报送中国证监会,满足监管T＋0报送时效要求。同时,"湘股交链"跨链获取了监管赋能平台分配的近17万投资者统一编码。湖南股交所对数据统一规范治理,提升数据治理能力,推进业务规范发展,利用投资者统一编码促进多层次资本市场数据互通互认。

第二,建设"湘股交链＋数据可信共享"场景,建立企业数字档案。湖南股交所自主研发数据可信共享平台,在保证原始数据不出域的情况下,为数据提供方提供数据资产的发布、管理、计算等功能,并提供数据目录、数据订阅以及数据共享等统一的数据服务,实现对数据的全生命周期管理,逐步形成企业数字档案。

第三,打造"湘股交链＋企业数字档案＋"场景,提供综合金融服务。湖南股交所基于企业数字档案,打造"湘股交链＋企业数字档案＋股权质押融资"场景,将企业股权交易、增资扩股、股权质押及信息披露等历史数据区块链上链存证,形成链上可信数据;通过智能合约部署股权价格参考模型,自动触发计算,不可篡改;打造专属"股权质押融资"服务模块,实现企业及股东线上全流程操作,提高股权质押融资效率;通过建立数据模型,为企业及金融机构提供股权价格参考及质押融资额度参考,提高企业融资可得率和效率。湖南股交所建设"湘股交链＋企业数字档案＋企业数字画像"应用场景,实现企业分层分类管理;建设企业信贷、股权融资及上市孵化等企业数字画像,为金融机构评估企业综合资质提供参考,助力地方负责企业上市工作的政府部门筛选潜力上市企业。

第四，探索数据交叉验证，提升企业上市信息披露质量。湖南股交所在中国证监会市场监管二司的指导下，与全国中小企业股份转让系统（简称"全国股转系统"）及拟挂牌新三板企业进行创新场景建设，在链上探索将企业数字档案与企业上市申请材料进行数据交叉验证，通过设计智能合约从财务、创新能力、董监高披露、工商等8大维度、161个字段入手，在链上对企业全维度信息进行比对，提高企业上市审核效率，提升企业上市信息披露质量，一定程度上减少企业上市信息造假或带病闯关等问题。

1.4　应用成效

湖南股交所打造"湘股交链"综合服务平台，充分挖掘市场数据价值，赋能企业综合金融服务，成为地方支持中小微企业成长的重要金融基础设施，有效发挥了区域性股权市场作为多层次资本市场"塔基"的孵化效能，形成了一定的经济效益，社会效益显著。

一是完成数据治理，顺应科技监管，联通更高层次资本市场。完成13亿＋的业务数据治理，将涉及主体、交易等15大类、1 800余个字段、超243万余条的业务数据进行跨链自动报送，实现T＋0报送时效，并跨链获取"监管链"分配的近17万投资者全国统一编码，为将区域性股权市场投资者证券账户纳入资本市场统一证券账户体系奠定了基础。

二是促进数据可信共享，实现数据高效流通，形成企业多维数字档案。拓展政府机构、金融机构等9个区块链联盟单位，各参与方发布数据目录总量153项，涉及1 683个字段，数据目录被各参与方订阅469次，汇聚企业部分政务、风险评级等多维数据，形成企业可信数字档案，为建立数据模型、打造应用场景奠定了数据基础。

三是深挖市场数据价值，创新业务场景，赋能企业融资成长。首创利用区块链智能合约部署股权价格参考模型和企业数字画像模型，打造"湘股交链＋数据＋多场景"模式。自场景应用以来，链上模型调用867 040次，新增股权质押融资金额85.16亿元，其中非金融机构股权质押融资同比增长了21.76%；为8 693家企业形成数字画像，为262家企业提供了深度上市孵化画像服务，并筛选出122家企业的上市孵化画像情况形成了报告，函报至湖南省地方金融局，助力更高效地筛选潜力上市企业。

四是利用多维数据交叉验证，提高企业上市信息披露质量，助力企业孵化上市。通过企业可信数字档案与企业上市申报材料比对，从财务、创新能力、工商、合规等8大维度、161个字段入手，在链上进行数据交叉验证，提高企业上市审核效率，提升企业上市信息披露质量。

五是区块链试点成效全国排名领先。湖南股交所在中国证监会组织的2022年、2023年度全国25家区域性股权市场区块链试点建设评估中连续两年荣获全国第一。同时，湖南股交所荣获中央网信办"区块链＋股权市场"特色领域试点全国优秀单位，其"区块链赋能股权质押融资和数据可信共享"案例入选中央网信办金融科技领域典型案例。

课程思政点

"湘股交链"综合服务平台涵盖了智能监管报送、数据可信共享、金融广场、线上股权质押、企业数字画像等应用场景,致力于打造基于区块链技术的"中小企业股权质押融资平台",充分发挥企业股权价值,提高企业融资可得率和效率;建设"企业多维数字画像",完善通用画像功能,提升机构协同效率,助力企业规范成长、融资;形成顺应数字经济发展的湖南地方金融基础设施平台,有效助力落实湖南"三高四新"战略定位和使命任务,服务湖南省企业上市"金芙蓉"跃升行动计划。

湖南用金融科技服务全省中小微企业创新发展,着力形成区块链试点标准化建设成果,努力创造全国区域性股权市场可复制、可推广的经验。

参考文献

[1] 唐巍.管理者能力视角的湖南股交所企业融资效率研究[D].长沙:湖南师范大学,2020.
[2] 李秀芬.区块链技术在区域性股权交易中的应用研究[D].北京:北京邮电大学,2021.
[3] 刘艳珍.区域性股权交易市场融资研究[J].金融理论与实践,2014(6):103-106.

案例 2　百融云创
——数智化发展优质合作伙伴

2.1　案例概述

2.1.1　百融云创：人机交互迎来全面重估

2024 年 5 月的大模型市场热闹非凡,几大科技巨头再度上演"神仙打架"名场面。先是 OpenAI 公布了最新的 GPT-4o,o 代表"omni",意在迈向更为自然的人机交互阶段,全面打通文本、音频、图像生成。仅仅一日之后,谷歌向 OpenAI 发起技术对齐战,发布"全家桶"产品,无论是万能助手项目还是语音产品均可谓强对标 GPT-4o。微软则在应用布局方面再下一城,办公成为其 AI 产品升级的核心场景,同时也让此前声量不大的 Copilot 模式大放光芒。

国内市场亦不遑多让。阿里云正式发布通义千问 2.5,部分模型性能据称全面赶超 GPT-4 Turbo。随后,字节跳动的自研大模型家族亮相。至此,国内几大科技巨头的大模型产品均已集齐归位。

结合海内外大模型产业提速换挡的进展来看,模型正在从生产端向应用端进行拓展,这一赛道上的几大关键卡位已然涌现出来:多模态、AI 智能助手、AI 数字人、AI＋智能终端……

如果说,Sora、Gemini 等爆款的发布揭开了多模态的产业序幕,那么,现如今属于多模态的正餐已经逐渐上桌。并且较之此前 Sora 等效果惊艳却难以规模化商用的疑虑,当前的多模态产品除了带来了崭新的交互能力,还在一定程度上实现了端到端的突破性体验,带来无限商用憧憬。

GPT-4o 最令人惊艳的一点是其超自然的语音交互性能。在现场发布会上,有趣的一点是,当对话被打断时,ChatGPT 甚至表现出了一丝尴尬,这可谓是一种非常接近人类的反馈了。也因此,GPT-4o 问世之后,在大模型生态中一度略显低调的"语音交互"热度明显上升。"语音交互或许是通向未来交互方式的重要线索。"OpenAI 创始人奥尔特曼如此判断。

事实上,语音交互的魅力早已在产业界悄然酝酿,用 AI 来替代人工答疑解惑正深度渗透于千行百业的营销、运维、客户管理等流程中。根据德勤报告,预计到 2030 年,国内智能语音商用市场规模将达到 1 452 亿元,其中企业级应用占比过半。

在语音交互领域,走在国内第一梯队的 AI 科技公司百融云创(股票代码:6608.HK)自 2018 年开始突破性借助 Transformer 注意力机制拟合人机交互方式,使 AI 智能语音机器人(VoiceGPT)的应用在金融、电商、租赁、物流等多个行业有效落地。据了解,经过四年多在语音识别、海量语音数据计算等领域的技术沉淀,百融云创的 VoiceGPT 产品可以满足混合语种、复杂环境、多轮交互等更为深层的任务需求。除了修炼通用类的技术内功之外,为了让 VoiceGPT 更加拟人化,百融云创的技术团队基于行业 Know-how 持续加强特色研发。例如,为了在交互中实时洞察用户的真实需求,百融云创自主研发了一种语音质检分析方法及系统,可以及时"量化"用户情绪波动,并在通话结束后的几百毫秒内形成分析报告。"VoiceGPT 中的智能语音、智能回访等 AI 技术正以每周升级两个版本的速度加速迭代。借助 VoiceGPT,可以将商业机构的用户管理效率有效提升 16 倍。"近日,百融云创首席执行官张韶峰在瑞银亚洲投资论坛中如此表示。伴随着 AIGC 时代的到来,百融云创将自研大模型(BR-LLM)的相关性能集成到语音交互之中,可以显著提升语音识别的精确度、响应速度和对场景的适应能力。在大模型基座上运行的 VoiceGPT 能支持每日 3 000 万通以上的智能语音沟通,延时低到人类无法察觉,在音色、情感、语速、对话层面能够实现"真人级"互动体验,对于客户语音识别的准确率达到 99% 以上。

目前,大模型在行业中的应用仍然以云端调用 KPI 为主。随着以 AI 语音为代表的多模态技术带来的交互体验升级,业内普遍预计,后续部分大模型算力有望下沉到端侧,AI 终端将迎来全新变革。并且,此前制约软硬件一体化部署的高成本痛点正被攻克。百融云创相关人士介绍,借助 MoE 架构(混合专家模型),可以在推理时实现性能和参数规模之间的最佳平衡,由此可显著降低 B 端用户的部署成本。

据了解,在加强模型推理性能的同时,百融云创以大模型为基座,搭建了模型应用一站式开发平台——Cybertron,对外输出 AI Agent、Copilot 等服务。Cybertron 平台可以帮助商业机构在本地构建低成本、高质量的语料生产体系,并以 AI 数字人等终端产品形态落地。以代理运营模式为例,企业只需要将自身的品牌定位、产品分类、促销活动等信息详细输送给 AI 数字人,即可由后者代理品牌营销工作。具体到营销场景中,AI 数字人在与用户对话过程中,通过对用户的行为偏好、浏览时长等数据进行分析,可以精准洞察其隐含需求,并据此自动发布个性化营销方案。一方面,AI 语音底层技术城墙不断加厚,用户体验感知度增强。另一方面,端侧的轻量化、规模化部署成为可能。可以预见,内嵌大模型的全新端侧生态格局正在打开。

2.1.2 百融云创:领先的独立金融数据分析供应商

百融云创成立于 2014 年 3 月,于 2021 年 3 月在香港主板成功上市。作为中国金融行业数智化发展优质合作伙伴,百融云创独立研发的 SaaS 云突破性运用人工智能、云计算、区块链和机器学习等技术,为金融行业提供高适配性的产品及解决方案,实现全面赋能,并基于长期的行业理解和洞察,帮助合作机构完成数智化转型。

截至 2022 年 5 月,百融云创已收获机器学习、智能营销、ASR 语音质检分析、隐私计算等 9 项国家发明专利,为丰富主业产品生态进一步夯实"硬件"基础。其中,"一种智能营销策略生成方法和系统"专利技术,解决了全场景营销精细化划分营销并精准触达客户的问题,促进了公司精准营销解决方案的升级,进而带动金融机构提升客户体验和提高转化率;综合了多项专利技术的隐私计算平台 Indra,实现了多节点的协同计算和数据隐私保护,为金融数据安全商用和数字化发展铺设基础设施。

2.1.3 百融云创:数智化服务实例

(1) 国有银行和股份制银行的数智化服务

作为金融领域数智化创新性探索优选合作伙伴,国有大行与百融云创建立了多样化的合作模式。在技术层面,百融云创与国有大行分享人工智能、云计算、隐私计算等技术应用成果,强化其数字化基础设施建设。在业务场景上,百融云创通过智能分析、智能营销、智能运营等解决方案,在营销获客、存量运营和财富管理等业务方面为国有大行提供帮助。当前,百融云创各类产品和服务已经全面渗透至六大国有银行和十二大股份制银行。

数字普惠金融正在成为国有大行服务小微企业的新模式。在这样的背景下,某国有大行携手百融云创,借助人工智能、云计算等技术,构建开放共享、合作共赢的金融服务生态。通过对该行普惠金融业务进行细致周密的走访和调研,百融云创提出了"咨询+产品+解决方案"的创新模式,将人工智能、云计算等技术与银行普惠金融多个业务线进行深度融合,建设覆盖普惠金融业务生产经营全周期的模型,以产品数字化、业务结构数字化、治理数字化、风险管理数字化、风险预警数字化的"五个数字化"为该行数字普惠金融建设添翼。从上线至今,该模式服务约数万家小微企业,已放款客户逾期率保持极低的水平。同时,鉴于良好的效果反馈,该行顺利将产品推广至全国几十家分行,使得数字普惠金融能力在多个地区快速成型,为更多中小企业解决燃眉之急。

百融云创数字化营销方案为国有大行实现全行级零售业务增益。近年来,各大银行纷纷开启"大零售战略",而如何激活存量客户并挖掘其增量效益以让客户再次成交,则是银行零售战略的重要切入点。某国有大行大力发展零售金融,但其消费客群在行内的存量客群中占比极低,可以说绝大部分客户并没有被有效挖掘。百融云创于2021年年中完成对该行全行范围内零售业务增益项目的方法论研究,定制的 AI 模型包括储蓄、资管等9类场景累计逾500个特征函数,全部客群模型的 KS 均达到 0.35至 0.55,对象区分能力强而稳定,帮助该行营销转化率提升2至3倍。百融云创还将智能运营中的 AI 语音服务功能成功嵌入该行零售业务条线,一个为 IVR+人工模式,另一个为 IVR 模式。相比此前的纯人工工况,两种模式可分别节省成本约 50% 与 90%,且考核结果接近人工服务标准的 90% 至 95%。

百融云创智能营销解决方案使股份制银行客户响应率提高了10倍。数智化为财富管理营销带来新思维,财富管理正在成为银行的兵家必争之地。近年来,某股份制银行将财富管理作为拓展新增长动能的重要抓手。该股份制银行引入百融云创智能营销解决方案,方案的嵌入为多个环节都带来了深刻的变化。在客户筛选方式上,通过建立模型以营销响应分为标准选取 25 000 名优质客户,进而通过智能管理体系向客户推荐财富产品,最终响应人数超过 2 000 人,营销响应率达到 8% 以上。与银行原有模式相比,营销响应率提升了11倍。以上数字的对比足以说明数智化的经营模式带来的业绩变化,更重要的是超越数字之外的变化。在数智化的作用下,该行在此项目的营销模式上实现了"以产品为中心"到"以客户为中心"的跃迁。

(2) 中小银行数智化服务

作为行业领先的能提供稳定的全业务需求服务能力的公司,百融云创的产品和服务带有明显的实践烙印。基于长期深耕金融行业沉淀的理解和洞察,百融云创已经形成系统而成熟的金融数智化转型服务方法论,为全国950余家区域性银行数智化转型提供全方位助推力。

依托"咨询＋AI",百融云创助力某头部农村商业银行(简称"农商行")加快普惠金融创新。一家地处西部的农商行,在开展普惠金融业务建设的过程中遇到了挑战。百融云创根据该行的业务痛点和业务需求,设计了中长期数字化转型和科技发展战略规划,建议该行建立数字化智能分析决策体系,并以此为基础重新规划和塑造业务架构。百融云创协助该行陆续完善了风险管理策略、流程、模型、舆情监控、关系图谱等重要环节,搭建优化各业务线风险管理流程。在贷前阶段,百融云创通过为银行方建设反欺诈模型有效识别客群风险,拦截高风险客户,大幅提升自动化审批率,使得审批时间和审批成本均下降60%以上;在贷中阶段,百融云创通过构建智能审批体系,把原来需要花费2~3小时的审批流程,压缩到10~15分钟;在贷后阶段,百融云创通过为银行方构建贷后管理体系,定期跟踪、检测存量客户的信用风险,对风险客户进行精准预判,引导银行方人员及时采取干预措施,有效降低逾期与不良资产占比。

百融云创提供全生命周期解决方案,助力某城市商业银行(简称"城商行")互联网信贷业务三年增长30倍。某城商行从2018年开始积极推进大零售战略,其中互联网贷款业务是大零售战略的重要一环。随着监管的政策要求,该行互联网贷款业务陷入困境,数智化风险管理、营销运营、场景生态建设迫在眉睫。百融云创专家对银行方现有策略进行分析诊断后,协助该行进行互联网贷款业务策略优化及模型的部署和决策。同时,百融云创通过将自研的建模技术与行内风险管理业务经验相结合,引入多叉树、逻辑回归、LightGBM等多种AI算法,开发策略兼具高准确性和可解释性。其搭建了模型监控体系,为模型的长期优化迭代提供基础。此外,百融云创为银行方搭建线上业务资产全生命周期的客户风险评估体系,涉及贷前反欺诈评估、贷前信用评估、贷中行为评估、贷后管理评估等多个环节,为行方的业务决策提供智能依据。该行互联网贷款业务自动化审批通过率从最初的不到40%提升到80%左右,风险管理体系得到全面优化,能高效识别和拦截高风险客户,大幅提升经营水平,让效率和风险得以兼顾。

(3) 非银机构数智化服务

百融云创将深耕金融领域打磨的服务能力应用于非银机构客户的数智化探索过程中,通过提供成熟的高适配性产品和解决方案,助力非银机构客户在数智化发展过程中降低探索成本,实现弯道超越、飞跃式发展。

百融云创利用决策式AI技术,协助持牌消费金融公司激活沉睡用户。某持牌消费金融公司面临沉睡客户激活困难、成本难以覆盖、合规要求高等痛点,经过对服务伙伴的多维度考察,基于对百融云创的开放性平台架构能力及综合实践应用能力的认可,启动服务合作。合作中,百融云创基于智能分析和机器学习技术,对沉睡客户的意向、特征、风险等进行高频的量化评估,搭建服务模型,并配置决策式 AI 等多种形式的耦合运营策略,提升客群响应率和放款商品交易总额(Gross Merchandise Volume,GMV)。与其自营数据相比,整体申请授信率提升 140%,授信通过率与大盘相比提升 12.9%,提现件与大盘相比提升 11.3%,使金融机构老客促活、沉睡客户激活等实现成本下降与效率提升的目标。

(4) 融资租赁行业数智化服务

作为与实体经济联系最为紧密的金融业务之一,融资租赁在服务中小企业、促进产业升级、优化资源配置等方面发挥了重要作用,已成为我国现代服务业的重要组成部分,也是推动经济增长的重要引擎。为应对行业转型调整的挑战,百融云创结合自身在融资租赁行业积累的业务和实践经验,创新采用 AI 技术,提出了融资租赁全生命周期的风险管理解决方案,满足融资租赁机构在不同发展阶段的转型需求。

百融云创针对垂直行业痛点,应用 AI 云提升融资租赁行业资产运营效率。针对西部某融资租赁机构完全依赖传统审批的痛点,百融云创设计了完整的申请反欺诈体系,为客户打造自动化核心部署平台,使其完全具备自动化决策能力,白户识别率从 30% 提升至 100%,策略集识别的坏客户提升了 8 倍,降低拒绝率(减少误拒客群 8%)的同时提升自动通过率(目前自动化审批达到 60%)。

提升汽车租赁行业资产运营效率。针对某头部商用车融资租赁机构征信白户多、缺少审批依据、人工信审为主、自动化决策程度低等痛点,百融云创为该融资租赁机构优化贷前准入策略,对合作商户制定差异化准入标准,助力该机构降低坏客户率、增加通过率、提升审批效率,并对数据体系在数据收集、数据存储、指标体系设计方面进一步优化,为后续数据驱动运营、数据支撑决策奠定基础。

(5) 电子商务行业数智化服务

为应对电商企业面临的挑战,百融云创结合多年的业务和实践经验,提出了数智化客群经营解决方案,为电商企业提供包括全链条的数智化服务。

百融云创应用 AI 技术结合行业洞察,助力电子商务行业提升资产运营效率。某电商企业服务的用户借款特性为线上化、小额高频,虽然该电商可以应用其生态内的客户购物行为、偏好和业务中的行业 Know-How 和客户洞察,但缺少部分风险维度。百融云创应用 AI 技术优化反欺诈和信用评估体系,通过识别欺诈客户,有效避免资金损失超过 24 亿元,助力该电商企业快速稳健抢占市场份额。

2.2 案例分析

作为新金融的重要生产力,金融科技能够提升金融产品定价的有效性和精确性,提升金融风控的效率,使投融资更精准地匹配新经济结构,助推实体经济与数字经济融合发展。科技创新是理解中国经济澎湃动能的重要维度,也是推动经济实现高质量发展的关键变量。近年来,物联网、大数据、人工智能、云计算、区块链、5G等新兴技术的蓬勃兴起,给经济注入了强大动能,让中国制造业、通信业、金融业、贸易流通业实现快速发展。

科技赋能金融,就是要让金融从神坛走向普罗大众,真正为中小微企业服务,为普通老百姓服务,推动普惠金融践行,破解世界性小微企业金融难题。科技赋能金融,不仅要提升金融机构的内在能力,更要让金融服务跟上企业发展的需求,真正为实体经济提供贴身服务。作为金融服务实体的重要支撑,金融科技能够改变传统金融的风控模式,让更多具有成长性的优秀小微企业获得金融服务。金融科技能够让金融机构真正渗透到企业的发展链条中,提供让企业无感知的、完全根据其业务流程设计的金融服务。比如基于区块链的供应链金融等,可以让多方实现高效的信息确认,让金融机构实时获知企业经营状况,为企业发展提供动态金融支持。

2.3 案例启示

百融云创是将大数据、人工智能、区块链、云计算等技术落地于金融场景的先行者,以"让金融普惠民众"为使命,专注科技输出,赋能金融机构实现智能化战略转型,成为连接普通百姓、小微企业与金融机构之间的桥梁。公司自主创新的信用科技,已成功切入信贷风控、企业征信、精准营销等多个金融场景,覆盖银行、消费金融、汽车金融、保险等多个领域。

赋能环节及客群两方面的由点及面:作为以数据及技术为核心竞争力的金融科技企业,百融云创在经历数轮融资最终成功上市的过程中始终注重底层数据积累以及对技术框架的完善与创新。回望公司发展历程,大致可分为以下四个阶段。

(1) 公司前身(2009—2013年)——百分点科技金融事业部

脱胎于大数据服务商百分点科技,公司金融数据治理经验丰富。2009年,百分点科技成立,主营精准营销业务,利用消费者个体偏好数据资源,为客户刻画消费者兴趣图谱,并构建端到端的数智化解决方案。公司在运营过程中沉淀了深厚的消费者画像刻画能力。

(2) 创始初期(2014—2016年)——银行征信数据分析服务供应商

挑战催生机遇,银行经营提效需求显著,百融云创前身百融金服成立。2013年,支付金融革新使得传统银行不得不考虑通过科技赋能业务来应对第三方互联网金融机构的挑战,SaaS服务开支高增。针对这一需求,在时任百分点科技合伙人以及首席数据官的张韶峰先生等人的带领下,百分点科技金融事业部剥离为百融金服。凭借前期积累的数据资源,百融金服创立初期聚焦于银行资信赋能,通过人工智能与机器学习算法评估银行信贷客户的资质,提供风控技术支持。

(3) 技术夯实与业务拓展期(2017—2020年)——风控管理+营销全流程赋能

百融金服市场关注度提升,围绕提升核心技术的主线,丰富业务板块,实现从风控管理到营销全流程赋能。2016年,国务院发布《"十三五"国家科技创新规划》,明确促进科技金融产品和服务创新。在政策基调推动下,公司继续扩大在金融产业链上的业务覆盖面,于 2017 年确立精准营销业务,实现金融产品与目标客户的精准匹配,并于同年收购黎明保险经纪公司获得保险经纪牌照,开展保险经纪分销业务,促进客户类型多元化。在技术方面,2018 年,公司成立 AI 金融实验室,加大对智能语音、知识图谱等技术的开发,智能语音机器人、智能模型训练平台"计算未来 AutoML"、端到端语音合成系统等成果陆续落地。2019 年,公司正式更名为百融云创,旨在突出公司科技属性与业务创新精神。

(4) 整合深化期(2021 年至今)——向财富管理科技迈进

2021 年初,公司成功登陆港交所。上市后,公司着手进行内外部资源整合,进一步强化数据分析与智能运营业务。上市同年,公司收购银行科技公司众联,合并其内部数据分析与智能营销业务为智能分析与运营业务。该业务成为公司目前营收主贡献业务,增速保持在 33% 以上。截至 2022 年上半年,公司已覆盖国内 6 000 余家金融机构,注意到金融机构科技化需求已逐渐从增量用户获取转向存量用户深度运营,未来计划加大对智能运营、财富管理科技等新业务的投入。

公司管理结构较为稳定,多轮融资过程中获国内外优秀机构投资者背书。百融云创实行双层股权结构,以维持初创团队决策权稳固。根据公司 2022 年半年报数据,董事长张韶峰先生为公司主要控股股东,持有公司 A、B 类股份总计 19.42% 的股权。在上市前数轮融资过程中,公司先后获得高瓴资本、红杉资本、国新基金等机构投资方融资。目前,公司前十大股东中依旧包含高瓴资本、Cederberg Capital、IDG、红杉资本、国新基金、国调基金等国内外优秀私募投资机构,公司资质得到背书。

公司创始团队技术背景坚实,具有丰富的金融科技产业经验。基于"科技+金融"的核心,公司力求打造兼顾专精技术且洞悉金融行业的专业管理团队。目前,公司高管团队包括数据科学家、工程师以及银行、保险公司、软件业务及技术供应商的前高管。该团队既能了解金融服务供应商客户的需求,预测其需求方向,同时了解数据及技术,可从根本上理解金融服务的技术性难点,从而使金融科技对实际产业的赋能作用实现最大化。

课程思政点

金融业竞争已从增量开拓逐步转化为存量深耕。精细化、特色化、创新型运营,无疑是取胜关键。"金融是国民经济的血脉,是国家核心竞争力的重要组成部分,要加快建设金融强国",同时强调要"做好科技金融、绿色金融、普惠金融、养老金融、数字金融五篇大文章"。作为数字经济的重要血脉,数字金融也被认为是数字经济的重要支撑。

企业发展需要抓住时代发展潮流。金融数字化转型 4.0 阶段,是金融行业步入存量时代下的必然产物、必然趋势。谁拥有强大的人工智能先发优势,谁就卡准了行业新周期 C 位。掌握更强技术壁垒、风控品控优势的头部机构,将产生更强的聚集效应,开启新周期大门。

科技赋能金融,就是要让金融从神坛走向普罗大众,真正为中小微企业服务,为普通老百姓服务,推动普惠金融践行,破解世界性小微企业金融难题。科技赋能金融,不仅要提升金融机构的内在能力,更要让金融服务跟上企业发展的需求,真正为实体经济提供贴身服务。

参考文献

[1] ChatGPT 引发产业变革,百融云创提前布局"AI+金融"赛道[N]. 北京商报,2023-02-24(7).

[2] 周琦. 通往绿色金融大道的数智化力量 百融云创:拥抱绿色低碳发展中的金融机遇[J]. 中国经济周刊,2022(17):59-60.

[3] 陆晓. 金融科技企业研发投入管理与绩效研究:以百融云创为例[D]. 武汉:江汉大学,2023.

案例3　马上消费金融公司数字化转型

3.1　案例概述

马上消费金融股份有限公司(简称"马上消费")是一家经中国银行业监督管理委员会(简称"银监会")批准,持有消费金融牌照的科技驱动型金融机构。公司于2015年6月正式开业,于2016、2017、2018年分别完成三次增资扩股,注册资本金达40亿元。自2015年正式成立以来,马上消费坚持推行数字化转型,通过全业务链的数字化和智能化,改变运营模式,提升运营效率,让新零售金融可以更加灵活地"轻装上阵"。

作为一家科技驱动型金融机构,马上消费在人工智能、大数据、云计算等新技术领域持续发力。零壹智库发布的报告显示,截至2021年11月30日,马上消费公示的专利达361件,占行业总量的44.7%,位居行业第一。截至2021年底,马上消费已组建了包含1 300余人的技术团队,占公司总人数的70%以上;自主研发900余套涵盖消费金融全业务流程、全生命周期的核心技术系统,获得软件著作权登记证书78项。

此外,马上消费先后成立了人工智能研究院、博士后科研工作站、智慧金融与大数据分析重点实验室等内部科研平台,还与中国科学院等科研院校共建国家应用数学中心。2022年1月,马上消费与中国信息通信研究院云计算与大数据研究所(简称"中国通信院云大所")成立"可信AI联合实验室",整合人力、技术等资源,并在人脸识别安全关键技术攻关方面开展合作,切实推动产学研深度融合,促进科技成果转化,提升创新能力和技术水平。通过持续的技术研发投入,马上消费也收获满满。2021年,马上消费获得中华人民共和国工业和信息化部2021年大数据产业发展试点示范项目、国家高新技术企业认定、"新一代人工智能产业创新"揭榜优胜单位,并参与制定国家标准8项、行业标准2项、团体标准8项。

为了打造业内领先的数字风控体系,马上消费构建了超2万个基础决策变量、10万个衍生变量,研发了2 000个风险策略集、超500个风控模型,实现以数据高效决策、秒级审批、0人工干预。相关数据显示,在公司新一代大数据智能风控平台上,其智能风险查验已达8亿+人次,人脸识别准确度高达99.99%,声纹识别准确度达98.20%,唇语识别准确度达98.45%。马上消费运用大量的机器学习、人工智能中的深度学习构建了500多种模型评分,构造独立产权的"马上万维智慧空间"用于最优化策略设计,创造了独具特色的具有自主产权的风控决策平台,可自动决策超几十亿关联关系的复杂网络和几万维的策略设计。不仅如此,马上消费凭借多维度数据分析能力助力智能风控稳健运营,打造了数据、技术、场景三位一体的风控生态,并帮助650万+征信白户建立了征信记录。其自主研发的"统一授信额度"模型,从根本上解决了多头借贷、过度负债所造成的风险。马上消费基于行业金融信贷反欺诈业务需求及新一代技术应用发展趋势,通过创新应用无感知埋点、设备指纹、变量计算、智能外呼、复杂网络构建、流计算和人工智能多模态检测等关键技术,实现了对欺诈行为的精准打击,在金融行业提升反欺诈能力方面进行了有益探索。

3.2 案例分析

3.2.1 马上消费数字化转型动因

(1) 外部环境变化

当前正处于数字化时代,消费信贷由传统银行为主要形式逐步转变为以线上消费平台为中心的运营模式。中国和发达国家人均国内生产总值(Gross Domestic Product, GDP)在 5 000～20 000 美元,消费信贷可拉动 48%～60%。专利申请排名前三的消费金融公司的专利涉及人工智能、大数据等,马上消费金融有少量专利涉及区块链技术。新型数字化技术逐渐深入消费企业内部,不进行数字化转型终将被时代淘汰。

随着金融科技的迭代更新,消费金融公司也在不断加大科研力度,培养高新技术人才。2015—2023 年中,中邮消费金融有限公司(简称"中邮消费")金融科技人员超总人数的 1/2。新冠疫情期间,数字技术发挥了不可替代的作用。由此,马上消费需要大力培养新型数字化技术人才,为加快进行数字化转型添砖加瓦。

而且随着金融业务的线上化,马上消费所面临的风险也向线上化、并发化、多维化、瞬时化、脉冲化、团伙化转变。数据分析如何与时俱进,并有效满足各业务条线的风控和反欺诈需求,是各类金融公司防范欺诈面对的现实问题。因此,马上消费必须进行数字化转型,构建起面向金融信贷全流程的智能反欺诈安全解决方案。

(2) 内部增长需要

马上消费一直坚持提升科技水平,线上化精准捕获顾客,通过利用人工智能、大数据等新型数字化技术坚守普惠金融的初心。截至目前,马上消费金融注册用户达 1.6 亿,累计交易额破万亿。而进行数字化转型能够降低成本,提高效率,助力公司扩大普惠金融服务面,实现智能运营。马上消费金融成功申报了"支持零售金融全流程数字化智能与应用的大数据平台",利用数字技术提升风控能力,精准防范金融欺诈事件的发生等,是更进一步推动数字化转型的壮举。

而且,与准入难、审批难相比,传统银行可能认为贷后监测更难,既难以实时跟踪,又无法有效监测。有效的贷后监测和风控的有效性,也只能依靠科技提高。因此,马上消费继续进行数字化转型,提高风险控制能力。比如,利用大数据自动抓取和分析,代替传统的线下人工调查、调查员潜伏监控;利用人工智能外呼和活体检测技术,保证监测准确性;利用分布流式计算平台架构构建大数据实时数据立方引擎,有效地对交易数据进行实时监控,并依据风险级别为决策人员提供有效判断。

3.2.2 金融数字化转型的内涵及应用

考虑到当前的信息基础建设、法律法规建设、科技发展水平,金融数字化工作才刚刚开始。在继续推进金融数字化转型的发展路径上,一定要对转型中重要问题有清晰了解,要对数字化、数字金融、转型目标有明确的理解。只有这样,才能保证数字化转型工作沿着正确方向发展。

数字化转型尽管呈现了诸多新内容,但离理想的目标仍有差距。金融数字化转型的目标就是实现数字金融,转型的全部内涵就是在六大维度上全面实现数字化。这对任何一个金融机构来说都是复杂的系统工程,需要有明确清晰的认知和实现路径的选择。在这一点上,促使董事会、管理层、中层及基层统一认知是基本要求。在业务发展的数字化实践中,必须从整个业务链条上进行全面升级,要依据金融机构的数字化程度,不断更新完善政策体系、系统体系、流程体系、制度体系和监控体系。例如,在产品设计方面,在新的数字金融业态环境下,要利用互联网虚拟社会没有物理距离和物理时间的特点,使产品在客户的点击之间随时随地获取,而政策的支持必须是系统自动实施执行,不能要求人工在半夜三更时介入决策。

以下从六大维度对系统体系建设做简要说明。业态环境:现阶段要扩大到(移动)互联网,使金融业务在实体社会和虚拟社会无缝衔接,要作为系统基础建设来完成。运营基础:大数据、云计算、人工智能技术应用在运营各环节,以客户为中心的统一信息视图是基础。交互模式:将智能语音和客户交互、机器人和客户交互、系统间自动化交互运用在实际的业务环节。信息处理:将文本结构数据、简单视觉智能、简单自然语言、简单背景识别、OCR等非结构化数据,以及各种其他大数据处理用于业务实践。决策模式:构建系统一体化的决策平台来完成数字化全自动化决策,将机器学习、深度学习、人工智能大模型等用于分析和决策。管理模式:系统、决策平台和多种交互平台有效连接,实现各环节数字化全自动客户管理。

3.3 案例启示

3.3.1 提升数据治理能力,针对性减弱风险

现代科技与现代金融是推动我国经济高质量发展的两翼,科技与金融的结合,是第一生产力与第一推动力的结合。金融科技就是要在有效防范风险的前提下,引导金融资源向长尾客户集聚。数字化转型、大数据与人工智能建设同样是一项系统工程,需要完整、准确、全面贯彻新发展理念,久久为功,循序渐进。希望全社会共同努力,筑牢筑好金融反欺诈的"恢恢天网",不断提升人民群众的获得感与幸福感。马上消费作为一个开放平台,要连接的群体具有多元化属性,群体数据多且杂乱,因此数据治理能力的提升十分有必要。只有完善数据并且提高数据准确性,才能减弱双方风险。在数字化转型中,消费金融的借贷业务同样基于大数据平台,应完善数据体系,健全保障机制,提高自动化规范水平,将借贷信息及时上传平台。在用户借贷过程中,同样要利用大数据平台分析客户的信用,给予不同的客户能够及时偿还的借贷额,避免再次发生名誉受损事件。客户能够及时偿还债款,企业资金运转更加顺畅,企业名誉、个人信用效果的发挥才能达到最佳。

3.3.2 持续推进开放平台战略,助力产业数字化转型升级

在推进数字经济发展战略中,金融科技正在融入各行业产业链生态。金融科技手段

可以促进金融服务更广泛、深入地嵌入各产业数字化转型场景中。金融机构以其技术经验的积累,为多个行业提供数字化升级的方案。"马上消费的开放平台,给场景方、金融机构等合作机构提供了融合业务、技术一体化的多元增值服务,在垂直生态系统里有建制、有序地推进产业数字化。"从长期来看,马上消费将立足开放平台,建立"AI＋场景＋信用"和"自营＋开放平台＋金融云"模式,通过科技能力和开放平台,灵活高效地链接资产端和资金端,形成资产、资金端的闭环业务链。据悉,自 2019 年开始,马上消费就开始推进开放平台战略,不断提升以科技、风控、智能客服等为核心的各项数字化能力。至今,马上消费赋能机构数量超过 100 家、合作金融机构超过 200 家,助推众多银行、保险、信托、零售、酒店、物流等企业实现数字化转型升级,覆盖消费场景达百万个。

3.3.3　注重自主研发,实现全价值链的数字化和智能化

马上消费在成立之初就开始布局数字化和数字技术自主研发,拥有一个企业技术中心、一个国家级产学研平台、一个博士后工作站,并与重庆师范大学共建了一个省部级的重点实验室,曾获得中国银行保险监督管理委员会两项课题非银机构类一等奖,连续四年入选"毕马威中国领先金融科技企业 50 强"。马上消费还提出了金融大脑的概念。金融大脑由 ABCDE 五大技术串联起来,由下到上依次有几大层次:最底层为一朵云,即马上金融云,作为底盘托起整个系统;向上为中台层,包括三大中台,即大数据中台、AI 中台和业务中台,提供基础的模块化技术能力;再向上是应用层,包括智能营销、智能风控、智能信贷、智能客服、智能双录、智能贷后管理等 N 个应用场景,通过调用三大中台的基础能力,可以组合成多种 AI 应用产品,覆盖各类金融业务场景;再向上即领域层,马上消费的智能应用主要覆盖金融、零售、政务三大领域。

基于上述智能化能力和数字化全闭环能力,马上消费形成了强大的业务驱动力。马上消费在知识产权实践中的质与量均位居中国金融业前列。截至 2024 年 11 月,公司累计申请发明专利超 2 100 件,其中已公开发明专利 1 600 余件,涉外专利申请 75 件,累计发明专利授权 342 件,连续三次入选工信部揭榜挂帅单位,出版了《金融大模型》专著。

3.3.4　提升金融科技的创新价值,解决行业痛点

随着科技的不断发展,解决反欺诈一直是金融科技行业人员不懈探索与努力的方向。但对欺诈团伙实时识别困难、数据综合管理复杂、诈骗方式不断更新一直困扰着业界的发展。马上消费自主研发了 1 000 余套涵盖消费金融全业务流程、全生命周期的核心技术系统,累计提交发明专利申请 1 000 余项,以"数据报送与采集、反欺诈特征计算、交易反欺诈决策、反欺诈综合管理和反欺诈监控与大数据分析"五大方向为路径,为解决行业痛点、提升金融反欺诈效率与能力作出了积极贡献。同时,马上消费创新提出的"零接触式"智慧金融服务精准触达长尾人群,也为金融机构业务的发展构筑了可持续的根基。截至 2022 年底,其日均处置交易金额为 8 000 余万元,极大地提高了信贷用户群体的获得感、幸福感、安全感,拓展了金融服务的广度、深度。该成果已在杭州联合农村商业银行、南海农商银行等全国 13 个省份的 34 家金融机构推广应用,已支撑全国 31 个省、

市、自治区的金融信贷业务,为普惠业务、助力消费升级作出了积极贡献。因此,这些创新的举措,都是解决金融行业痛点、堵点的有效抓手。

(5) 坚持原则,保障数字金融合理健康

结合在实践中遇到的挑战,马上消费认为以下五大原则应当首要考虑:一是合理性原则,市场公平正义和消费者保护;二是最优化原则,行业发展和运行效率,这是银行或消费金融公司等自身要追求的,也是一定要坚持的;三是信息安全原则,金融稳定和运行正常一定要保证;四是稳定性原则,既要坚持宏观审慎,也要坚持微观审慎,以现有监管架构为指导主线,渐进有序丰富,同时以风险可控的小规模测试为方法,在监管透明的条件下,有序创新发展;五是加强风险管理原则,新的科技和工具或许会带来新的判别风险的手段,但不会改变风险,同时,新的科技和工具一定会带来新的风险挑战。

因此,新技术、新模式、新业务尝试,都应以风险可控的小规模测试先行为基本原则。在测试中,应不断完善和规范整个实施过程,这也体现了"在发展中规范、在规范中发展"的原则;在落地实施上,要考虑金融行业的实际情况,把握好步调和节奏,例如,某些市场、业务种类和业务环节仍需要大量的人工干预,不能为了数字化而强行实施数字化,避免给业务带来新的风险。

课程思政点

国务院印发的《国务院关于推进普惠金融高质量发展的实施意见》提出,健全多层次普惠金融机构组织体系,突出消费金融公司专业化、特色化服务功能,提升普惠金融服务效能。消费金融机构发力普惠金融,将在推动金融下沉服务、满足长尾客群消费需求方面惠及更多用户,更好地发挥"普惠"目的。

金融机构强化金融科技,应把消费金融作为实现轻型化、科技化和智慧化战略转型目标的重要内容,需深化战略布局,推动消费金融创新。

注重金融伦理,加强金融消费者保护。发挥金融功能支持居民消费,既是实现共同富裕的金融作为,又是普惠金融的重要落脚点,不仅需要加大金融科学技术基础建设,还要保障金融伦理、金融标准等软件基础设施建设,以更好地保护金融消费者的权益,营造金融促进居民消费的良好环境。

参考文献

[1] 科技驱动综合能力提升 技术赋能消费金融发展:马上消费金融公司案例分析[M]//清华大学中国与世界经济研究中心.2017 中国消费信贷市场研究.北京:清华大学出版社,2018.

[2] 王晶,车路,杨帆,等.消费金融行业数字化转型路径及效果分析:以马上消费金融股份有限公司为例[J].商场现代化,2023(23):72-76.

案例 4　抖音支付布局第三方支付领域案例

4.1　案例概述

抖音支付布局第三方支付领域,是指抖音通过与第三方支付机构合作,为用户提供更多支付方式和便捷的支付体验。其中,抖音与支付宝合作,用户可以通过支付宝进行支付,包括余额支付、银行卡支付、信用卡支付等多种支付方式。此外,抖音还与微信支付合作,用户可以通过微信支付进行支付,支持微信余额、银行卡、信用卡等支付方式。通过与这些第三方支付机构的合作,抖音为用户提供了更多的支付选择,使用户可以更方便地进行消费和交易。

随着移动互联网的快速发展,第三方支付成为人们日常生活中不可或缺的一部分。第三方支付是指通过第三方支付平台完成的支付行为,即不直接通过银行进行支付,而是通过支付宝、微信支付、Apple Pay 等第三方支付平台来进行支付。在中国,第三方支付行业已经非常成熟,支付宝和微信支付等巨头已经占据了绝大部分市场份额。

抖音作为中国领先的短视频平台,也开始布局第三方支付领域,希望通过整合抖音的用户资源和流量,进一步拓展其支付业务。2021 年 1 月 19 日,抖音支付在抖音应用程序(Application,App)内正式上线。抖音 App 付款选项中除了支付宝和微信支付外,又多了一个选项:抖音支付的入口。目前,抖音支付共支持十家银行卡绑定,其中包括农业银行、建设银行、中国银行、中国邮储银行、交通银行、招商银行等。抖音支付布局第三方支付领域,将进一步丰富其生态系统,为用户提供更加便捷的支付方式。同时,抖音还可以通过支付业务来提高用户黏性,增加用户留存率,进一步加强其在移动互联网领域的竞争力。

抖音支付的母公司字节跳动对于支付领域的布局并非突然之举,而是早有征兆。早在 2018 年 6 月,字节跳动就已经完成北京华夏保险经纪公司的收购,收入其保险经纪牌照。2020 年 7 月,字节跳动旗下今日头条并购深圳市中融小额贷款股份有限公司,间接获得网络小贷牌照。2020 年 8 月,字节跳动完成对武汉合众易宝科技有限公司(简称"合众易宝")的收购。股权穿透数据显示,字节跳动创始人张一鸣持有合众易宝 99%的股份,为实际控制人。2020 年 12 月 24 日,据企查查显示,字节跳动新增了"抖音支付"商标申请信息,国际分类涉及 36 类"金融物管",商标状态为"注册申请中"。经过了这一系列的股权收购活动后,目前字节跳动已拥有小贷牌照、保险经纪牌照、证券投资牌照、支付牌照,从而开始全方面布局金融领域。在抖音已上线的业务板块就是由这些被收购的金融公司实际运营的,例如 Dou 分期业务由深圳市中融小额贷款股份有限公司及合作金融机构提供服务。

4.2 案例分析

抖音支付布局支付业务的原因:其一,字节跳动旗下的抖音是国内短视频行业的领头兵,截至 2022 年 3 季度,抖音用户达 8.09 亿,日活跃用户超 7 亿人。随着短视频商业模式逐渐成熟,抖音庞大的流量变现、"粉丝"的打赏、直播带货的交易都需要相应支付方式的支持。其二,考虑到抖音平台交易总额巨大,利用其他移动支付方式进行支付费用较高,而收款方也需向相应的移动支付平台支付一定的手续费。截至 2022 年,美国科技媒体 The Information 报道称,有知情人士透露,2022 年字节跳动旗下抖音平台电商交易总额达到 2 080 亿美元(约合 1.41 万亿元人民币),同比增长 76%。其三,抖音需要构建生态闭环,拓展盈利赛道。支付业务不仅是用户商业行为的关键闭环,同时也具备向金融服务、生活服务导流的作用,这在支付宝和微信支付两个头部机构的商业实践中不断印证。

抖音支付竞争第三方支付市场面临的问题及思考。首先,C 端市场竞争格局固化。第三方支付创新无一不是通过账户革新而实现的。谁拥有了规模化的账户体系,谁就拥有了丰富的金融资源;谁能够有效开发并经营好账户体系,谁就能在竞争中抢得先机并占有市场竞争的制高点。从 C 端用户交易而言,随着用户移动设备使用时间的加长,移动支付亦将伴随交易规模稳定增长。同时,第三方支付头部机构支付宝和微信支付通过精耕账户已经构筑了较强的用户壁垒,用户已经形成对第三方支付机构路径的依赖。以前,没有银行相关支付 App 能够成功完成用户使用习惯的迁移,云闪付未能做到,拥有账户体系的移动通信相关 App(和包支付)也未能做到。回顾我国第三方移动支付的增长路径,其缘起于电商(支付宝),因社交红包转账(微信支付)而获得爆发性增长,因线下二维码支付进入线下驱动的新轨道。伴随着移动支付规模的快速增长,第三方移动支付渗透率逐步提升,行业规模增速趋于稳定。除此以外,还有可能依托于新的现象级产品的诞生比如短视频带货而再一次迎来爆发性的增长。由于市场惯性和客户使用习惯的稳定性以及资源整合需要时间,短期内,抖音支付对支付市场现有格局的影响不大,更多的作用可能是降低自身成本。

其次,抖音支付移动支付用户黏性低。相比传统产业,互联网产业存在较强的路径依赖的特点。先发优势往往会转化为入口优势,成为用户获取服务的第一选择。入口优势、路径依赖所带来的广泛连接效应不断充实、丰富互联网金融平台的资源体系,形成产品资源、用户资源、流量资源的集聚,带动互联网金融平台实现与外部机构资源共享。交通、购物、社交等综合生活服务产品的平台的使用频率相对更高、刚需属性相对更强,可以为支付钱包带来流量增长;而导流信贷、理财等业务的服务费水平相对更高,可以提升支付钱包变现能力。现行的抖音支付体系相较于另外两大巨头来说功能比较基础,用户使用场景有限,很难增加用户黏性。

再次,抖音支付企业端细分领域没有优势。除去占据 C 端 90%市场的第一梯队的支付宝、财付通,不同支付机构在企业端细分领域精耕细作。第二梯队的支付企业在各自的细分领域发力,其中,壹钱包位居第三,依托场景、技术、资源等优势,提升 C 端服务体验,推进 B 端合作赋能;联动优势位居第四,推出面向行业的支付+供应链金融综合服务,促进交易规模平稳发展;快钱位居第五,向保险、航空领域持续提供金融科技能力输出服务,实现商户综合解决方案定制化;银联商务位居第六,围绕商户营销拓客、账务管理、终端运维、资金服务等方面的需求,为合作伙伴创造价值;易宝支付位居第七,连接航空、铁路、租车全交通生态,并涉及旅游、酒店到景区的全旅游服务,实现这一生态下的完全布局;苏宁支付位居第八,积极助力城市绿色出行,深耕场景服务,重点挖掘出行领域,打通线上线下多渠道,提高用户参与度。抖音支付企业端细分领域未见优势。

最后,数字人民币支付的影响。随着支付宝、微信、美团、京东等 App 支持数字人民币支付,数字人民币应用场景快速扩大。中国人民银行数据显示,截至 2022 年 8 月 31 日,15 个省(市)的试点地区累计交易笔数 3.6 亿笔,金额 1 000.4 亿元。数字人民币相较于第三方支付来说具体体现为具有法定货币、双离线、基于应用场景的编程扩展性。但是现阶段,不管是从用户便捷度、界面易用性、操作流程,还是从支付服务整体水平而言,第三方支付体验优于数字人民币。

4.3　案例启示

抖音支付布局第三方支付领域的启示如下。移动支付已经成为人们日常生活中不可或缺的一部分,而第三方支付平台在其中扮演着至关重要的角色。抖音作为一个拥有庞大用户群体的社交平台,通过布局第三方支付领域,可以为用户提供更加便捷的支付方式,同时也为商家和内容创作者提供更多的营销和变现渠道。

抖音支付在布局第三方支付领域的过程中,可以借鉴和学习其他成功的支付平台的经验和做法,以为用户提供更加安全、便捷、快速的支付体验。同时,也需要重视对于用户数据和隐私的安全保护,建立健全的风控和安全体系,保障用户的资金安全和交易安全。另外,抖音作为一个社交平台,可以通过与第三方支付平台合作,为用户提供更多的社交化支付功能,如红包、打赏等,以增加用户的互动和黏性。同时,也可以通过与商家合作,推出优惠活动和促销活动,吸引用户进行消费,促进平台的商业化发展。总的来说,抖音支付布局第三方支付领域的启示是,要充分发挥社交平台的优势,与第三方支付平台合作,为用户提供更加便捷、安全、有趣的支付体验,同时也要重视对于用户数据和隐私的安全保护,促进平台的商业化发展。

课程思政点

我国第三方支付领域的发展,大大提升了工作效率,降低了服务成本,体现了我国支付领域的先进科技。应增强科技强国意识,树立民族自信心和自豪感。

支付方式的变迁彰显了我国悠久璀璨的历史文明和先进高效的现代科技。我国乡村地区的跨越式发展,离不开金融科技的运用和支付手段的创新变革。

参考文献

[1] 杨刚.反垄断新规冲击支付宝、微信支付,抖音支付悄然上线[J].财富时代,2021(2):2.
[2] 邹昀寰.支付宝盈利模式分析[J].现代商业,2018(6):129-130.

案例 5　招商银行财富管理业务数字化转型历程

5.1　案例概述

随着中国经济增长的渐趋缓慢、利率市场化改革的实质完成，以及银行业所面临的国内外竞争日益激烈，商业银行传统的以存贷差为核心的盈利方式受到显著挑战。国民财富目前呈现出稳步增长的趋势，这一变化为我国商业银行的财富管理业务创造了广阔的发展空间，促使商业银行在发展内外业务的过程中，更加注重业务收益与资本占用之间的平衡，以实现稳健的运营、资本的有效补充和持续发展的良性循环。在传统利差盈利模式遭遇挑战和风险管理要求不断加强的情况下，财富管理业务因其"轻资本、弱周期"特性，日益成为商业银行关注的重点。国民对财富管理和优化的需求日益增长，促使商业银行不断创新产品线，从传统的储蓄和理财产品，扩展到基金、保险、债券、股票等多样化金融工具。这要求商业银行须及时调整市场策略，以保障其运营能力与市场变化相适应。在此背景下，财富管理业务已经成为提升商业银行营业收入和利润的关键领域。特别是在大数据、人工智能等数字技术深入金融领域的当下，商业银行的财富管理业务在获取客户、服务模式和交易方式等方面都经历了显著变革，使得业务转型成为必然趋势。

5.2　案例分析

追溯中国零售银行发展史时发现，招商银行似乎早已预见如今的财富管理时代趋势，通过率先布局零售银行的战略，以旗下"金葵花理财"开启了中国零售银行财富管理业务的新时代，二十年来一直领跑在财富管理赛道上。伴随着国家政策的宏观调控、财富管理赛道的持续升级，以及个人财富管理方式"颠覆式变革"的开始，新的使命被孕育出来。为了增强银行内部各业务条线间的飞轮效应，招商银行首度提出集"财富管理—资产管理—投资银行"于一体的大财富管理价值循环链，实现"客户端+产品端+运营端"的多维联动，为转型升级奠定了坚实的基础。

招商银行致力于构建大财富管理价值循环链，将客户资金端和融资端需求更有效地连接起来。大财富管理业务模式的构建主要涉及三个方面：拓展"大客群"、搭建"大平台"、构建"大生态"。这一模式从销售导向转向客户价值导向，将零售、财富管理、资产管理、投资银行等各条线充分融合，从客户、产品等各端价值链视角重新定位各板块，以增强大财富管理体系下各条线之间的协同效应，打造"财富管理—资产管理—投资银行"价值循环链。

2023 年报告期内，招商银行围绕客户稳健类需求，强化自身财富管理专业服务能力，打造"人+数字化"全渠道服务体系，助力客户实现资产保值增值。

表 1　招商银行财富管理业务数字化转型历程

年份	招商银行财富管理业务数字化转型历程
2014 年	招商银行提出建立轻型银行,这是数字化转型的战略目标
2015 年	招商银行提出移动优先策略和一体两翼战略。移动优先策略即"内建平台、外接流量、流量经营"的互联网金融发展策略。一体两翼战略即零售金融为"一体",公司金融和同业金融为"两翼"
2016 年	招商银行将人脸识别技术应用于多个渠道,并引入大数据风险识别模型
2017 年	招商银行打通线上线下双重渠道的服务平台,以"网店＋App＋场景"的服务模式为基础,提出金融科技银行和最佳客户体验为银行定位
2018 年	招商银行全面开展数字化转型,提出向"App 时代"和零售金融 3.0 转型,并以月活跃用户作为引领零售金融转型的北极星指标
2019 年	招商银行开启探索"客户＋科技"的 3.0 经营模式
2020 年	招商银行明确"开放融合"和组织文化变革,形成与金融科技相一致的组织和文化
2021 年	招商银行提出"大财富管理的业务模式＋数字化的运营模式＋开放融合的组织模式"的 3.0 模式,聚焦"财富管理、金融科技、风险管理"三个能力建设,打造"大客群、大平台、大生态"的大财富管理价值循环链,标志着招商银行数字化转型进入第三个阶段
2022 年	招商银行构建了业内首个零售财富管理业务投研工作平台"财富 Alpha＋",成为财富管理业务独具特色的专业化工具

数据来源:各年招商银行公开资料整理,https://www.sohu.com/a/769158207_121610258.

一是强化支付结算客户向财富管理客户的升级,做大财富持仓客户规模。招商银行始终致力于实现支付与结算业务的场景化构建,持续提升用户多场景的服务体验,推动客户需求从支付结算向财富管理升级。

二是顺应客户风险偏好的变化,加大财富管理产品供应。理财方面,招商银行整合合作伙伴优势资源,以"稳健类产品"为基本盘,把握阶段性投资机遇。例如,信银理财安盈象固收稳利三年封闭式 14 号理财产品,招银理财招睿量化稳健十八月封闭 2 号固收增强稳健理财计划。基金方面,招商银行增加短债、"固收＋"类产品供应,提升综合收益体验。例如,建信理财睿鑫固收类封闭式产品 2023 年第 184 期,属于纯固收系列。保险方面,招商银行持续充实产品种类,覆盖养老、医疗、意外、财产等各主要保障品类,以满足消费者的投保需要,如招行的招商信诺醇享人生 Pro 高端医疗保险、信福无忧意外保险。

三是持续完善"招商银行 TREE 资产配置服务体系",通过活钱管理、稳健投资、进取投资、保障管理引导客户科学配置。在客户服务上,整合线上线下客户服务内容,形成以资产配置与持续再平衡服务检视工作为核心的服务范式,构建经营模式的良性循环;在能力提升上,提升队伍在对客沟通交流与互动、专业市场分析和研判、资产配置服务等方面的能力,帮助客户形成正确的投资理念。截至报告期末,在该体系下进行资产配置的客户达 911.45 万户,较上年末增长 12.15％。

四是不断迭代开放平台能力,提升客户持仓体验。该行进一步强化招商银行 App 财富开放平台"招财号"的服务能力,完善运营组织机制,为客户提供更优质的财富服务。截至报告期末,152家具有行业代表性的资管机构入驻"招财号"。

招商银行的产品体系是以理财产品为主要组成,基金、信托、存款、保险以及其他金融产品为辅的财富管理产品体系。近几年来,虽然招商银行财富管理业务综合金融资产在逐年提升,但随着所管理的综合金融资产的增加,其进一步向上发展出现瓶颈。2020—2021年期间,招商银行财富中间业务收入保持增长。2022年,虽然综合金融资产规模增加,但财富收入却严重下滑。招商银行财富管理业务转型发展过程中存在的问题主要是财富管理业务仍以卖方销售驱动模式为主,缺乏独特的竞争优势和创新能力,导致市场上的产品和服务高度同质化,以及专业财富管理人才流失较大等。在变幻莫测的经济环境中,金融科技发展迅猛,各大商业银行面临巨大的挑战和机遇。在以新科技为主流趋势的金融行业中,财富管理作为商业银行利润增长的新一极备受关注,其通过数字化转型可以实现服务范围扩大、服务效率提高、风险管理强化等多个目标。

5.3 案例启示

首先,要健全以客户为核心的财富管理生态圈。商业银行在拓展财富管理业务时,要注重构建围绕客户需求的生态体系,通过产品创新、优质服务、科技应用等创新方式,打造独特的品牌优势,促进传统经纪业务向现代财富管理服务转型升级。招商银行在财富管理转型方面的核心优势是拥有开放的产品平台与金融产品筛选能力和大类资产配置能力,拥有资深的买方研究服务团队,以及业内顶级财富顾问服务团队。财富管理正式迈入管理型基金投顾阶段,此时客户委托资产,从事管理型投顾业务,达到以客户为中心的财富管理,追求管理规模的最大化,符合海外财富管理发展的趋势。在继续做大传统经纪业务的基础上,应加快财富管理转型的步伐,打造以客户为中心的财富管理生态圈。

其次,在财富管理转型中要突出自身业务特色。理财经理在为客户设计财富配置方案时,一定要对客户的财务情况和生活习惯有一个全面的认识。只有这样,才能准确地掌握客户的财富管理需要,充分发挥自己的专业优势,为客户选择最合适的理财产品。为了更好地了解顾客,理财经理需要对顾客的财产状况和日常生活做细致的管理,始终坚持以客户为中心,站在客户的角度去思考,为客户量身定做适合客户需要的财富管理计划及人生管理计划,以此来加强与客户之间的关系。对于顾客关系的维护,首先要提高服务品质与水准,为顾客提供多元化的增值服务,以满足顾客生活中的各种需要。无论吃、住、行、购,我们都要为不同的顾客群体提供周到的服务,让他们体会到人性化的关怀。

最后,商业银行要优化风险预测管理机制。目前,我国对金融机构代销产品的过程有较为严格的监管要求,尤其是在"销售双录"和"客户购买意愿"两个方面。"飞单"现象虽然有所减少,但是仍然存在对顾客购买意愿不尊重、应录而未录等问题。很多商业银行同样出现"双录"现象,不仅影响银行的信誉与业务安全,而且可能导致银行面临监管机构的处罚。对客户来说,由于没有进行双录,他们可能不能完全理解产品的风险点,从而影响自身的体验。因此,商业银行在理财业务中要加强客户经理和客户服务经理的"双录"工作,严格执行"双录"制度。对系统销售数据进行比对,确保客户在销售过程中的选择权,强化投资者教育。加强信息系统建设和完善金融科技应用也非常重要。信息技术和金融科技在银行业务中发挥着越来越重要的作用,可以帮助银行提高业务效率、降低运营成本、改善客户体验。此外,银行还应该积极拓展金融科技应用领域,利用人工智能、大数据、区块链等技术改进业务流程,提高客户体验。例如,可以利用人工智能技术开发智能客服系统、智能投资顾问系统等,可以利用大数据技术进行精准营销、风险预警等,可以利用区块链技术改进清算结算流程及提高交易安全性等。

课程思政点

随着我国深入实施创新驱动发展战略,推动产业结构优化升级,作为实体经济的血脉,金融对于促进科技创新、推动经济高质量发展具有重要支撑作用。招商银行作为一家科技领先的商业银行,深刻认识到数字化发展的大趋势,把自身发展融入国家战略大局,努力在支持科技数字化金融发展的过程中实现价值创造。发展数字化金融,助力高水平科技自立自强,既是招商银行践行金融报国、服务实体经济的具体举措,也是落实价值银行战略及为客户、为社会创造价值的内在要求,更是发挥"招行所能"、实现"国家所愿"、服务"企业所需"的生动实践。

参考文献

[1] 聂俊峰,张馨元,王恒,等.后疫情时代财富管理业务的转型发展[J].中国信用卡,2020(6):23-28.
[2] 刘峒杉,郭利华,贾贵.银行财富管理业务的数字化转型[J].银行家,2021(11):105-107.
[3] 中国银行江苏省分行私人银行部课题组,俞亚莲.商业银行财富管理数字化转型研究[J].金融纵横,2021,6(3):84-89.

第九篇　金融政策

案例1　回顾历史，看美国货币政策演变

1.1　案例概述

1.1.1　引言

随着理论创新的驱动和经济发展的实践驱动，现代货币政策的发展经历了多次转型。现代货币政策的转型，一方面带有浓厚的实用主义色彩，这从金融学在经济学科中独立出来就可见一斑，至此，金融学的诸多理论通过各种方式深入货币政策部门。至今，美国联邦储备系统（简称"美联储"）的官员大致上都具有经济学科的研究背景，出自学院派居多，少部分兼具诸如高盛集团等大型金融集团工作的背景，"旋转门"在其中扮演了特殊角色。而美联储作为私人机构，本身与华尔街集团建立了紧密联系，因而决定了美国的货币政策的价值导向。另一方面，现代货币政策的转型具有很强的国家利益色彩。美联储所制定的一系列货币政策均出自维护美国的经济金融利益，特别是在1971年布雷顿森林体系瓦解后，以美元为主导的国际货币体系建立和2008年因美国"次贷危机"中，美联储的货币政策目标始终聚焦于解决通货膨胀、维持就业等。但基于美联储和美元的特殊性，其中的许多政策产生了巨大的负面溢出效应，给世界经济和国际金融市场带来深远影响。

1.1.2　不同时期货币政策的改变

作为美国的中央银行，美联储成立以来所制定的货币政策其实是货币政策工具变化以及技术演变的过程。美国货币政策经历了七个重要的阶段，其货币政策的目标也从单一的目标演变为多重目标。目前，美国货币政策的目标是实现充分就业、保持物价稳定，同时创造一个相对稳定的金融环境。

（1）美联储成立之初：以贴现率为政策目标

美联储成立之初，《联邦储备法》规定，美联储要"提供富有弹性的通货，提供商业票据再贴现，建立有效的银行监管以及其他目标"。从这一点可以看出，美联储货币政

策最早主要以调节贴现率来实施。在贴现过程中,美联储对抵押品有着严格的限定,要求商业银行必须提供真实有效的商业票据,以此避免货币的超发而引起通货膨胀。

可以说,美联储成立之初,货币政策的操作和目标是很单一的,《联邦储备法》没有赋予美联储调整银行存款准备金的权力,公开市场操作虽然存在,但是重要性并不高。"一战"期间,美国政府大量融资。战后,美国货币供应大幅上升,通货膨胀压力不断上升,从战前的2%大幅飙升至20.7%,但是当时单一的货币政策工具没能有效控制货币增长和通货膨胀。

(2) 大萧条时期:调整准备金以及重视公开市场操作

"一战"结束后,美联储独立性得到增强,公开市场操作对市场的影响开始受到美联储的重视,促进国内稳定发展、保持国际收支平衡等目标不断出现,这些也成为美联储货币政策调控的主要目标。但是这一阶段,美联储依旧较为保守,优柔寡断的货币政策和错误的决定没能有效抵御1929—1933年的大萧条。

一方面,美联储没有降低利率刺激经济,反而为了防止资本外逃于1931年将利率从1.5%提高至3.5%。另一方面,美联储未能及时发挥最后贷款人的角色,而是听任银行倒闭,最终使得美国银行倒闭潮席卷全国。

大萧条结束后,罗斯福上台,对美联储进行了大量改革,不仅赋予美联储改变法定存款准备金的权力,对会员银行的存款利率实行上限管理,而且建立了联邦存款保险公司。此外,罗斯福还废除了金本位制度。金本位制度的废除,使得美联储打破了货币投放的束缚,货币供给开始大量增加,经济下滑的势头得到遏制。

(3) 20世纪70年代经济发展时期:以联邦基金利率为中介目标

这一时期,美联储十分重视准备金的变动,并以货币市场上的短期利率作为货币政策的中介目标。而在操作上,美联储也开始进行国库券的买卖(公开市场操作)。

值得注意的是,到20世纪60年代,美国人口红利的作用开始发挥,美国人口从1945年的1.4亿上升到1960年1.8亿,年均增长率达到1.95%,相比战争时期有明显提高。伴随着人口的增长和经济的发展,美联储的注意力逐渐转移到保障就业上来,凯恩斯主义的兴起使得美联储开始用货币政策来解决失业问题。但是随着美国经济的增长,通货膨胀风险也在日益加剧,美联储开始主动调整货币政策,上调联邦基金利率,通过调节法定存款准备金率来控制货币供应量。

随着欧洲、日本潜在生产率的不断提升,美国高端制造业优势消失使得美国潜在生产力开始下降,美国国内生产总值(Gross Domestic Product,GDP)不断回落,20世纪50、60年代平均增速达到4.2%,但是1971年降为3.3%。总供给的收缩使得通货膨胀与失业率不再呈现反向关系,而是表现为螺旋式的上升。作为应对措施,美联储尝试引入货币供应量作为中介目标,但是在实际操作中仍然以调节货币市场利率为主要手段,最终效果甚微,通货膨胀有增无减。

(4) 沃尔克时代:以货币供应量为中介目标

凯恩斯主义在滞涨时期的失效使得货币主义开始抬头,沃尔克当选美联储主席之后便宣布不再以联邦基金利率为操作目标,美联储开始以货币供应量为中介进行货币政策操作。当时,美国的货币供应量以M1为主。通过货币供应的减缩,通货膨胀逐渐回落。此后,随着美国金融创新和货币形式的变化,调控 M1 愈发难以满足美联储的调控目标,于是,多层次的货币供应量开始建立,调控目标也从 M1 逐渐转向 M2。

(5) 格林斯潘时代:平衡通货膨胀和经济增长

格林斯潘上台后,认为随着美国金融创新和投资多样化的发展,M2 与经济增长和通货膨胀直接的相关性在不断下降。于是美联储在 20 世纪 90 年代初放弃了以货币供应量作为其货币政策的中介目标,再次将调节联邦基金利率作为货币政策的中介目标。但是与 20 世纪 70 年代的中介目标不同的是,格林斯潘提出"中性"货币政策,保持"中性"利率,以避免刺激或抑制经济发展,同时保证低通货膨胀能够伴随经济的发展。

在此期间,美国的居民消费价格指数(Consumer Price Index,CPI)在 1%~5%之间波动,平均值为 3.1%。美联储具有很强的前瞻性,在 CPI 上行之前,美联储就通过加息的方式来平抑上升的通货膨胀,这一阶段共进行了三轮加息,分别为 1987—1990 年、1995—2000 年以及 2005—2007 年。而在此期间,美国实际 GDP 平均增长率为 3.2%,美联储第一次真正意义上实现了稳定物价和促进经济增长的双重目标。

此外,格林斯潘认为预期管理对于货币政策目标的实现至关重要,因此美联储开始重视公开性以及与市场积极的沟通。对市场而言,货币政策的预测性有所提高。

(6) 伯南克时代:采用非常规货币政策,利率走廊形成

2008 年金融危机爆发后,美联储将减少失业、维护金融系统稳定作为货币政策的首要目标,并且通过非常规货币政策成功地阻止了危机进一步恶化。非常规货币政策主要有两个组成部分,一是前瞻性指引,二是大规模资产购买计划。

前瞻性指引的目的是引导公众相信美联储将长时间保持联邦基金利率的低水平。大规模资产购买计划是美联储面对经济下行压力过大而提供的额外支持,主要通过大规模购买国债、联邦机构债券和抵押贷款支持证券(Mortgage-Backed Securities,MBS)向市场注入流动性。但是由于美联储大规模的资产购买,银行超额准备金大量增加。过剩的准备金使得危机前要通过公开市场操作调节联邦基金市场中准备金数量,进而影响联邦基金利率的货币政策框架。

于是在危机初期,美联储获得权力向超额存款准备金支付利息,即超额存款准备金利率(Interest on Excess Reserves,IOER)。通过提高超额存款准备金利率,美联储可以实现提升联邦资金利率达到目标区间的目的。其背后的逻辑在于如果联邦基金利率低于超额存款准备金利率,那么银行会选择将钱存放于美联储,而不是在市场上借出,因此超额存款准备金利率设立的本意是作为利率走廊的下限,而利率走廊的上限是美联储再贴现的利率。

但是美联储大规模资产的购买不仅向银行注入了大量的流动性,非银机构也获得了足够的流动性。而美联储并不向非银机构支付超额存款准备金的利息,于是银行可以低于超额存款准备金率的利率向非银机构借入资金,再存放于美联储进行套利,IOER 作为利率走廊下限受到了极大的影响。

为了应对危机,美联储又创设了隔夜逆回购(OverNight Reverse RePurchase,ON RRP)。美联储逆回购的操作与国内是相反的,是美联储卖出高评级债券并向市场借入资金的行为。

与 IOER 不同的是 ON RRP 适用的范围不仅限于银行,还包括主要交易商、货币基金和企业。在此背景下,如果联邦基金利率低于逆回购利率,那么非银机构就会选择将钱借给美联储,最终使得市场资金紧张,联邦基金利率上升。因此,在此后的很长一段时间内,IOER 成为美国利率的上限,而 ON RRP 成为利率的下限,美联储利率走廊由此形成。在非常规货币政策的支持下,美国经济开始回暖,失业率开始降低。

(7) 后危机时代:货币政策常规化

与前面两任美联储主席类似,耶伦也十分注重美联储的公开透明,同时她更加担忧失业增长可能带来的经济结果,但也相信美联储刺激就业和经济增长的能力,因此,当时货币政策的目标是实现就业最大化、物价稳定和金融体系稳定。耶伦后一届的主席鲍威尔在 2020 年 8 月提出了平均通货膨胀目标的新框架,不介意通货膨胀暂时高于目标,采用更积极的政策来确保充分就业。

1.2 案例分析

1.2.1 货币政策究竟是先发制人还是后发制人

抑制通货膨胀一直是美联储最重要的目标,但不同时期的美联储主席在这个问题上的策略有明显差异,早期主要是采用先发制人的策略。20 世纪 50 年代,时任美联储主席马丁说过:"当聚会渐入佳境时收走大酒杯。"格林斯潘也提出,货币政策对通货膨胀产生抑制效果是有时滞的,需要一年或者更长的时间,如果不能在出现通货膨胀苗头的初期就果断采取措施,那么必然会付出更高的政策代价,从而抑制增长。这意味着,货币政策要走在市场曲线前面。从马丁到沃尔克、格林斯潘,先发制人是几任美联储主席比较坚持的,在通货膨胀治理层面效果显著。

之后,美联储主席的策略发生了转变。伯南克和耶伦的货币政策从强调先发制人控制通货膨胀,过渡到重视风险管理,再到鲍威尔逐步转向平均通货膨胀目标的新框架。伯南克和耶伦强调风险管理,认为危机和风险是不对称的,通货膨胀暂时起不来,但就业的问题很难解决。耶伦认为,即使出现通货膨胀,进程也是缓慢的,不需要采取快速的措施。同时,其任期内还有货币紧缩过急对经济产生冲击的经历。在没有过多财政刺激的情况下,货币政策强调风险管理有一定的合理性。鲍威尔在 2020 年 8 月提出了平均通货膨胀目标的新框架,不介意通货膨胀暂时高于目标,采用更积极的政策来确保充分就业。至此,应对通货膨胀实际上结束了先发制人的策略,走在了市场曲线的后面。尽管耶伦时期通货膨胀没出现什么问题,但在鲍威尔时期,美国通货膨胀开始起来时,鲍威尔一直对外宣称通货膨胀是暂时的,直到 2021 年年底才改口,但通货膨胀预期已经形成。美国劳工部发布的数据显示,美国居民消费价格指数在一年多的时间内从 2021 年 2 月的 1.7% 涨到 2022 年 6 月的 9.1%。

1.2.2 货币政策是遵循规则还是相机抉择

货币政策是遵循规则,还是相机抉择,不同美联储主席的风格也不一样。格林斯潘喜欢含糊其词,是个"讲废话的能手",希望保留自由裁量权,认为央行不可能比市场更聪明。沃尔克不是纯粹的货币主义者,认为货币政策既是科学,也是艺术,需要随时随地根据形势的变化做出相应的调整,在实践检验中不断完善,机械僵化的做法并不可取。很多人习惯性地认为,沃尔克的成功,实际上就是1976年诺贝尔经济学奖得主米尔顿·弗里德曼货币主义理论的成功。沃尔克倡导的"限制货币供给数量"的实践做法,完全就是弗里德曼倡导的"固定货币供给增长率规则"的现实版本。但沃尔克认为:"货币主义的政策建议——找到最佳的货币供给增长率且不论发生什么都要严格盯住——充其量只能说是天真的且危险的误导。"实际上,沃尔克上任后采用货币数量目标抑制高通货膨胀,一个重要原因是转移公众对短期利率的关注,防止遭到对20%高利率的批评。到了1982年,沃尔克放弃了货币数量目标,回到了联邦基金利率目标。

而伯南克和耶伦更强调规则,重视透明度。他们相继引入显性的通货膨胀目标,发布《经济预测摘要》,每年进行几次沟通,出台前瞻性指引,规定失业率到了多少就要出台政策。伯南克时期大幅扩充《经济预测摘要》,包括对经济变量和政策利率本身更长期的预测。此外,伯南克、耶伦时期,联邦公开市场委员会(The Federal Open Market Committee, FOMC)会议后召开新闻发布会的频率是每个季度一次,鲍威尔时期增加到每年八次。与市场保持良好的沟通,可以引导市场预期,更好地稳定通货膨胀。但沟通有利有弊,市场并不傻,如果美联储没有兑现承诺,就会有信誉的损失,反而起到负面的效果。

在决策方式上,格林斯潘偏向最新数据及市场人士信息驱动的决策。格林斯潘被称为"艺术大师"的经典案例是对1996年经济形势的判断。按照当时模型的估计,失业率已经低于自然失业率,按照先发制人的策略应该加息,但格林斯潘根据市场数据与小道消息判断,技术与生产率提升将有助于抑制通货膨胀,因此延迟了加息,事后证明这是对的。相对于格林斯潘的数据信息驱动的决策,伯南克和耶伦更偏向模型驱动的决策,这与他们强调规则和透明度是一脉相承的,但模型毕竟是抽象的结果,其是否与实际一致往往是需要验证的。20世纪70年代,伯恩斯时期对自然失业率的估计就出现了偏差,实际上可能为6%,但估计成了4%,央行不断实施刺激性政策,导致大通货膨胀。目前,鲍威尔从模型驱动的决策再次回归格林斯潘的方式,对模型和基于经济数据、来自商业联络人以及真正"接地气"人士的小道消息进行深入研究。

1.2.3 美联储货币政策操作框架的变与不变

金融危机前,联邦公开市场委员会(FOMC)通过所谓的"稀缺储备"机制实施货币政策,即美联储通过调整银行系统的准备金供应来控制联邦基金利率。这是通过在公开市场上出售国债来减少准备金,或者通过购买国债来增加准备金实现的。这就要求密切监控银行的准备金需求,通过公开市场操作,使联邦基金利率停留在目标水平。随着2008年金融危机后量化宽松货币政策的出台,美联储实际转向了一个新的操作框架,即所谓的"充足储备"体系:银行集体的准备金比过去多,超过日常需求,没有必要从其他银行借入准备金,结果联邦基金利率保持在接近零的水平。当美联储想紧缩货币政策时,考虑到体系内储备金过剩,传统的公开市场操作无法提高联邦基金利率。联邦公开市场委员会不得不在 2019 年 1 月宣布长期采用"充足储备"的方案。充足储备框架依靠三个要素使联邦基金利率保持在目标范围内。一是提供银行在美联储充足的储备金;二是利率走廊,包括美联储自己设定的利率以及影响联邦基金的利率;三是公开市场操作,即纽约联邦交易室执行联邦公开市场委员会的指令,可以通过直接购买或回购国债和政府支持机构债券来永久性或临时性增加系统的储备水平。从所谓的"稀缺储备"到所谓的"充足储备"框架,是美联储不得不选择的结果。实际上,在货币政策正常化的道路上,美联储货币政策的操作仍在试错的过程中,今后如何演变,还需要进一步观察。

1.3 案例启示

美联储自成立以来,货币政策的目标和中介不断发生变化,有三个方面值得借鉴。

首先,注重货币政策工具的创新。随着美国经济的发展,美联储货币政策应对金融危机的能力得到大幅提升,特别是 2008 年金融危机爆发后,美联储在传统货币政策工具的基础上,推出了一系列非传统的货币政策工具,帮助美国摆脱经济下滑的泥潭。

其次,注重加强对公众预期的引导。早期的美联储货币政策由于过于保守和秘密,经常被市场诟病。格林斯潘上台后开始注重与市场的沟通,但是公开场合晦涩的文字和语言还是难以形成有效沟通。伯南克和耶伦进一步使美联储透明公开化。危机之后,FOMC 的声明就开始包括对未来政策的预期引导。到目前为止,每次 FOMC 会议分记录都会在会议结束 3 周后向公众发布。为了防止量化宽松引起的通货膨胀,美联储时隔 7 年重启加息。2014 年,美国经济恢复至金融危机前水平,随后,美联储逐渐退出量化宽松政策。

最后,需要加强货币政策与其他政策的协调合作。纵观美国货币政策历史,货币政策并非每一次都能积极发挥作用。20 世纪 80 年代,凯恩斯主义失效,相比起货币主义,供给派大力减税的财政政策才是美国经济从衰退走向繁荣的主要原因。

课程思政点

学习美国货币政策有助于理解其如何通过调整利率、购买资产等手段来影响经济,以及这些政策如何影响全球金融市场和经济发展,这对于理解全球经济互动、预测未来趋势以及制定相应的经济政策都具有重要意义。

美国货币政策的主要目标是实现充分就业并保持市值的稳定,创造一个相对稳定的金融环境。美联储通过调整货币政策,如量化宽松政策,来影响经济。量化宽松政策包括将短期利率下调至零,并通过购买长期债券来调节利率,降低企业融资成本,向市场注入流动性,以刺激经济复苏和增长。这种政策不仅影响美国本土经济,还对全球经济产生溢出效应。尤其是在新兴经济体中,这些政策促进了资本流动和股市、债市的繁荣,但同时也推高了这些国家的汇率和通货膨胀率。

美国货币政策的变化也反映了其宏观经济管理的策略和目标。例如,通过调整货币政策来吸引资本回流美国,强化美元地位,以达到国际金融上的"强美元"目标。这种策略旨在通过货币政策调整来影响资本流动和金融市场的稳定性,进而影响国内外的经济活动。

参考文献

[1] 伯南克.21世纪货币政策[M].冯毅,译.北京:中信出版社,2022.
[2] 徐忠.从历史角度审视美联储货币政策的演变及影响[N].中国金融报,2022-12-05.

案例 2 中国特色金融发展之路

2.1 案例概述

党的十八大以来,以习近平同志为核心的党中央积极探索新时代金融发展规律,不断加深对中国特色金融本质的认识,不断推进我国金融实践创新、理论创新、制度创新,积累了宝贵经验,并逐步走出一条中国特色金融发展之路。中国特色金融发展之路来之不易,是以习近平同志为核心的党中央,立足当代中国实际奋力开拓出来的,是对金融工作本质规律和发展道路认识的进一步深化,我们要倍加珍惜。总的来看,中国金融发展既遵循现代金融发展的客观规律,更具有适合我国国情的鲜明特色,与西方国家的金融模式有着本质区别。

表 1 历届会议关于中国金融发展的相关表述

时间	会议	相关观点
2017 年 7 月	全国金融工作会议	落实全面从严治党要求,建好金融系统领导班子,严格规范金融市场交易行为,强化金融机构防范风险主体责任,健全符合我国国情的金融法治体系
2018 年 12 月	中央经济工作会议	要加快建设统一开放、竞争有序的现代市场体系,提高金融体系服务实体经济能力,形成国内生产和市场主体、经济增长和就业扩大、金融和实体经济的良性循环
2020 年 10 月	党的十九届五中全会	全面深化改革,构建高水平社会主义市场经济体制,激发各类市场主体活力,完善宏观金融治理,建立现代财税金融体制
2022 年 12 月	中央经济工作会议	强化金融稳定保障体系,有效防范化解重大经济金融风险,加快建设现代化产业体系,推动"科技—产业—金融"良性循环
2023 年 10 月	中央金融工作会议	金融是国民经济的血脉,是国家核心竞争力的重要组成部分,要加快建设金融强国,全面加强金融监管,完善金融体制,优化金融服务,防范化解风险,坚定不移走中国特色金融发展之路,推动我国金融高质量发展,为以中国式现代化全面推进强国建设、民族复兴伟业提供有力支撑

在 2024 年 1 月省部级主要领导干部推动金融高质量发展专题研讨班上的重要讲话中,习近平总书记提出"八个坚持",明确了新时代新征程金融工作怎么看、怎么干,是体现中国特色金融发展之路基本立场、观点、方法的有机整体,为推动金融高质量发展提供了根本遵循和行动指南。这八个坚持分别是坚持党中央对金融工作的集中统一领导,坚持以人民为中心的价值取向,坚持把金融服务实体经济作为根本宗旨,坚持把防控风险作为金融工作的永恒主题,坚持在市场化法治化轨道上推进金融创新发

展,坚持深化金融供给侧结构性改革,坚持统筹金融开放和安全,坚持稳中求进工作总基调。

总的来看,"八个坚持"坚持理论和实践相结合、战略和战术相贯通、世界观和方法论相统一,科学回答了根本保障、价值取向、根本宗旨、永恒主题等一系列关于中国特色社会主义金融发展的重大理论和实践问题,标志着我们党对于金融本质规律和发展规律的认识达到了新的高度。

2.2 案例分析

中国特色金融发展之路关系中国式现代化建设全局。金融是现代经济的血脉,资金融通是金融的基础功能,资源配置是金融的核心功能。在社会主义市场经济条件下,金融能够发挥连通器和放大器作用,将储蓄转化为投资,形成资源配置的加速器效应。金融是国家重要的核心竞争力,现代化金融体系是我国提升国际竞争力的基础支撑。金融市场规模大、功能强,就能为国际储蓄者和投资者、实体企业、金融机构甚至主权国家提供资金融通的便利渠道,也是一个国家统筹全球资源的重要载体。金融制度是经济社会发展中重要的基础性制度,现代化金融制度是一个国家在国际治理体系中地位和作用的重要表现。建设金融强国,为全球金融繁荣和稳定提供中国智慧和中国方案,是构建开放型经济新体制的重要任务。那么,如何才能走好中国特色金融发展之路呢?

党的十八大以来,我国有序推进金融业改革发展,并治理金融风险,金融业保持快速发展,但金融业的市场结构、制度创新和服务实体经济的能力客观上还不能完全适应经济高质量发展的要求。习近平总书记曾这样形容经济与金融的关系:"经济是肌体,金融是血脉,两者共生共荣。"伴随着我国经济增长从增量模式转向存量模式,金融发展也需要从"增量扩张"转向"存量优化"。

我国是以商业银行为主导、以间接融资为主体的金融体系,商业银行在金融资源配置上掌控绝对的"话语权"。截至2022年底,我国银行业机构总资产规模(379.39万亿元)占金融业机构总资产规模(419.64万亿元)的比例超过90%,以银行信贷为主的间接融资占整个社会融资总规模的80%以上。然而,"刚兑"(刚性兑付)资产的存在扭曲了金融体系的风险收益机制,商业银行往往更愿意将资金配置到风险相对较低的以政府融资平台、国有企业等为代表的"刚兑"资产,出现不少具有高质量抵押信用的企业利用"廉价、宽松"的银行信贷资源盲目"加杠杆、扩产能"的现象,重蹈粗放增长模式的覆辙。

当前,我国经济高质量发展面临的重大难题在于金融结构失衡。因此,推动金融高质量发展、助力经济高质量发展的关键在于优化金融结构。建设"金融强国",需要多方发力。

2.2.1 建设"金融强国",应坚持以服务实体经济为初心

中央金融工作会议强调走中国特色金融发展之路需要坚持以人民为中心的价值取向,坚持把金融服务实体经济作为根本宗旨,要优化资金供给结构,把更多金融资源

用于促进科技创新、先进制造、绿色发展和中小微企业发展,大力支持实施创新驱动发展战略、区域协调发展战略。

我国金融部门的资产规模扩张速度远超实体部门,大量金融资源在某种程度上并未成为实体经济发展的有效支撑,而是淤积在房地产、股市、衍生品市场等经济体系领域中"以钱生钱",甚至"自我膨胀"。中国政府网援引《经济日报》的数据显示,改革开放40多年来,我国民营经济贡献了"50%以上的税收、60%以上的国内生产总值、70%以上的技术创新成果、80%以上的城镇劳动人口就业、90%以上的市场主体数量",是稳就业、稳民生的关键所在。推动金融体系更好地助力实体经济高质量发展,需要以改善微观经营主体的融资状况为主要渠道,以支持经营主体的创新发展作为最终目标。因此,打造现代化金融体系需要大力发展普惠金融,优化资金供给结构,为经营主体提供高质量金融服务,支持国有大型金融机构做优做强,当好服务实体经济的主力军和维护金融稳定的压舱石,"因地施策"地鼓励中小金融机构依托地区发展特色,开展差异化经营,贯彻落实金融体系以人民为中心的价值取向。

走中国特色的金融发展道路,必须以服务实体经济高质量发展为根本宗旨,以金融业高质量发展促进经济高质量发展,以经济的做优做强奠定"金融强国"的发展基础。

2.2.2 建设"金融强国",应进一步完善资本市场枢纽功能

我国经济供给侧改革首要在于金融供给侧改革,金融供给侧改革的关键在于金融结构优化。金融制度创新作为引领金融结构优化的重要手段,也是促进实体经济高质量发展的关键。随着数字时代的到来,传统金融机构面临前所未有的挑战和机遇,如何通过制度创新促进融资主体、金融中介和金融市场的发展,从而最终实现实体经济高质量发展,具有重要意义。

要健全多层次资本市场体系,推动股票发行注册制走深走实,提升资本市场的包容性,推动我国资本市场从"融资"向"投资"良性转变,这对于提升金融体系服务实体经济的能力具有关键作用。我国资本市场尚处于初级发展阶段,市场参与主体的成熟度相对较低,法治诚信环境有待完善等问题较为明显。要从制度创新和政策设计层面推动金融机构积极服务实体经济,推动金融部门由偏好"刚兑"的间接融资为主向更富"企业家精神"的直接融资转变,引导金融部门积极主动支持微观企业主体的研发创新和转型升级,在此基础上推动金融业和实体经济的高质量发展。因此,一方面,要通过注册制改革的实践鼓励市场融资主体提高信息披露程度,推动经营主体之间的兼并重组并淘汰落后产能,加快金融机构的数字化转型,以提升普惠金融的能力;通过资本市场风险共担、利益共享的机制设计,有效激发经营主体创新发展的积极性,促进科技、资本和产业高水平循环。另一方面,要着重发展私募股权基金等基层试点,完善风险投资的退出机制建设,通过政府引导基金风险补助以及政策引导等机制设计降低资本投资的风险水平,加快完善金融衍生品市场及风险管理功能,强化风险资本投资意愿,提振资本市场投资信心,满足不同层次企业的融资需求。

2.2.3 建设"金融强国",应完善金融监管,化解金融风险

中央金融工作会议强调,要"切实提高金融监管有效性,全面强化机构监管、行为监管、功能监管、穿透式监管、持续监管"。将防范化解金融风险作为金融工作的永恒主题,也是金融工作的根本任务。在加快建设中国特色现代金融体系、助力金融结构优化促进实体经济高质量发展的进程中,统筹金融监管与风险防范化解是工作重点。

第一,要防范中小金融机构风险,严格中小金融机构准入标准和监管要求,引导各类型银行提升服务实体经济的质效。在优化银行分支机构合理布局的同时,要坚决制止银行分支机构、网点的扎堆设立和无序扩张,优化股份制银行和地方性中小银行网点布局,鼓励其坚持差异化市场定位,激发地区创新活力。

第二,健全房地产企业主体监管制度和资金监管,完善房地产金融宏观审慎管理。过去几十年间,房地产市场的蓬勃发展导致房地产企业杠杆率普遍过高,在挤出其他生产主体信贷资源的同时增加了系统性金融风险诱发的可能。因此,构建房地产发展新模式要始终坚持"房住不炒"的基本定位,加快落实保障性住房、城中村改造以及"平急两用"公共基础设施等"三大工程"建设,一视同仁地满足不同所有制房地产企业的合理融资需求,促进金融与房地产良性循环和发展。

第三,建立防范化解地方债务风险的长效机制,建立同经济高质量发展相适应的政府债务管理机制。政府债务规模的扩张会严重挤出市场主体的信贷融资,低效占据大量金融资源。因此,地方政府需要做好自身的"经济体检",在"查病"的同时"治己病"。各级政府应当加强地区审计执行力度,严禁新增地方隐性债务,优化自身债务结构,健全权责相一致、激励约束相兼容的债务风险处置机制。

2.3 案例启示

在领导金融工作的实践中,以习近平同志为核心的党中央把马克思主义金融理论同当代中国具体实际相结合、同中华优秀传统文化相结合,不断加深对中国特色社会主义金融本质的认识,借鉴吸收各国金融发展经验,把握新时代金融发展规律,持续推进我国金融事业实践创新、理论创新、制度创新,奋力开拓中国特色金融发展之路,为新时代金融强国建设奏响了时代强音,并提供了根本遵循和行动指南。为了更好地走好中国特色金融发展之路,需要遵循以下准则。

坚持党中央对金融工作的集中统一领导。加强金融工作的集中统一领导是党的使命所在,也是走好中国特色金融发展之路的根本政治保证。当前,世界百年未有之大变局加速演进,国内发展不平衡不充分依然突出,对金融工作的适应性、竞争力和普惠性提出了更高要求。发挥党中央总揽全局、协调各方的核心作用,才能破除既得利益的藩篱,突破部门与地方的职能局限,避免金融政策的碎片化和零散化,从而确保各个监管部门、各类金融政策和各级党委政府朝着党中央确定的金融发展目标协同发力,并更好地助力金融强国建设。

坚持以人民为中心的价值取向。中国共产党的宗旨是全心全意为人民服务,永远把人民对美好生活的向往作为奋斗目标。在金融工作中坚持以人民为中心的价值取

向,既是全心全意为人民服务宗旨的生动写照,更是中国特色金融发展之路同以资本为中心的西方金融发展道路的显著区别。我们党领导的金融事业归根到底要造福人民,我国的金融发展必须把为中国人民谋幸福、为中华民族谋复兴摆在最高位置,切实为提高民生福祉提供高质量的金融服务。

坚持把金融服务实体经济作为根本宗旨。实体经济是金融的根基,金融是国民经济的血脉。金融必须通过发挥其在资源配置过程中的媒介功能来助力经济的繁荣与稳定,并且只有在有效服务实体经济的进程中才能实现自身的可持续发展。党中央始终坚持经济和金融一盘棋思想,统筹推进经济和金融发展,既通过有效动员金融资源助力经济高速增长,又注重夯实金融持续健康发展的实体经济根基,避免走某些发达国家"脱实向虚"的老路。

坚持把防控风险作为金融工作的永恒主题。中国式现代化的成功实践表明,发展和安全是一体之两翼、驱动之双轮。中国在保持经济高速增长的同时避免了金融危机的爆发,一个重要原因是始终坚持底线思维,做到居安思危、未雨绸缪,在推动经济发展的同时把防范化解金融风险作为金融工作的根本任务。一方面,牢牢守住不发生系统性金融风险的底线,为经济发展创造稳定环境。另一方面,通过经济增长为防范化解金融风险提供充足弹药。

坚持在市场化法治化轨道上推进金融创新发展。正确处理政府与市场的关系是中国经济体制改革的一个重大问题。党中央尊重经济运行和金融发展规律,着力发挥市场在资源配置中的决定性作用,持续推动利率市场化、股票发行注册制等一系列市场化改革举措。与此同时,将政府更好发挥作用的一个重要着力点放在营造法治化营商环境上,持续加强金融法治建设,及时推进金融重点领域和新兴领域立法,为金融创新提供适宜的环境,推动中国步入世界金融大国行列。

坚持深化金融供给侧结构性改革。新时代,我国社会主要矛盾已经转化为人民日益增长的美好生活需要和不平衡不充分的发展之间的矛盾。就金融领域而言,矛盾的主要方面就是金融服务供给不平衡不充分,不能完全满足人民群众和实体经济的金融服务需要。破解这一难题,就必须以深化金融供给侧结构性改革为主线,从供给侧入手,用改革的办法实施结构调整,不断激发内生动力,推动金融业质量变革、效率变革、动力变革,以更好地满足经济社会发展的金融服务需求。

坚持统筹金融开放和安全。安全是开放的前提条件,开放是安全的必要条件,二者统一于贯彻新发展理念、推动高质量发展的进程之中。新时代金融工作,始终坚持对外开放基本国策不动摇,着力推进金融高水平开放,建设更高水平开放型经济新体制,更好利用两个市场两种资源,构筑我国金融业国际合作和竞争新优势,不断提高金融发展质量。

坚持稳中求进工作总基调。稳中求进是我们党治国理政的总基调。扩展开来说,就是坚持"稳中求进、以进促稳、先立后破",把握好"稳"和"进"、"立"和"破"两对辩证关系。稳是大局和基础,进是方向和动力,两者辩证统一。要以稳定立大局,为转方式、调结构、提质量、增效益创造基础条件,同时以进取谋未来,为稳增长、稳预期、稳金融注入新动能,努力实现既"稳"且"进"。

◆ 课程思政点

　　理解中国特色金融发展之路。中国特色金融发展之路是金融实现高质量发展的必由之路,也是金融服务中国式现代化的根本之路。这一发展路径不仅遵循现代金融发展的客观规律,而且具有适合中国国情的鲜明特色,与西方金融模式有本质区别。
　　中国金融发展的顶层设计具有重要意义,它关系到金融体系的健康规范发展、服务实体经济的效率以及国家金融安全的保障。

参考文献

[1] 蔡庆丰,刘昊.走中国特色金融发展之路[N].中国青年报,2024-01-28(3).
[2] 田国立.以新金融实践探索中国特色金融发展之路[J].中国金融,2022(22):16-18.
[3] 吴晓璐,刘琪,苏向杲,等.坚持金融服务实体经济宗旨 走好中国特色金融发展之路[N].证券日报,2022-10-26(A2).

案例3 深化资本市场改革,全面实行股票发行注册制

3.1 案例概述

3.1.1 引言

注册制是一种不同于审批制、核准制的证券发行监管制度,它的基本特点是以信息披露为中心,通过要求证券发行人真实、准确、完整地披露公司信息,使投资者可以获得必要的信息,以对证券价值进行判断并作出是否投资的决策。证券监管机构对证券的价值好坏、价格高低不作实质性判断。

注册制与审批制、核准制之间的具体区别如表1所示。

表1 注册制分审批制、核准制之间的区别

首次公开募股(Initial Public Offering, IPO)发审制度	审批制		核准制		注册制
	额度管理	指标管理	通道制	保荐制	
监管机构	中国证券监督管理委员会(简称"中国证监会")地方政府		中国证监会 辅导机构	中国证监会 保荐机构 保荐人 投资者	中国证监会 中介机构 自律组织 投资者、公众
上市程序	政府规定额度 地方推荐 中国证监会审核 交易所上市	政府限定额度和家数 地方推荐 中国证监会审核 交易所上市	中介机构鉴证 辅导机构推荐 中国证监会审核 交易所上市	中介机构鉴证 保荐机构推荐 中国证监会审核 交易所上市	中介机构鉴证 申报登记 中国证监会审核 交易所审核上市
信息披露	真实		真实、准确、完整	真实、准确、完整、及时	真实、准确、完整、充分、及时
中国证监会责任	实质审查 决定企业价值		实质审核		形式审查
承销商责任	按规定承销	按规定承销 承担舞弊的赔偿责任	辅导IPO公司 承担连带责任	辅导,保证保荐书信息真实准确、IPO公司信息披露质量,承担连带责任	承担独立的发行责任和风险

续表

首次公开募股（Initial Public Offering，IPO）发审制度	审批制		核准制		注册制
	额度管理	指标管理	通道制	保荐制	
投资者角色	投资		投资 社会监督	投资 受害赔偿请求 社会监督	自主判断股票价值 社会监督 损害赔偿请求权 提起诉讼

注册制起源于美国。美国堪萨斯州在1911年州立蓝天法中，确立了"实质监管"的证券发行审批制度，授权注册机关对证券发行人的商业计划是否对投资者公平、公正、合理进行实质性判断。1929年"大萧条"之后，美国制定了《1933年证券法》，没有采纳"实质监管"的证券发行制度，而是确立了以"强制信息披露"为基础的证券发行注册制。目前，注册制已经成为境外成熟市场证券发行监管的普遍做法。除美国外，英国、新加坡、韩国、中国香港及中国台湾地区等都采取具有注册制特点的证券发行制度。由于各个国家或地区发展历史、投资者结构、法治传统和司法保障等方面的情况存在较大差异，不同市场实施注册制的具体做法并不完全相同。

我国境内自证券交易所设立以来，先后经历了审批制阶段、核准制阶段。为借鉴境外市场成熟做法，经党中央、国务院同意，2019年1月，中国证监会公布《关于在上海证券交易所设立科创板并试点注册制的实施意见》，标志着我国证券市场开始从设立科创板入手，稳步试点注册制，逐步探索符合我国国情的证券发行注册制。2020年4月27日，习近平总书记主持召开中央全面深化改革委员会第十三次会议，会议审议通过了《创业板改革并试点注册制总体实施方案》，注册制试点范围拓展至创业板。2021年9月3日，北京证券交易所（简称"北交所"）正式注册成立，成立时即同步试点注册制。2023年2月17日，中国证监会发布全面实施股票发行注册制相关制度规则，并称自公布之日起施行，标志着注册制由仅在科创板、创业板和北交所试点推广到全市场各类公开发行股票行为中，此举在中国资本市场改革发展进程中具有里程碑意义。

3.2 案例分析

3.2.1 境内注册制的内涵及与成熟市场之间的差异

注册制改革不仅仅是把审核主体从中国证监会转变为证券交易所，实质上是对政府与市场关系的调整，通过充分贯彻以信息披露为核心的理念，使发行上市全过程更加规范、透明、可预期。一是大幅优化发行上市条件。改革后，仅保留企业公开发行股票必要的资格条件、合规条件，将核准制下的实质性门槛尽可能转化为信息披露要求，审核部门不再对企业的投资价值作出判断。二是切实把好信息披露质量关。实行注册制，绝不意味着放松质量要求，反而审核把关更加严格。审核工作主要通过问询来进行,督促发行人真实、准确、完整地披露信息。同时,综合运用多要素校验、现场督导、现场检查、投诉举报核查、监管执法等多种方式,压实发行人的信息披露第一责任和中介机构的"看门人"责任。三是坚持开门搞审核。审核注册的标准、程序、内容、过程、结果全部向社会公开,公权力运行全程透明、严格制衡,接受社会监督,与核准制有根本的区别。

考虑到我国证券市场发展时间比较短,基础制度和市场机制尚不成熟,市场约束力量、司法保障机制等还不完善,境内注册制仍然需要对负责股票发行注册审核的部门提出一些实质性要求,并发挥一定的把关作用。一是基于板块定位,对发行申请人的行业类别和产业方向提出要求。二是对于明显不符合板块定位、基本发行条件的企业,证券交易所可以作出终止发行上市审核决定。三是中国证监会在证券交易所审核同意的基础上,对发行审核工作以及发行人在发行条件和信息披露要求等重大方面是否符合规定作出判断,对于不符合规定的,可以不予注册。今后,随着投资者逐步走向成熟、市场约束逐步形成、诚信水平逐步提高,有关要求与具体做法将根据市场实践情况逐步调整和完善。

境内与境外主要资本市场发行注册制差异如表2所示。

表2 境内与境外主要资本市场发行注册制差异

内容	美国	日本	中国香港	中国内地
注册门槛	较低	较低	较低	较低
审核主体	证券交易委员会、州监管部门、交易所	金融厅负责发行审核,证券交易所、证券业协会负责审查后提请大藏大臣批准	双重存档制(联交所拥有上市审核主要权限,证监会保留最后监管权力)	交易所负责审核,中国证监会注册
信息披露	参照《行业指引》进行,强调逻辑性、完整性、客观性、及时性、相关性,采取差异化披露机制,中介机构各司其职	随着证券法制不断完善而细化具体,《金融商品交易法》是注册制下信息披露的主要依据	依据香港主板上市规则进行,详细规定地披露内容,保荐人发挥实质作用	以《上市公司证券发行注册管理办法》为基础,规定披露内容和格式,差异化程度相对较低
配套制度	退市制度通畅且常态化,以集团诉讼为核心的投资者保护制度完善	退市制度完善,投资者保护制度与美国有着相似之处	强制退市效率高,证监会强化联交所监管,提高投资者保护水平	退市制度逐步完善,当前退市率相对较低,投资者保护制度相对完善
投资主体	以机构投资者为主	以机构投资者为主	以机构投资者为主,个人投资者占比约1/3	个人投资者占多数,机构投资者占比相对较低

3.2.2 全面注册制改革带来的影响

全面注册制改革对中国经济影响深远。宏观经济层面,全面注册制有助于促进创新发展,加快产业转型升级,完善宏观经济治理。注册制改革优化了上市首发和再融资条件,使得科技创新企业更容易上市,从而提高了其股份流转和融资效率。这有利于更好地发挥资本市场风险共担、利益共享的机制,激发市场主体创新活力,最终促进科技自立自强,解决"卡脖子"等问题。与此同时,全面注册制将加速提高直接融资占比,降低宏观杠杆率,降低资金在银行过度聚集引发的系统性风险,进而完善宏观经济治理。

资本市场层面,短期内,全面注册制会增加上市企业数量,加速估值分化和市场自然出清;长期看,将稳步提高上市公司质量,孕育价值投资的土壤。一是注册制会加速市场扩容,但中国证监会明确强调:"实行注册制并不意味着放松质量要求,不是谁想发就发。"因此,整体扩容速度相对可控,也符合中国制度推行过程中一贯采取的"稳中求进"的基调。这意味着注册制下,市场扩容虽然会对市场产生"抽水效应",但程度有限。二是估值、流动性会加速分化。全面注册制下,上市资源不再稀缺,壳价值也将大幅缩水。对于企业而言,只有真正具备高增长潜力的企业,其市值才能得到持续的提升,流动性也会加速聚集。而估值持续下滑的企业,或面临交易寡淡的局面,触发交易类退市指标,加速被出清。三是长期内市场优胜劣汰功能将加速显现,进退有序的动态平衡下,A股有望迎来真正的"慢牛""长牛"行情。

微观主体层面,全面注册制将丰富企业上市选择、融资手段,加速投资者转型,优化居民资产配置,倒逼券商业务转型升级。首先,全面注册制下,不同行业、不同生命阶段的企业将在适合的资本市场板块寻找其植根发展的沃土。模式成熟、盈利能力强但科技创新属性偏弱的企业更适合主板上市;未盈利但高成长性企业适合双创板;创新创业型中小企业则更适合在创新层培育规范,最终登陆北交所。其次,全面注册制的实施必然伴随着首次公开募股常态化,资产端数量大幅提升,将提高个人投资者的投资难度,倒逼其通过专业机构进行价值投资,加速市场投资者结构转型。同时,长期资金加速流入及指数化产品等投资工具不断丰富,也将有利于提高居民财产性收入占比。最后,市场扩容拓宽了券商投行业务范围,跟投机制、融资融券等制度优化也提高了券商资本金推动型业务的体量。但注册制也对券商研究能力、估值定价能力、风险管理能力提出更高要求,倒逼其业务转型升级。

3.3 案例启示

自2018年11月习近平总书记宣布在上海证券交易所(简称"上交所")设立科创板并试点注册制以来,从科创板到北交所的注册制试点,再到全面注册制的推行,监管、自律部门及投资者均积累了宝贵的经验。

考虑到我国境内证券市场发展时间比较短,基础制度和市场机制尚不成熟,市场约束力量、司法保障机制等还不完善,因此在注册制试点时并未直接照搬成熟市场的制度。经过几年来的注册制试点,市场各方对注册制的基本架构、制度规则总体认同,中国证监会于2023年2月正式启动全面实行股票发行注册制改革。但中国证监会或多或少仍然保留了干预证券发行活动的权力,这也是基于我国国情所作出的考量。需要指出,中国证监会的权力虽然缩水,但并不意味着原本由中国证监会审核的事项都转变为信息披露事项。是否具备持续经营能力、是否具有商业发展前景等问题,依然需要通过交易所审核问询的方式进行实质审查。总体来说,注册制改革仍然保留了大量实质审查的内容,但相比于核准制,注册制的发行上市条件已经有了大幅放松,监管方式也变得更加灵活。因此,我国注册制改革遵循"坚持尊重注册制基本内涵、借鉴国际最佳实践、体现中国特色和发展阶段特征"三个原则。

无论是从我国的改革经验来看,还是借鉴境外成熟市场的改革经验,注册制的改革均需要考虑自身的实际情况。目前,我国境内的实际情况与现阶段的全面注册制相互匹配。对于发行人而言,注册制改革明确了发行人公开融资的私权属性,赋予股票发行更强的灵活性和自由度,顺应市场客观需求。对于监管机构而言,注册制改革使得监管格局更为高效合理,充分发挥交易所等自律组织的功能,也消除了核准制时期存在的诸多非市场化因素。对于投资者而言,注册制改革摈弃了父爱主义的投资者保护理念,积极推动投资者风险自负的保护逻辑,完善了以信息披露为主的投资者保护体系。

但在改革之余,我们需要清醒地认识到,注册制改革只是资本市场发展的一个阶段,注册制也仍是一个存在发展空间的未竟命题。今后,随着投资者逐步走向成熟,市场约束逐步形成,诚信水平逐步提高,有关要求与具体做法将根据市场实践情况逐步调整和完善。

课程思政点

全面注册制的实施在中国资本市场改革进程中具有里程碑意义,标志着注册制的制度安排基本定型。

金融服务实体经济:全面注册制改革有助于更好地按照市场机制原则配置资源,服务实体经济,通过资本市场为各类企业提供融资渠道,促进经济发展。

金融市场的市场化改革:全面注册制强调以信息披露为核心,通过审核、问询等措施,督促发行人真实、准确、完整地披露信息,提高了市场的透明度和效率。

金融发展的法治化进程:全面注册制的实施,标志着法治建设的重大突破,通过严格的审核注册标准和程序,强化了市场约束和法治约束。

资本市场国际化改革:全面注册制的推广,加速了中国资本市场的国际化进程,提高了中国资本市场的国际竞争力,吸引了更多的国内外投资。

参考文献

[1] 王荆杰. 金融学术前沿:全面注册制改革对资本市场的影响[EB/OL]. (2023-03-09)[2024-04-27]. https://fddi.fudan.edu.cn/_t2515/63/cd/c18985a484301/page.htm.

[2] 中国证券监督管理委员会. 证监会有关负责人就设立科创板并试点注册制有关问题答记者问[EB/OL]. (2019-06-28)[2024-03-21]. http://www.csrc.gov.cn/csrc/c100028/c1000978/content.shtml.

[3] 赵展慧.全面实行股票发行注册制改革正式启动:访中国证监会有关负责人[EB/OL].(2023-02-02)[2024-03-21].https://www.gov.cn/xinwen/2023-02-02/content_5739696.htm.

[4] 罗志恒.中国的全面注册制改革影响深远[EB/OL].(2023-02-26)[2024-03-25].https://baijiahao.baidu.com/s?id=1758894210368466904&wfr=spider&for=pc.

[5] 叶林,钱程.全面实行注册制是我国资本市场发展的里程碑[EB/OL].(2023-10-18)[2024-03-25].http://www.isc.com.cn/html/tzzd21j/20231018/4978.html.

案例 4　投资者权益保护之证券纠纷多元化解机制

4.1　案例概述

4.1.1　引言

投融资关系是资本市场最基础、最根本的一对关系,投资者是资本市场的基石。各国证券市场的产生和发展,都与投资者的参与和推动密不可分。无论是18世纪末的"梧桐树协议",还是"大萧条"后美国成立证券交易委员会,无论是20世纪中期投资者保护基金的出现,还是2008年金融危机后,加强投资者保护成为全球金融监管改革的共识,其背后都体现了投资者的诉求和力量。保护投资者合法权益是国际证监会组织确定的三大目标之一,也是我国资本市场高质量发展的内在要求。

经过30多年的发展,我国资本市场的市场规模和投资者规模均大幅提高。统计数据显示,截至2023年末,A股上市公司总共5 335家,总市值87.7万亿元,证券投资者数量突破2亿。伴随着资本市场的高速发展,市场违法失信行为也在不断增多。据统计,2023年全年,中国证券监督管理委员会(简称"中国证监会")和地方证监局开出408张行政处罚决定书,合计罚没金额170.16亿元,仅千万元级的罚单就达30张。随之而来的是证券投资者纠纷也层出不穷。以上海金融法院为例,2018年8月至2023年8月间,其受理证券业案件17 137件,在其受理的金融纠纷案件中占比为59.16%。① 在我国以个人投资者、中小投资者居多的环境下,投资者在经济实力、专业能力和经验方面都处于弱势,投资者维权难是资本市场公认的难题,如何解决好投资者的维权问题,不断增强投资者的信任、信心,是一项兼具政治、经济、文化、社会等综合属性的重要任务。

证券纠纷具有群体性、专业性、复杂性的特点,"一人侵权/违约、多人受损"。以普通诉讼方式审理此类案件时容易遇到审理难度大、审理周期长的问题,投资者很有可能因为维权成本过高而不敢诉、不能诉,由此,投资者损失得不到赔偿,容易引发社会深层次矛盾。而单纯的民间调解等非诉讼方式,又因为涉案金额普遍较大,也不具备强制力,在责任认定、赔偿标准方面难以达成各方统一,调解结果也不一定能得以最终执行,因此难以得到投资者的认可。诉讼与非诉讼相结合的多元解纷化解机制,可以形成矛盾纠纷化解的"多车道",能够提高解决证券纠纷的效率,为证券市场的平稳发展保驾护航。

---

① 2018—2023年上海金融法院审判工作情况通报.

4.1.2 证券纠纷多元化解机制的建立过程

民事纠纷的解决机制主要包括"诉讼解决机制"和"非讼纠纷解决机制",前者是指以法院为中心的民事审判机制,后者包括仲裁、和解、调解等机制。所谓多元化解机制,是诉讼程序与非讼纠纷解决机制的有机结合,两者互相补充、互相协调,以建立满足矛盾多样化和需求多元化的纠纷解决程序体系。

我国多元纠纷化解机制是"枫桥经验"在新时代的体现。习近平总书记曾指出,"要推动更多法治力量向引导和疏导端用力,完善预防性法律制度,坚持和发展新时代'枫桥经验',完善社会矛盾纠纷多元预防调处化解综合机制,……促进社会和谐稳定"。

在"中国特色一站式多元纠纷解决机制建设"整体框架之下,针对证券纠纷的特点,中国证监会、最高人民法院及地方监管局、人民法院出台了相应的政策法规,畅通了投资者依法维权渠道,证券纠纷多元化解体系逐渐形成。

表1 证券纠纷多元化解机制主要政策法规

时间	政策法规名称	主要内容
2013 年	《国务院办公厅关于进一步加强资本市场中小投资者合法权益保护工作的意见》	提出包括建立多元化纠纷解决机制在内的投资者保护工作安排
2016 年	《最高人民法院 中国证券监督管理委员会关于在全国部分地区开展证券期货纠纷多元化解机制试点工作的通知》	提出建立、健全证券期货纠纷多元化解机制,并在北京、上海等31个地区试点
2018 年	《最高人民法院 中国证券监督管理委员会关于全面推进证券期货纠纷多元化解机制建设的意见》	推广试点经验,从4个方面提出25条意见,巩固和深化证券监管部门和法院系统的协作
2019 年	《中华人民共和国证券法》	增加投资者保护专章,在强制调解、支持诉讼、代表人诉讼等方面进行一系列制度创新
2021 年	《最高人民法院 中国证券监督管理委员会办公厅关于建立"总对总"证券期货纠纷在线诉调对接机制的通知》	提出建立在线诉调对接机制,便利投资者维权

4.2 案例分析

近年来,针对证券纠纷专业性强、覆盖面广、争议标的金额大、双方力量悬殊等特点,我国逐步建立了具有行业特色的证券纠纷多元化解机制。诉讼机制包括支持诉讼、代表人诉讼、示范判决等特殊司法审批机制,非诉纠纷解决机制包括和解、调解、先行赔付等方式。

4.2.1 诉讼机制

除了普通民事诉讼外,证券纠纷诉讼方式中的特殊维权诉讼机制主要包括证券支持诉讼、特别代表人诉讼和股东代位诉讼。

(1) 证券支持诉讼

新《中华人民共和国证券法》(简称《证券法》)第九十四条第二款[①]明确了投资者保护机构参与证券支持诉讼机制的法律基础。证券支持诉讼,是指在群体性证券侵权纠纷中,投资者保护机构接收中小投资者的申请、委托,由投资者保护机构作为支持组织,委派诉讼代理人,支持投资者依法诉讼维权。我国目前证券支持诉讼的支持组织主要为中证中小投资者服务中心(简称"投服中心")。

2017年的"匹凸匹案"是投服中心首例证券支持诉讼案件。截至2023年9月底,投服中心提起支持诉讼案例52件,诉求金额约1.28亿元,获赔总金额约6 210.61万元。

(2) 证券代表人诉讼

新《证券法》第九十五条[②]明确了证券代表人诉讼,分为普通代表人诉讼和特别代表人诉讼两类。前者是指,由受损投资者推选的代表人,代表按照"明示加入"原则登记的投资者对同一种类诉讼标的提起民事诉讼,案件结果对参与登记的投资者均有效。后者是指投资者保护机构受50名以上受损投资者的委托,作为特别代表人发起民事诉讼,投资者按照"默示加入、明示退出"的原则承担案件审判结果。截至2023年9月底,投服中心申请发起特别代表人诉讼2起,特别代表人诉讼判赔总人数为52 037人,判赔总金额约24.59亿元。

特别代表人诉讼基本流程如图1所示。

(3) 股东诉讼

股东诉讼,包括股东直接诉讼、股东代位诉讼。股东直接诉讼是股东为了维护自身利益,以损害股东利益的公司或者公司股东、董事、监事及高级管理人员为被告,直接向法院提起的诉讼,诉讼的结果归属于原告股东。股东代位诉讼是指当公司的合法权益受到不法侵害而公司却息于起诉时,为了保护公司的整体利益,适格股东可以自己的名义代表公司提起诉讼,诉讼的结果归属于公司。2020年3月施行的《证券法》第九十四条[③]在《中华人民共和国公司法》(简称《公司法》)第一百五十一条规定的基础上,考虑到投服中心只持有上市公司100股股票,规定了投服中心发起股东代位诉讼可不受《公司法》有关持股规定的限制。

---

① 《证券法》第九十四条第二款规定:投资者保护机构对损害投资者利益的行为,可以依法支持投资者向人民法院提起诉讼。

② 《证券法》第九十五条规定:投资者提起虚假陈述等证券民事赔偿诉讼时,诉讼标的是同一种类,且当事人一方人数众多的,可以依法推选代表人进行诉讼。

对按照前款规定提起的诉讼,可能存在有相同诉讼请求的其他众多投资者的,人民法院可以发出公告,说明该诉讼请求的案件情况,通知投资者在一定期间向人民法院登记。人民法院作出的判决、裁定,对参加登记的投资者发生效力。

投资者保护机构受五十名以上投资者委托,可以作为代表人参加诉讼,并为经证券登记结算机构确认的权利人依照前款规定向人民法院登记,但投资者明确表示不愿意参加该诉讼的除外。

③ 《证券法》第九十四条第三款规定:发行人的董事、监事、高级管理人员执行公司职务时违反法律、行政法规或者公司章程的规定给公司造成损失,发行人的控股股东、实际控制人等侵犯公司合法权益给公司造成损失,投资者保护机构持有该公司股份的,可以为公司的利益以自己的名义向人民法院提起诉讼,持股比例和持股期限不受《中华人民共和国公司法》规定的限制。

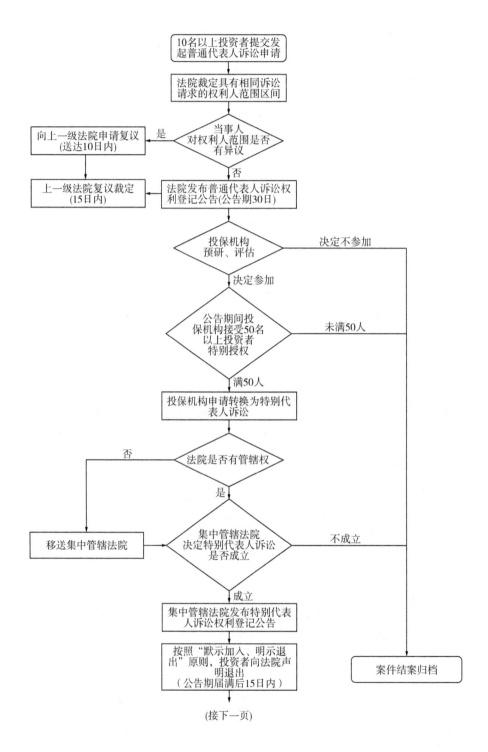

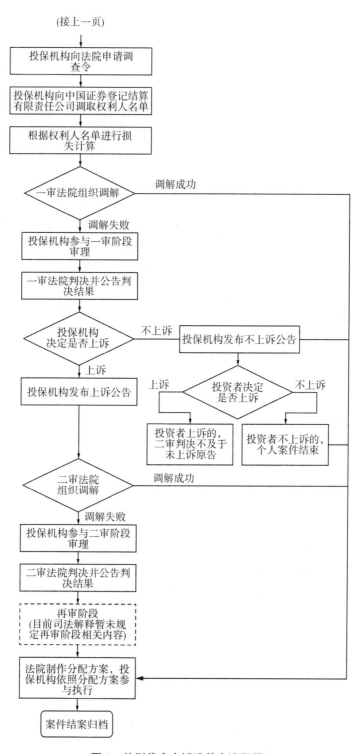

图 1 特别代表人诉讼基本流程图

2017年"海利生物案"①是投服中心首例股东直接诉讼案件,2021年"大智慧案"是投服中心首例股东代位诉讼案件。截至2023年9月底,投服中心提起股东直接诉讼1件,提起股东代位诉讼3件。

4.2.2 调解机制

2016年,《最高人民法院 中国证券监督管理委员会关于在全国部分地区开展证券期货纠纷多元化解机制试点工作的通知》确定中国证券业协会、投保基金公司、投服中心等8家机构为证券期货纠纷多元化解机制试点调解组织。截至2024年2月底,入驻"全国证券期货在线调解平台"的证券期货纠纷调解组织38家,调解员685名。

2019年,《证券法》进一步优化了证券纠纷的调解机制,第九十四条②规定调解包括一般调解和强制调解。前者适用于投资者与发行人、证券公司之间,双方都可以向投保机构申请调解。后者适用于普通投资者与证券公司之间,具有单方性、强制性。如果普通投资者一方提出调解要求,证券公司不得拒绝。强制调解机制体现了对普通投资者权益保护的倾斜。

调解机制灵活性高、程序简单、成本低,在解决证券纠纷中使用已久,也是中小投资者解决纠纷的倾向性选择。以湖南辖区为例,辖区调解组织自2016年至2022年间,成功调解2 093件纠纷,为投资者挽回损失1.59亿元。

4.2.3 证券纠纷在线诉调对接机制

2016年《最高人民法院 中国证券监督管理委员会关于在全国部分地区开展证券期货纠纷多元化解机制试点工作的通知》发布后,各地监管局与法院开始试点建立诉调对接机制。以湖南地区为例,中国证监会湖南监管局与湖南省高级人民法院于2016年签署了《关于推进证券期货纠纷诉调对接工作的意见》。长沙市中级人民法院于2020年在中证中小投资者服务中心湖南调解工作站(简称"中证湖南调解工作站")专门设立"长沙市中级人民法院证券期货纠纷调解工作站"(简称"工作站"),通过法院调解平台,将在审案件委派给工作站进行调解,调解后达成的调解协议由人民法院予以确认,投资者可以向法院申请强制执行经确认的调解协议。

2021年,最高人民法院、中国证监会联合建立"总对总"在线诉调对接机制,即"人民法院调解平台"(简称"调解平台")与"中国投资者网证券期货纠纷在线调解平台"

---

① 投服中心在对上海海利生物技术股份有限公司(简称"海利生物")展开日常行权工作的过程中,发现海利生物的《公司章程》涉嫌违反《中华人民共和国公司法》(简称《公司法》)一百零二条第二款关于股东"董事提名权"的规定,对持有公司3%以上股份的股东增加了连续持股90天以上的时间限制。投服中心以股东身份于2017年4月18日通过邮件形式向海利生物发送《股东质询建议函》,认为海利生物《公司章程》第八十二条增加持股90日以上的条件,不合理地限制了股东对董事候选人的提名权,违反了我国《公司法》及相关规定,建议取消此限制类条款。2017年4月24日,海利生物回复投服中心,认为增加了连续持股90天以上的条件,未违反《公司法》及相关规定。鉴于海利生物拒不采纳投服中心的建议,投服中心依据《公司法》第二十二条的规定,以海利生物股东的名义向法院提起股东直接诉讼。2018年4月18日,法院出具判决书,完全支持了投服中心作为原告的诉讼请求。

② 《证券法》第九十四条第一款规定:投资者与发行人、证券公司等发生纠纷的,双方可以向投资者保护机构申请调解。普通投资者与证券公司发生证券业务纠纷,普通投资者提出调解请求的,证券公司不得拒绝。

（简称"投资者网平台"），通过平台对接方式开展全流程在线调解、在线申请司法确认或出具调解书等诉调对接工作。

职责分工如图2所示。

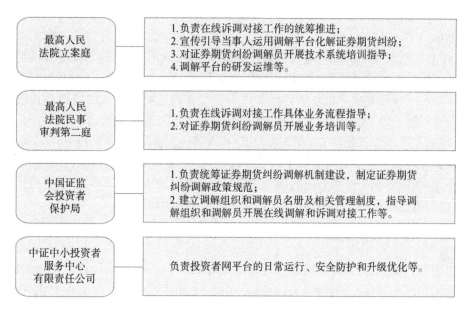

图2　证券期货纠纷各部门职责分工

基本流程如图3所示。

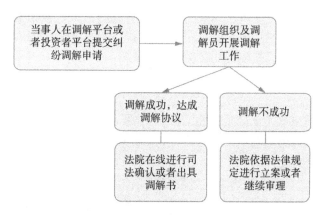

图3　在线调停流程图

4.2.4　先行赔付机制

先行赔付机制主要是指，在投资者因证券发行人欺诈发行、虚假陈述等重大违法违规行为受到损失时，发行人的控股股东、实际控制人及相关中介机构可以委托投资者保护机构就损失赔偿与投资者进行和解，予以先行赔付。赔付后，可以依法向发行人及其他责任人追偿。

先行赔付机制主要模式为：由中介机构或者大股东等主体出资成立专项补偿基金用于赔付适格投资者遭受的损失，委托投保基金公司担任基金管理人，负责专项补偿基金的管理及运作，并由商业银行担任基金托管人，由法律、财经界专家担任基金顾问，为专项补偿基金管理和运作提供咨询意见。

截至2024年3月1日，已实行先行赔付的案例共4例，分别为：2013年的"万福生科案"、2014年的"海联讯案"、2017年的"欣泰电气案"及2023年的"紫晶存储案"。

先行赔付机制在司法途径之外构建了资本市场民事主体之间主动和解的新路径，使得投资者在维权过程中省去了与诸多连带责任方通过旷日持久的法律诉讼进行索赔的繁琐程序。以"紫晶存储案"为例，从中国证监会作出行政处罚（2023年4月18日）到成立专项补偿基金（2023年5月26日），再到进入清算环节（2023年7月26日），适格投资者在短短3个月就获得了赔偿。此外，投保基金公司免费担任独立第三方基金管理人，负责专项补偿基金的具体偿付工作，并由管理人独立聘请商业银行作为托管行，负责基金财产的安全，具有公益性、独立性、中立性的特点。

4.2.5 当事人承诺机制

当事人承诺机制，是指涉嫌证券违法的单位或个人在被中国证监会调查期间，当事人承诺纠正相关行为、赔偿损失、消除影响的，中国证监会认可后可以中止调查，在按承诺履行后，中国证监会可以终止案件调查。

当事人承诺制度的前身是行政和解制度。2015年，中国证监会制定了《行政和解试点实施办法》（简称《和解试点办法》），开始在证券领域试点行政和解工作。2019年新修订的《证券法》将证券案件中当事人承诺机制写入立法。2021年11月29日，《证券期货行政执法当事人承诺制度实施办法》（简称《当事人承诺办法》）发布，以行政法规形式明确了当事人承诺机制适用的范围、程序。

2015年《和解试点办法》实施后至《当事人承诺办法》发布前，我国有2件成功的证券行政和解案例，分别是"高盛亚洲案""上海司度案"。2023年12月29日，中国证监会发布了首起适用当事人承诺制度的案件——"紫晶存储案"，采取当事人承诺与先行赔付相结合的方式对紫晶存储涉嫌欺诈发行、违规信披的证券公司、会所、律所等四家中介机构做出了处理。

以往，中国证监会对违法当事人的罚没款项按规定上缴国库，投资者索赔需要另行通过民事诉讼等方式，维权时间长、成本高、难度大。证券当事人承诺机制是行政执法和民事赔偿的有效结合，承诺金可以直接用于赔付适格投资者的损失，赔付速度快、赔付程序简单，更加有利于保护投资者尤其是中小投资者的权益。

4.2.6 示范判决机制

示范判决机制是指法院在处理证券领域民事赔偿群体性纠纷时（如虚假陈述、操纵市场、内幕交易等类型），选取其中具有代表性的案件作为示范案件，审理重点围绕这批案件共同的争议焦点展开，然后先行裁判，作为示范判决。其他平行案件（与示范案件有共通的事实争点和法律争点的案件）通过示范判决确定的内容，以和解、调解或者其他简单化审理的方式处理纠纷。"示范判决+委托调解"的纠纷解决机制,将发挥示范判决的示范效应,提高纠纷解决效率。

2016年,中国证监会与最高人民法院联合发布的《最高人民法院 中国证券监督管理委员会关于在全国部分地区开展证券期货纠纷多元化解机制试点工作的通知》明确将"建立示范判决机制"作为证券期货纠纷多元化解机制试点工作之一,以减少投资者维权成本。2019年1月16日,上海金融法院发布国内首个相关领域审判机制的规定——《上海金融法院关于证券纠纷示范判决机制的规定》(简称《规定》)。据统计,2021年以来,上海金融法院共审结各类平行案件9 113件,平均审理时长大幅缩短至22天。

2018年,上海金融法院审理的"方正科技案"[①]是资本市场首例公开示范判决案件。宣判后,当事人均同意按照示范判决中确立的标准以调解方式解决纠纷。根据方正科技2022年年度报告,截至2023年4月27日,该案相关的中小股东诉讼赔付累计金额已达28 430.52万元。

4.2.7 证券仲裁机制

仲裁是法定的商事纠纷解决机制之一,具有保密性强、专业裁决、一裁终局等优势,是及时解决金融纠纷的有效途径。另外,因在跨境管辖、跨境执行方面具有优势,在资本市场对外开放加速的背景下,证券仲裁机制还有助于解决"港股通"、存托凭证、跨境衍生品交易等跨境业务中的纠纷。

我国早在20世纪90年代就开始发展证券行业仲裁制度。1994年10月11日,中国证监会发布了《关于证券争议仲裁协议问题的通知》,规定"证券经营机构之间以及证券经营机构与证券交易场所之间因股票的发行或者交易引起的争议必须采取仲裁方式解决。上述机构签订的与股票发行或者交易有关的合同,应当包括证券争议仲裁条款"。10年之后,中国证监会与国务院原法制办公室于2004年1月18日联合发布了《关于依法做好证券、期货合同纠纷仲裁工作的通知》,规定"订立证券、期货合同和制订证券、期货合同示范文本或者格式合同,应当按照仲裁法和国办22号文件的规定,将仲裁解决纠纷的方式载入合同争议解决条款"。

2021年7月,中共中央办公厅、国务院办公厅印发《关于依法从严打击证券违法活动的意见》中,要求"开展证券行业仲裁制度试点"。2021年10月15日,中国证监会和司法部联合发布《关于依法开展证券期货行业仲裁试点的意见》,提出在北京、上海、深圳三地试点建立证券期货仲裁院(中心),专门处理证券期货纠纷。

2021年11月1日,中国(深圳)证券仲裁中心揭牌,这是全国第一个证券仲裁中心。

---

① 2017年5月5日,中国证监会发布《行政处罚决定书》,认为方正科技集团股份有限公司未按照规定披露关联交易,具有信息披露违法行为,对方正科技及其他相关责任人作出行政处罚。卢某等四名投资者据此起诉方正科技公司赔偿投资差额损失以及税费损失。2018年9月,上海金融法院依照关于证券纠纷示范判决机制的相关规定,将方正科技投资人卢某等4名股民的案件选为示范案件。2019年5月,上海金融法院一审判决方正科技存在证券虚假陈述行为,需承担民事责任,4名股民的部分索赔请求得到法院支持,其中一名投资者可获赔约18万元。之后,在二审判决中,上海市高级人民法院驳回了方正科技的上诉,维持原判。

证券纠纷多元化解机制既遵循了资本市场违法行为"惩首恶"的原则,在经济上让违法的发行人、中介机构和相关责任者付出代价,又提高了纠纷化解效率,维护了投资者,尤其是中小投资者的维权成本,体现了以人为本的理念。但是资本市场改革日新月异,证券期货行业纠纷开始出现新的特点。我国现阶段还处于多元化解证券纠纷的初期阶段,还需要不断完善顶层设计,加强行业监管机构、司法机关、调解组织的融合和协力,提升纠纷处理效能。

首先,证券纠纷多元化解机制还需要不断完善和创新。创新是市场发展的不竭动力,但创新也增加了风险和投资者保护难度。比如,在证券市场全面开放的情况下,交易品种、市场主体、投资者结构等都会发生很大变化,跨境投资者保护面临新挑战。比如,新《证券法》规定了强制调解制度,但是还没有出台配套的细则,专业调解员队伍建设还任重道远。

其次,要加强投资者教育。目前,社会公众对证券纠纷多元化解机制还不够了解,许多投资者并不清楚调解等非诉救济途径。如一位投资者因在国家金融监督管理总局湖南监管局组织的投教活动中看到了纠纷调解的宣传资料,当场提出了调解申请。在调解组织的协调下,双方当事人达成了调解协议,投资者获赔4万余元。在推进证券纠纷多元化解机制的过程中,要充分利用媒体、现场活动、投教基地等资源进行广泛宣传,普及各类纠纷化解机制的维权路径。

最后,需要拓宽多元纠纷化解的深度和广度。资本市场的纠纷类别多种多样,要不断推进在虚假陈述、内幕交易、财务造假等民事赔偿领域的实践尝试,也需要探索在资管产品、投资咨询等涉众型金融纠纷领域的多元纠纷化解实践,通过示范判决、专业调解等手段化解纠纷矛盾,维护投资者权益。

课程思政点

保护金融消费者合法权益确实是金融业践行"以人民为中心的发展思想"的体现,旨在提升金融服务的质量和效率,增强公众对金融系统的信任和使用金融服务的满意度,这对提升金融消费者信心、维护金融安全与稳定、促进社会公平正义和社会和谐具有积极意义。

参考文献

[1] 周永明,王玮,郭静.践行新时代"枫桥经验"坚持以人民为中心理念构建证券纠纷多元化解机制:以湖南辖区监管实践为例[J].投资者,2022(1):176-187.
[2] 贺文青.证券纠纷多元化解机制研究[J].投资者,2022(1),188-201.
[3] 夏建亭.纠纷多元化解机制实践与创新[J].中国金融,2022(21):58-61.
[4] 谢若琳,毛艺融.2023年证券市场开出408张罚单 私募基金受罚明显增多[N].证券日报,2024-01-05(A2).